U0522559

杭州市《凤凰村志》评论集

莫艳梅 主编

中国社会科学出版社

图书在版编目（CIP）数据

杭州市《凤凰村志》评论集／莫艳梅主编．—北京：中国社会科学出版社，2020.12
　ISBN 978-7-5203-7413-2

　Ⅰ.①杭…　Ⅱ.①莫…　Ⅲ.①村史—编辑工作—萧山区—文集　Ⅳ.①K295.55-53

中国版本图书馆 CIP 数据核字（2020）第 215560 号

出 版 人	赵剑英
责任编辑	喻　苗
责任校对	胡新芳
责任印制	王　超

出　　版	中国社会科学出版社
社　　址	北京鼓楼西大街甲 158 号
邮　　编	100720
网　　址	http://www.csspw.cn
发 行 部	010-84083685
门 市 部	010-84029450
经　　销	新华书店及其他书店
印　　刷	北京君升印刷有限公司
装　　订	廊坊市广阳区广增装订厂
版　　次	2020 年 12 月第 1 版
印　　次	2020 年 12 月第 1 次印刷
开　　本	710×1000　1/16
印　　张	29.75
字　　数	357 千字
定　　价	168.00 元

凡购买中国社会科学出版社图书，如有质量问题请与本社营销中心联系调换
电话：010-84083683
版权所有　侵权必究

杭州市《凤凰村志》评论集

图 01

图 01 腾飞的足迹（莫艳梅提供）

杭州市《凤凰村志》评论集

凤凰村志

Phoenix Village Chronicles

莫艳梅 主编·总纂

浙江省杭州市萧山区衙前镇凤凰村志编纂委员会 编

上册

中国社会科学出版社

掌上凤凰村志

图02

杭州市《凤凰村志》评论集

图03

图02 浙江省杭州市萧山区衙前镇《凤凰村志》内页·掌上凤凰村志二维码（选自《凤凰村志》）
图03 浙江省杭州市萧山区衙前镇《凤凰村志》电子光盘（喻苗提供）

图04　2019年7月24日，浙江省杭州市萧山区衙前镇《凤凰村志》发行暨凤凰村史馆开馆仪式在衙前农民运动纪念馆召开（沈雷摄）

| 图05 | 衙前镇镇长杨芳主持仪式（2019年7月24日，沈雷摄）
| 图06 | 衙前镇党委书记施海勇致欢迎词（2019年7月24日，沈雷摄）
| 图07 | 衙前镇凤凰村党委书记胡岳法汇报一志一馆工作情况（2019年7月24日，沈雷摄）
| 图08 | 萧山区委常委、常务副区长顾春晓讲话（2019年7月24日，沈雷摄）
| 图09 | 杭州市人民政府地方志办公室主任蒋文欢讲话（2019年7月24日，沈雷摄）
| 图10 | 中国社会科学院当代中国研究所社会史研究室主任、研究员、博士生导师李文讲话（2019年7月24日，沈雷摄）

图11 萧山区委常委、常务副区长顾春晓，凤凰村党委书记胡岳法，共同为《凤凰村志》揭幕（2019年7月24日，沈雷摄）

图12　《凤凰村志》授书现场（2019年7月24日，沈雷摄）
图13　《凤凰村志》授书现场（2019年7月24日，范方斌摄）
图14　《凤凰村志》授书现场（2019年7月24日，范方斌摄）
图15　《凤凰村志》授书现场（2019年7月24日，沈雷摄）
图16　《凤凰村志》授书现场（2019年7月24日，范方斌摄）
图17　萧山区团委副书记章菲（右）为凤凰村史馆授予"萧山区青少年教育基地"匾牌（2019年7月24日，沈雷摄）

图18 《凤凰村志》发行仪式结束之后,大家一同欣赏凤凰村沿途美景,移步至凤凰村史馆现场(2019年7月24日,范方斌摄)

图19 《凤凰村志》发行会结束之后,大家一同欣赏凤凰村沿途美景,移步到凤凰村史馆现场(2019年7月24日,徐国红摄)

图20

图21

图22

图20 中国社会科学院当代中国研究所社会史研究室主任李文（左二），浙江省人民政府地方志办公室主任潘捷军（左一），衙前镇党委书记施海勇（左三），凤凰村党委书记胡岳法（左四），共同为凤凰村史馆揭牌（2019年7月24日，沈雷摄）

图21 来宾参观凤凰村史馆（2019年7月24日，沈雷摄）

图22 凤凰村领导班子成员（2019年11月21日，徐志清摄）

图23　2017年6月9日，《萧山日报》报道：《把话筒交给百姓，听群众诉说历史 <凤凰村志>引入"口述历史"新形式》（莫艳梅摄）

图24　2019年7月25日，《萧山日报》报道：《一志一馆 "凤凰"故事写进历史》（莫艳梅摄）

图25　2019年7月25日，《萧山日报》整版报道：《凤凰村以村史馆承载记忆 以村志诉说光阴 衙前文化事业又添浓墨重彩的一笔》（莫艳梅摄）

杭州市《凤凰村志》评论集

衙前 文化事业又添浓墨重彩的一笔

凤凰村以村史馆承载记忆 以村志诉说光阴

■ 文/政务中心
通讯员 华兴桥
摄/沈蕾 范方斌

村史馆和村志，就这一个村落的精髓所在。村史馆，一个村庄的文脉所在，展示着这个村的村容村貌、人文特色、历史沿革、农村生活变迁等内涵；村志，一座村庄变迁过程的纸质载体，完整记录这个村的历史事件，先辈经历的大事、历史节点，获得的荣誉等事。

衙前凤凰村，这个既有中国现代农民运动的发源地之称，又拥有"全国文明村""全国民主法治村""全国敬老规范村""浙江省全面小康建设示范村""双强百村"等多个荣誉称号的村落，经过前期学习走访、探索创新、规划设计后，又一次迎来文化事业的"高光时刻"——

昨日上午，《凤凰村志》发行暨凤凰村史馆开馆仪式在衙前农民运动纪念馆细剧举行。来自市、区相关领导，国内著名专家学者，市民和凤凰村民共同见证。

凤凰村史馆的顺利开馆及村志的如期发行，不仅标志着凤凰村从此多了一处能向世人系统展示悠久的文化进程、朴的乡土风情、宝贵的乡村发展资源的好地方，更是为衙前建文化事业奋勇拼搏的一抹亮色，是衙前推进美丽乡村建设，留住历史文化遗产，展示村落发展历史的一项创新举措。

阅读村志 了解"美丽凤凰"的前世今生

每一个国家，都有一种坚韧的民族精神；每一代一代人追求向上的力量；每一个地方，都有一个独特性建筑，展示着当地独有的风貌；每一个村落，都有一段难以忘怀的历史，诉说着千百年未来光阴的故事。

历时近6年的凤凰村志历经十易打成，于2019年6月由中国社会科学出版社出版，7月24日正式发行。村志由区委常委和她尽心尽力主编萧研究室凤凰联络村领导小组、杭州市萧山区衙前镇凤凰村志编纂委员会编；文记231万字；插图1200多幅，表格77种，图文并茂地记载了百年凤凰的发展变化。

全志综合志、大事记、人事考、第一编村民，第二编村民党，第一编人物等18编，年鉴240条目，500多条目。其中篇幅最大的是第一编村民(498页)，占全志版面篇幅1366页的29.5%。开篇以一户一家子、一户手工一句总体述，土内内各不同全面资料，通述村和部创作、述各部记载了百年凤凰村经济变化及社会发展的变化。

同时，凤凰村的这本村志创造了一个"全国第一"，即8首次使用国家级长的村志和"全国洞察性土村地。志上凤凰村志，更是让凤凰先集体1数字化的展示，他必须通过现代科技手段，志志在民间印刷书馆演化，思想阅读这版凤凰村的印刷和算化，可以通过手机扫码轻松获取查看了解美丽凤凰的"前世今生"。上下求索、追根溯源，村之由来、历史沿革，"越州是山县冤化"，这是凤凰村目的可以浅析的最古的历史记载的有。有凤凰民，光从名字听内藏上便可看出凤凰村的繁华往昔。

20世纪20年代，衙前农民运动爆发了，写了中国现代农民运动史上的壮烈篇章。1921年春，中共杭州党的主要创始人沈玄庐回乡，借学校(第一所农校小学)为工具，90年代以来，凤凰村集体实体化的土企化，加实大集体经济，形成"以工辅导、以副工促农"模式，2005-2016年，农林牧渔总值的增长5.49%，农业总值年增长7.63%——从志书看，凤凰村已从清贫了解凤凰村迈向一个一个二三产业村社，创国家好生活的门槛日，化为推动乡村振兴的不竭动力。开展全局方针分类——凤凰村委新动员一户一日分全局分类——凤凰村委新动员一户一口分分类，为一户一口分类之分类、乡村发展和谐。

漫步村史馆 感受"金凤凰"的创新变革

眼光明媚，蓝天白云，在昨天的好天气中如衙前筑凤凰村里的每一位村民饱眼尽兴情，参观上午，随着村史馆的正式开馆，在举行仪式同梁的凤凰村的历史的本神荣耀的，笑意盈满，有中年几大的村民仔细看完每一件东西，想必要感叹今非昔比，大不一样。

这张楼平渝代的老房子正是凤凰村史馆的所在之地，村史馆坐落于村子的北方，占地面积大约有1200平方米，其中：建筑面积400多平方米，分为上下两层，北靠有一条后花溪。

"这是我本土生生系统的食堂，在决定将其当作凤凰村史馆的初期日，我们秘密了一定的建议和设计理念，凤凰村史馆形成的，最终那合面会盐盐盐的原貌展、之所以把村史馆的安置在这里，其实其有原因。第一，这开屋子的年纪适宜，且保护程度较好；其——

整个村史馆分为"衙前"中国现代农民运动的开创者""改革开放富民政策的践行者""乡村振兴美丽宜乡生活方梦想者""远方诗""大大梦想、系统地展示了凤凰村从公元20世纪至现在的代变迁，不同国同辉的历史发变，创新变革过程。

修缮面前，馆剛进来的首页是色农民运动的开创者""改革开放富民政策的践行者""乡村振兴美丽宜生活在方方梦想"的"大大梦想、系统地展示了凤凰村从公元20世纪至现代代变迁，不同国同辉的历史发变，创新变革过程。

开馆当天，来自政务村民领域的兴致地在馆内的凤凰村各各种各种历经风霜的，实际村民在馆内了解到的一切历程，大家兴致的地看一看，呢喃耐品品味—— 这最体现一深一次逝越前的家乡吗——江塘宫博物馆，这是当他村民们可进步品味每一件历经风霜的历史文化洗礼，十余件大量珍贵的历代文的轻器具、各色服物、纸页、石器，展示着我们的意义传承为之既定一步，有大量我们可以免费尽兴的市民朋友可以免费尽兴的市民朋友。

兴盛文化 续写"红色衙前"的崭新篇章

从历史走脉中映取养料，从红色源头中汲取精神，近年来，衙前竭尽全力振兴思想，繁荣发展文化事业，打造以"红色衙前"为特色的文化旅游文化，使村"红色衙前"的"红色衙前"做为了"衙前特色"之路，又给我出了新的道路命名，今后衙前的发展将有别于一般的乡走乡村道路，是以"红色文化"和"乡村民"双轮驱动的创新发展模式。

未来，衙前将根据古代、近代和现代不同文化资源重组，村史馆、开发好、做好推地文化产业，一方面，继续利用现有已形成的农民运动纪色文化旅游品牌一加巴区"的民族、风情、乡村、乡村生活与精神等提出内有的红色思潮。目前，上半年，衙前农民运动纪念馆累计接待了728余个社团，22万人次。

另一方面，衙前将大力文化传承与推广的融合工作，上半年，衙前结合自身实际把深入开展相关探索，也要为以"红色家乡"为基本各大人口变化发展文化旅游，也要在推景好的远路建设，还要在宾客好友人的后面园里，还表现文化资源的互相融合。

同时，在利用现有的两大大传统红色网络架构组织老年产业、产业乡村建设施重、以及新时代的文化枢纽和旅游建设，展示新的文化基地和原遗位。目前规划的最终可以做的两点，即是一个"山—家乡"多村商品，让"红色旅游"旅游开心、让"爱家乡"也兴奋起来。

图26　2019年7月25日，人民网报道：《杭州凤凰村 书写红色沃土"腾飞的足迹"》（莫艳梅提供）
图27　2019年8月20日，学习强国报道：《杭州萧山凤凰村：一志一馆"凤凰"故事写进历史》（莫艳梅提供）
图28　2019年7月29日，浙江方志网报道：《萧山<凤凰村志>发行和凤凰村史馆开馆》（莫艳梅提供）

浙江地方志

首页 | 新闻中心 | 机构概况 | 方志之乡 | 魅力浙江 | 方志园地 | 多媒体地情平台 | 数字方志馆

首页>> 志界动态 >>

萧山《凤凰村志》发行和凤凰村史馆开馆

2019-07-29 12:30:18

2019年7月24日，杭州市萧山区凤凰村迎来了值得纪念的两件大事——《凤凰村志》发行和凤凰村史馆开馆，将凤凰故事写进了书里，"搬"进了馆中。

火热的红色，是《凤凰村志》的封面，更是村志的精神内涵所在。全书分上下册，全彩印刷，总计231万字，插图1700多幅，表格778幅，专志18编、76章、240多节、500多条目。这是一部关于凤凰的"百科全书"，全面反映了凤凰自然、政治、经济、文化和社会的历史与现状。

《凤凰村志》由中国社会科学出版社出版，莫艳梅主编·总纂，采取"群众口述、专家记录、全民参与"的方式，其中村志"村民访谈"编共20多万字，创大规模口述史记入村志之最；村志"姓氏"编，以一户一个基本情况表，配一户一幅全家照，一户手写一句最想说的话，反映民情民意愿；"凤凰村民未来期待调查"编，具有很强的时代性，这在全国村志中也是首例。

《凤凰村志》上还印有二维码，成为全国首部与纸质书同步发行的"掌上村志"，让凤凰故事插上数字化的"翅膀"。

凤凰村史馆共2层，建筑面积435平方米，布展面积395平方米，分为"前言""中国红色农同运动的开创者""改革开放富民政策的践行者""乡村振兴美好生活的创造者""中国梦美丽乡村的探索者""结束语"六大篇章，采用图文、影像、实物和场景模拟等表现形式，展现凤凰村"腾飞的足迹"。

《凤凰村志》发行暨凤凰村史馆开馆仪式，由衙前镇镇长主持，衙前镇党委书记致欢迎词，中国社会科学院当代中国研究所社会史研究室主任李文，浙江省人民政府地方志办公室主任潘捷军，杭州市人民政府地方志办公室主任蒋文欢，萧山区委常委、常务副区长顾春晓，萧山区委党史和地方志编纂研究室主任沈迪云，衙前镇各村、社区书记、驻衙前机构负责人、镇村干部代表、凤凰村民代表等，近200人共同见证。

（萧山区委史志编研室）

图28

杭州市《凤凰村志》评论集

East Asia Library
Stanford University
USA

U.S. POSTAGE PITNEY BOWES
ZIP 94305 $ 001.15
02 4W
0000350248 SEP 12 2019

莫艳梅女士 收
中国浙江省杭州市萧山区委史志编研室
中国 311202

图29

UNIVERSITY OF CALIFORNIA, BERKELEY

BERKELEY DAVIS IRVINE LOS ANGELES RIVERSIDE SAN DIEGO SAN FRANCISCO　　　SANTA BARBARA SANTA CRUZ

C.V. Starr East Asian Library　　　　　　　　　　　　　　　TEL: 510-643-6327
Berkeley, CA 94720-6000　　　　　　　　　　　　　　　　　FAX: 510-642-3817
　　　　　　　　　　　　　　　　　　　　　　　　　　　　　Email:sxue@berkeley.edu

September 17, 2019

莫艳梅女士
萧山区委史志编研室
浙江省杭州市

尊敬的莫艳梅女士：

兹收到凤凰村志编纂委员会赠书两册，使本馆的馆藏得以增强丰盛。谨代表美国加州大学伯克莱校区东亚图书馆，向你们至最深谢意。

On behalf of the C.V. Starr East Asian Library, UC Berkeley, I wish to acknowledge the receipt of the item listed below with great appreciation and thanks. Your thoughtfulness helps maintain the strength of the library.

凤凰村志（上下册）
莫艳梅主编
中国社会科学出版社，2019

Sincerely yours,

Susan Xue（薛燕）
Librarian, C.V. Starr East Asian Library
University of California at Berkeley

图30

图31

图32

| 图29 | 2019年9月,美国斯坦福大学东亚图书馆收藏杭州市《凤凰村志》并寄来谢函（莫艳梅提供）
| 图30 | 2019年9月, 美国加州大学伯克莱校区东亚图书馆收藏杭州市《凤凰村志》并寄来谢函（莫艳梅提供）
| 图31 | 2019年9月,加拿大多伦多大学东亚图书馆收藏杭州市《凤凰村志》并寄来谢函（莫艳梅提供）
| 图32 | 2019年9月, 美国洛杉矶加利福尼亚大学鲁德福东亚图书馆收藏杭州市《凤凰村志》并寄来世界总书目证书（莫艳梅提供）

杭州市《凤凰村志》评论集

媒体报道杭州市《凤凰村志》的文章（部分）

时间	媒体	文章标题	作者
2017年6月9日	《萧山日报》第5版	把话筒交给百姓，听群众诉说历史 《凤凰村志》引入"口述历史"新形式	通讯员莫艳梅 见习记者杨圆圆
2019年7月24日	微信新闻 http://apiv4.cst123.cn/cst/news/shareDetail?id=338713483778457600&from=singlemessage&isappinstalled=0	一部村志，一座村史馆，记录红色沃土"腾飞的足迹"，萧山衙前凤凰村，一个初心教育的极好课堂	记者赵玉福 通讯员华兴桥
2019年7月24日	萧山网—衙前网 http://yaqian.xsnet.cn/html/2019/zhxw_0724/12931.html	衙前举行《凤凰村志》发行暨凤凰村史馆开馆仪式	记者赵麟溢 通讯员华兴桥
2019年7月24日	萧山电视台综合频道·萧山新闻	《凤凰村志》正式发行	记者孟飒霖、马思远 通讯员华兴桥
2019年7月25日	《萧山日报》第3版	一志一馆"凤凰"故事写进历史	首席记者龚洁 通讯员华兴桥
2019年7月25日	《萧山日报》第4版	凤凰村以村史馆承载记忆 以村志诉说光阴——衙前文化事业又添浓墨重彩的一笔	文/政务中心 通讯员华兴桥
2019年7月25日	萧山政府网	一志一馆"凤凰"故事写进历史	龚洁、华兴桥
2019年7月25日	《杭州日报》A05版、杭州网 http://www.hangzhou.gov.cn/art/2019/7/25/art_812264_36064703.html	衙前凤凰村 书写红色沃土"腾飞的足迹"	记者赵玉福 通讯员华兴桥
2019年7月25日	人民网—浙江频道 http://zj.people.com.cn/cpc/n2/2019/0725/c337202-33178517.html	杭州凤凰村 书写红色沃土"腾飞的足迹"	赵玉福
7月26日	杭州地情网 http://hzfzw.hangzhou.gov.cn/zwgk/zxdt/201907/t20190726_779266.html	衙前文化事业再添浓墨重彩的一笔《凤凰村志》发行暨凤凰村史馆开馆仪式隆重举行	记者赵麟溢 通讯员华兴桥
2019年7月29日	浙江地方志网 http://www.zjdfz.cn/html/2019/yjdt_0729/4516.html	萧山《凤凰村志》发行和凤凰村史馆开馆	萧山区委党史和地方志编纂研究室
2019年8月10日	杭州市人民政府地方志办公室《杭州月志》2019年第7期	萧山一志一馆记录凤凰故事	萧山区委党史和地方志编纂研究室
2019年8月20日	学习强国—杭州学习平台	杭州萧山凤凰村：一志一馆"凤凰"故事写进历史	龚洁

国内外藏书机构收藏杭州市《凤凰村志》的单位（部分）

Harvard—Yenching Library, Harvard University

（美国哈佛大学哈佛燕京图书馆）

East Asian Library, Columbia University

（美国哥伦比亚大学东亚图书馆）

East Asian Library, Stanford university

（美国斯坦福大学东亚图书馆）

East Asian Library, University of California Berkeley

（美国加州大学伯克莱分校东亚图书馆）

East Asian Library, University of California Los Angeles

（美国加州大学洛杉矶分校东亚图书馆）

East Asian Library, University of Pittsburgh

（美国匹兹堡大学东亚图书馆）

East Asian Library, University of Toronto

（加拿大多伦多大学东亚图书馆）

日本一桥大学附属图书馆

中国台湾地区"国家图书馆"

台湾"中研院近代史研究所"郭廷以图书馆

澳门理工学院图书馆

国家方志馆

浙江方志办

浙江图书馆

杭州图书馆

杭州方志馆

萧山方志馆

萧山档案馆

萧山图书馆

杭州市《凤凰村志》评论集

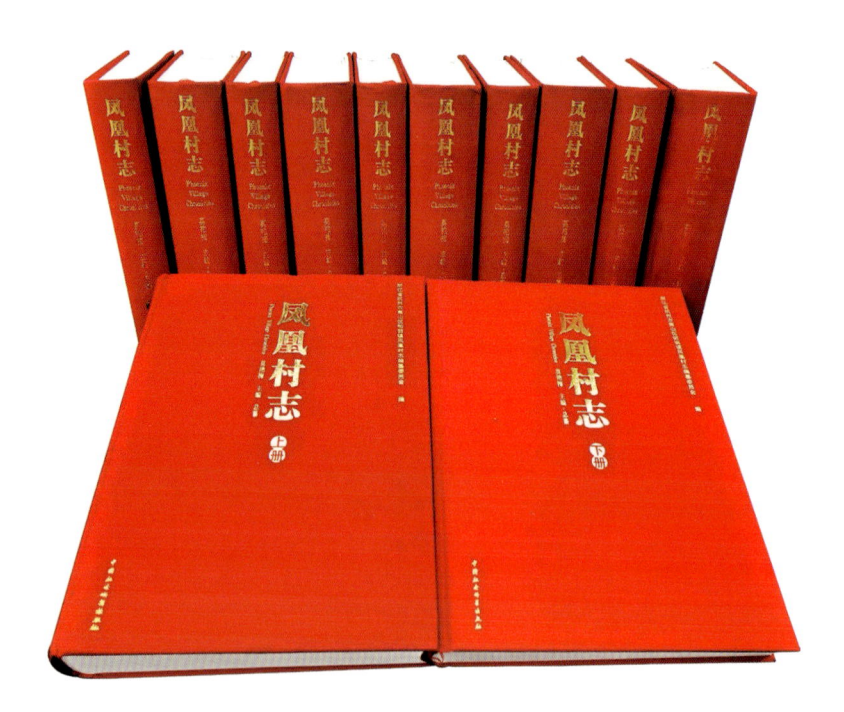

图33

图34

图33 2019年6月,莫艳梅主编·总纂,浙江省杭州市萧山区衙前镇凤凰村志编纂委员会编《凤凰村志》(231万字)由中国社会科学出版社出版(杨贤兴摄)

图34 2019年6月,莫艳梅著,中共杭州市萧山区委组织部、中共杭州市萧山区委党史和地方志编纂研究室编《富裕起来的农民在想什么——凤凰村农民访谈录》(31.6万字)由中国社会科学出版社出版 (杨贤兴摄)

目　　录

序一 ………………………………………………… 李　文（1）

序二 ………………………………………………… 潘捷军（7）

序三 ………………………………………………… 巴兆祥（9）

专家评论

构筑凤凰村公共历史体系的奠基之作
　　——读杭州市萧山区《凤凰村志》有感 …………… 王　熹（3）
文如其人　志在大成
　　——研读并从《凤凰村志》说开去 ………………… 王广才（11）
深入剖析农村社会　全面展现乡韵乡愁
　　——学习杭州市萧山区《凤凰村志》心得 ………… 樊春楼（22）
村志编纂的可能空间
　　——杭州市萧山区《凤凰村志》的探索与启迪 …… 刘善泳（34）
村志体也可吸纳社区史有益成分
　　——读杭州市萧山区《凤凰村志》感言 …………… 钱茂伟（54）

创新典范　方志新葩

　　——学习杭州市萧山区《凤凰村志》有感………… 张　军（59）

追史迹农运震华夏　看今朝凤凰再腾飞

　　——喜读杭州市萧山区《凤凰村志》感言………… 西　樵（77）

充溢创新精神的《凤凰村志》………………………… 梁滨久（92）

思想新、内容新和形式新

　　——谈杭州市萧山区《凤凰村志》三亮点………… 韩章训（99）

新时代呼唤方志"高峰佳作"

　　——论杭州市萧山区《凤凰村志》在新方志中的

　　　样本意义……………………………………… 李祥红（107）

一部坚守人民立场的"接地气"的村志

　　——评杭州市萧山区《凤凰村志》的人民性……… 赵燕秋（122）

《凤凰村志》：一部极具创新性探索性的特色村志 …… 施均显（131）

地方志编纂转型升级的成功尝试

　　——杭州市萧山区《凤凰村志》读后……………… 芙　蓉（143）

笃定初心做史官　兼收并蓄成佳志

　　——读杭州市萧山区《凤凰村志》有感…………… 田　亮（150）

不要人夸好颜色，只留清气满乾坤

　　——杭州市萧山区《凤凰村志》读后感…………… 段　愿（154）

新时代传承弘扬中华优秀传统文化的村志模式

　　——杭州市萧山区《凤凰村志》读后感…………… 南剑飞（161）

守正出新创范式　以民为本记村情

　　——读杭州市萧山区《凤凰村志》………………… 鲍永军（168）

与时代同步，为人民修志

　　——杭州市萧山区《凤凰村志》读后感…………… 赵丽丽（174）

忠厚传家久　诗书继世长

　　——论杭州市萧山区《凤凰村志》中的文化自信…… 郑　江（182）

一部学术品位较高的资料性文献

　　——读杭州市萧山区《凤凰村志》札记………… 沈永清（191）

讲求方志资料的代表性、权威性与独特性

　　——评杭州市萧山区《凤凰村志》……………… 毛东武（210）

杭州市萧山区《凤凰村志》重大事件的记载及思考…… 褚半农（222）

《凤凰村志》运用社会调查和口述历史方法述评……… 钱道本（230）

留存文化根脉　服务乡村振兴的典范之作

　　——杭州市萧山区《凤凰村志》简评…………… 包柱红（236）

凤凰歌鸣　家国春秋

　　——读杭州市萧山区《凤凰村志》有感………… 蒋庆波（242）

一部充满乡情、乡愁和乡思的富村志

　　——杭州市萧山区《凤凰村志》阅后感………… 钱志祥（246）

一个方志人的星辰与大海

　　——莫艳梅印象记………………………………… 叶　梓（251）

领导讲话

《凤凰村志》发行暨凤凰村史馆开馆仪式欢迎词……… 施海勇（259）

《凤凰村志》与凤凰村史馆工作情况汇报……………… 胡岳法（261）

我们走在乡村振兴的路上

　　——在《凤凰村志》发行暨凤凰村史馆开馆仪式上的

　　　　讲话…………………………………………… 顾春晓（264）

弘扬优秀传统文化　推动乡村文化振兴
　　——在《凤凰村志》发行暨凤凰村史馆开馆仪式上的
　　　讲话 ………………………………………… 蒋文欢（266）
凤凰村一志一馆见证腾飞的足迹
　　——在《凤凰村志》发行暨凤凰村史馆开馆仪式上的
　　　讲话 …………………………………………… 李　文（269）

主编思考

村志编纂如何突出地方性 …………………………… 莫艳梅（275）
鲜活的资料哪里来
　　——杭州市萧山区《凤凰村志》口述访谈实践
　　　探索 ……………………………………… 莫艳梅（289）
富裕起来的村民在想什么
　　——杭州市萧山区《凤凰村志》社会课题调查实践
　　　探索 ……………………………………… 莫艳梅（300）
地方志主业转型升级的实践与启示
　　——以杭州市萧山区《凤凰村志》为例 ……… 莫艳梅（322）
"互联网＋村志"走数字乡村建设之路研究
　　——从掌上《凤凰村志》说起 ………………… 莫艳梅（342）
论村庄建置沿革的记述和意义
　　——以杭州市萧山区《凤凰村志》、苏州市张家港市
　　　《凤凰村志》、深圳市宝安区《凤凰村志》、温州市
　　　乐清市《凤凰村志》为例 …………………… 莫艳梅（357）
论村志编修的几种模式 ……………………………… 莫艳梅（374）

村志选录

凤凰村志·序 ………………………………… 巴兆祥（389）
凤凰村志·总目 ……………………………………（392）
凤凰村志·目录 ……………………………………（393）
凤凰村志·总述 ………………………………… 莫艳梅（434）
凤凰村志·后记 ………………………………… 莫艳梅（441）

后记 ………………………………………… 莫艳梅（447）

序 一

李 文[*]

2019年7月，萧山方志办的莫艳梅同志寄来她编著的《凤凰村志》，装帧精美，洋洋231万字，其中村民访谈与社会调查达40多万字，我看后感慨颇多。

我与萧山方志办有缘。2010年12月，在中国新方志编纂论坛上，我和我们当代中国研究所社会史研究室的姚力副主任参会，第一次认识了萧山方志办的莫艳梅同志。她交流的论文就是《萧山市志社会课题调查的实践与启示》，介绍说，早在2004年，萧山方志办就出资邀请浙江高校的200多名师生，针对萧山的经济社会发展变迁，开展了中国地方志领域迄今规模最大的社会课题调查，调查成果全部收进《萧山市志》，不但大大充实了志书内容，而且破天荒的在地方志中出现了占全书内容1/3强的社会课题调查专册。我们对此印象非常深刻。

2012年9月，我带着研究室的同志们前往浙江省政府地方志办

---

[*] 李文，中国社会科学院当代中国研究所社会史研究室主任、研究员、博士生导师。

公室调研。当时我们这个以研究"国史中的社会史"为己任的研究室刚成立两年，尚处在基础理论准备阶段，首先就是要明确"社会"的内涵和外延。为此，我们在高校系统开展了大量的学科调研，同时也意识到应当去了解方志界的理解和实践。因为我们已经事先了解到萧山方志办有开展社会调查的传统，我们特地慕名而去，在浙江省和杭州市方志办负责同志的陪同下专程前往萧山，听取了萧山方志人的经验介绍，会见了沈迪云、莫艳梅诸同志。后来收到了莫艳梅同志寄来的《萧山市志》，阅读后我们发现该志还为不少内容加上了注释，增强了志书的学术性，同样让人耳目一新，拉近了与我们这些喜欢阅读学术著作的读者间的距离。经过与萧山方志办接触，发现他们的带头人沈迪云同志有思想、有高度、有创新精神，组织有方，工作能力强；莫艳梅同志则是这支队伍中的骨干，多年来踏实工作，辛勤耕耘，著述颇丰，称得上方志界的大腕。萧山方志办不但坚持不懈地开展社会调查，而且高度重视搜集口述资料，组织并亲自开展了大量的实地访谈。莫艳梅同志的这部新作就是这方面的代表作。

我与莫艳梅同志这部新作的记述对象凤凰村有缘。2017年初，莫艳梅同志与我联系，说他们准备对凤凰村开展口述历史和社会调查活动，希望得到我们的帮助和指导。我表示同意。一方面，我认为我们有这方面的专家资源，应该给予他们支持；另一方面，他们做普通老百姓的口述史，特别是农民口述史，是一件很不容易的事，也是一件很有意义的事，我们更应该支持；再者，走出书斋，接接地气，了解民情民意，也是我们所期冀的。只是我们能做的事有限，比如进村入户访谈，我们是没有时间住上十天半个月的，也听不懂当地方言，因此，也只能去几次，在几个重要环节上进行技术指导与把关。我和姚力副主任、徐轶杰博士先后两次到现场，又多次通过电子邮箱和微信交换意见，切实履行了指导与把关的职责。

2017年3月2日，我本人在莫艳梅同志的陪同下，第一次走访了这个声名远播的凤凰村。学过中共党史的同志未必都了解凤凰村，但肯定知道1921年中共成立早期共产党员沈定一在浙江衙前发动农民组织了一场声势浩大的抗租减租斗争。如今，那个时候的衙前发展成了杭州市萧山区的一个镇，凤凰村就是该镇最大的一个村子。改革开放初期，这个村子由于人多地少，逐步形成多种经营的发展思路，1985年利用地处交通枢纽的优势建立起了全省第一座联营加油站，1996年又利用当地村镇工商业发展优势建起了衙前消费品综合市场和轻纺坯布市场，2000年以来实现了由农业村向工业村的转变。近年来，凤凰村坚持个体经济与集体经济"两条腿"走路，大力推进"产业向园区集聚，居住向小区集中，二产向村中心外迁"，很快发展成为萧山区的首富村。2016年村民人均收入49555元，村级可用资金4425万元。不但如此，凤凰村在实现村民富裕的同时，还建立起了与经济发展水平相适应的民生投入和保障机制，总体上实现了中央提出的"产业兴旺、生态宜居、乡风文明、治理有效、生活富裕"的乡村振兴战略总要求，先后获得全国文明村、全国敬老模范村、浙江省全面小康建设示范村，以及浙江省民主法治村、"双强百村"等多种荣誉。凤凰村能有如此的辉煌，是与这个村拥有一个强有力的领导班子、有一个杰出的带头人分不开的。这个班子必须团结一心、甘于奉献，这个带头人必须有较高的威信和号召力，懂政策、懂法律、懂经营，眼光长远，善于捕捉机遇而且百折不挠。我去凤凰村调研时，有幸与这个村子的带头人胡岳法同志以及村党委、村委会一干人等做了一个很好的交流。胡岳法书记向我讲述了凤凰村40多年来的发展变迁，讲述了他担任村干部40余年的切身感受。我建议他们在2018年纪念改革开放40周年之际出版一部村史、建立一座村史馆，把凤凰村发展的历史记录下来、展示出来，村史馆的名称我都替他们想好了，就叫"腾飞的足迹"。胡书记等人高兴地接受了我的建议。胡书记身体很好，精力充沛，但毕竟也是年近七十的人了，当听他讲到村里五六年前就通过镇里招了5名大学生并对他们"传帮带"、正在推进领导班子年轻化时，我深感欣慰。

莫艳梅同志主编的这部村志口述资料中就有不少对凤凰村历任村干部的访谈。他们是这个村2200多名居民中的佼佼者，凤凰村取得的所有成绩都是在他们的带领下取得的，他们是党的宗旨的实践者、政府政策的执行者和发家致富的带头人。除了他们以外，这部口述资料中的访谈对象还包括村里的各色人等，总共访谈了46人，其中凤凰村民33人（20世纪20年代1人，30年代7人，40年代6人，50年代9人，60年代6人，80年代4人），外来人员4人，沈定一的后代及知情人9人。录入村志的36人（36篇），其他未录入村志的访谈资料也另有用途。莫艳梅同志对开展口述历史活动是胸有成竹的、紧锣密鼓的：2017年2—3月拟出实施方案，针对不同的受访者撰写访谈提纲；3—6月进村入户访谈；6—12月对口述历史录音进行整理与编辑；12月中下旬将46个口述历史录音整理文稿全部交返口述者审阅。"凤凰村民未来期待调查"，则与杭州师范大学政治与社会学院的师生合作开展，经过对调查问卷几易其稿，于2017年6月29日进村入户开展调查，10月完成调研报告。村民访谈与社会调查资料大篇幅收进《凤凰村志》，不仅提高了村志的资料性、著述性、资政性和可读性，对当代社会史研究的资料贡献功莫大焉。

做社会史研究非常重视田野调查、口述访谈，研究当代社会史更是如此。我非常高兴地看到，方志界也如此重视田野调查和口述访谈并积极地付诸实践。莫艳梅主编的《凤凰村志》以及她所开展的村民访谈和社会调查就是非常成功的范例。之所以如此成功，我想主要原因不外乎三个：一是她对这方面有一定的研究和积累。她撰写和发表的口述历史与社会调查的论文就达十多篇，她还做过新萧山人口述访谈，做过自己家族的口述访谈，编辑过《萧山市志》口述历史与社会课题调查专册，再实践起来就得心应手多了；二是她《凤凰村志》主编的身份，非常有利于她开展凤凰村的村民访谈和社会课题调查，比起一般学者开展口述访谈与社会课题调查自然就顺畅多了；三是单位的支持，她的工作能力强，修志经验丰富，加上她虚心向我们请教，我们也给予了力所能及的支持和指导。没想到的是她如此高效，出成果、出书、开发行会，一环紧扣一环。2017年2月始拟定村志篇目和口述访谈活动方案，至2019年6月《凤凰村志》和《富裕起来的农民在想什么——凤凰村农民访谈录》由中国社会科学出版社正式出版。7月24日，我应邀参加《凤凰村志》发行暨凤凰村史馆揭牌仪式。萧山区委常委、常务副区长顾春晓，浙江省人民政府地方志办公室主任潘捷军，杭州市人民政府地方志办公室主任蒋文欢，萧山区委史志编研室主任沈迪云，衙前镇党委书记施海勇，镇长杨芳，衙前镇各村和社区书记、驻衙前机构负责人、镇村干部代表、凤凰村村民代表等近200人参加仪式。有十多家媒体对此宣传报道，有十多家海外藏书机构收藏了《凤凰村志》，可谓好评如潮。

　　我认为，《凤凰村志》不仅是全国篇幅最大的村志，口述访谈、社会调查内容最多的村志，首部与纸质书同步发行的"掌上村志"，还是广受关注、质量最高的村志之一。可喜可贺。

2019 年 10 月 24 日

序 二

潘捷军*

浙江素有文献之邦、"方志之乡"的美誉。东汉的《越绝书》是方志的雏形之一，宋代的"临安三志"是中国方志的定型之作，宋常棠编写的海盐县的《澉水志》是中国历史上最早的乡镇志，清代学者章学诚是中国方志学的重要奠基人。千百年来，浙江方志编纂硕果累累，成就卓著，据《中国地方志联合目录》（中华书局1985年版）统计，在其收录的8200多种全国方志书目中，浙江就有641种，占总数的7.8%。20世纪80年代以来，浙江省新编各级志书2000多种，其中村志约400种，占总数的1/5。2019年6月中国社会科学出版社出版的杭州市《凤凰村志》和即将付梓的《杭州市〈凤凰村志〉评论集》又为浙江方志史乃至中国方志史增添了绚丽色彩。

两书的主编莫艳梅是杭州市萧山区委史志编研室副研究员，从事地方志工作30年，参加过《萧山市志》等4部市县志编纂，在省级及省级以上刊物发表论文100多篇，出版了《莫艳梅方志文集》《莫艳梅方志探论》《萧山清官廉吏》《萧山历史名人家世考——从家谱出发》等多部个人著作。她还是浙江全省方志系统推选表彰的首届"最美方

---

* 潘捷军，浙江省人民政府地方志办公室主任，研究员。

志人"。她十分热爱方志事业,甘于清苦寂寞,勤学善思,笔耕不辍,其实践经验和理论成果,已在省内外方志界产生了积极影响。

《凤凰村志》总计231万字,全面、客观、系统地记述了凤凰村自然、政治、经济、文化和社会的历史与现状。志书注重引入社会学方法,开展大规模的农民口述访谈和田野调查,获取丰富的第一手资料,有效地提升了村志的记述深度和独有性。特别是用每家农户最想说的一句话来刻画出当代农民的心理,再加上每户一幅基本情况表,每户一幅全家照,使整部村志充满"村"色,充满温度,充满乡村记忆。这使得志书不再是被束之高阁的收藏品,而是阅读率、传播力皆高的文化用品,也能成为广大农民群众的传家宝。而且"掌上《凤凰村志》"与纸质书同步发行,在全国地方志也是首例。

修志为用。作为全国首部村志评论专集,这本书汇集了30名专家学者的评论文章,其中既有方志界的专家,也有高校科研单位的学者;既有学术造诣较深的大家,也有修志经验丰富的基层方志工作者,还有热心方志事业的社会贤达。他们的评论文章形式不拘一格,评论风格各树一帜,但无不给人以启示借鉴,对宣传《凤凰村志》和宣传凤凰村,传播方志文化,助力乡村振兴战略,都具有积极的现实意义和独特的专业价值。

特别欣闻《凤凰村志》已被十多家海外藏书机构收藏,这是浙江方志走向世界、向世界讲述中国故事的又一现实范例。真心希望全省地方史志系统能以此为借鉴,多出精品佳志,为文化浙江建设再建新功,再创辉煌。

是为序。

2019年11月12日

序 三

巴兆祥*

村是中国行政管理体制中最基层的建制单位。村之有志大约始于明清时期，民国时期有所发展。大规模的村志编纂则兴起于20世纪80年代以来的新志编纂。据不完全统计，截至2015年，中国大陆共新修出版有603种村志。[①] 随着中共中央办公厅、国务院办公厅先后印发《全国地方志事业发展规划纲要（2015—2020年）》《国家"十三五"时期文化发展改革规划纲要》，要求"有条件的乡镇（街道）、村（社区）做好志书编纂工作"，进一步激发了各地的村志编纂热情，村志也迎来转型升级期。杭州市萧山区的《凤凰村志》厚厚两大本，洋洋洒洒230余万字，堪称村志中的鸿篇巨制、精品力作。

---

* 巴兆祥，复旦大学历史系教授、博士生导师，中国地方志指导小组成员，中国地方志学会学术委员。

① 毛曦、董振华：《城市化进程中系统开展村志编纂的意义与建议》，《中国地方志》2016年第6期。

一 创新村志纂修模式

修志模式一般指一个地方修志活动的组织方式。采用什么样的修志模式，各地多会从自身的特殊情况出发而加以考量。修志模式的差异在一定程度上会影响修志的进度和志书的风格。我国省府州县志都属于众手成书，村由于地域范围较小，事情也较少，村志的纂修在民国以前基本上是个人私修，主要由村里的乡绅承担，编纂所花的时间长短不一，少则几个月，多则数年，甚至十多年、数十年，成书的村志风格各异。兴修社会主义新方志以来，村志的编纂模式较为多样：有个人私修的，如采玉双《采家庄志》（1997年）、涧洲人士《礀头志》（2000年）、褚半农《褚家塘志》（2010年）等。私修者身份不一，有的是旅居外地的专家学者，有的是挂职驻村干部，有的是当地的村民、耆老，但都与修志的村有"地缘"或"血缘"关系。相当多的村采取在县市地方志办公室指导下，由村民委员会成立修志办公室或委员会主持，村主任或村书记主编，组织村民参与。为县志、市志提供资料而编纂的村志多属于此模式。还有些则由村民委员会聘请县市地方志办公室修志专家或其他教育科研单位专家教授担任主编，村里文化人参与具体编纂工作，如浙江省江山市白沙村聘请市地方志办公室毛东武任主编、陈水根等村民为编辑，广东省揭阳市枫美村聘请揭阳市委党校校长、枫美村人郑智勇出任主编。① 有些是政府统一规

---

① 张军：《康熙〈杏花村志〉对名村志编纂的借鉴》，《中国地方志》2017年第11期。

划，县市地方志办公室指导，村委会成立编纂机构组织实施，如上海市金山区村志编修工作在2011年被列入区"十二五"规划，2017年124个村的村志全部完成。有些是县市地方志办公室组织力量帮助编纂，如浙江省杭州市地方志办公室编《下姜村志》。有些则外包给文化公司或工作站，如广州市黄埔区《横沙村志》《双沙村志》即外包给某个编修团队。①

杭州市萧山区《凤凰村志》，凤凰村志编纂委员会编，莫艳梅主编·总纂，表面上看有点类似村民委员会聘请外面专家教授担任主编的模式，其实有很大区别。其一，萧山区政府地方志办公室始终对凤凰村编志工作给予指导，并支持、资助其中的口述历史与社会课题调查工作。其二，村志编纂委员会发挥在地优势，凤凰村党委、凤凰村民委员会在人、财、物各方面均给予大力支持，村民积极配合。其三，方志专家修志，做到修志贵在得人。尽管有的村也请了专家，对志书质量的提升有帮助，而《凤凰村志》主编莫艳梅不仅是萧山区的地情专家，而且是方志学研究的专家，她参加过4部市县志编纂，出版发表过100多篇方志研究论著，有丰富的修志实践经验与理论修养，村志编纂的理念自然要高过一筹。其四，不像有的外聘主编仅把握体例格式的大方向，不做具体工作，而该志主编、总纂合一，莫艳梅制订《〈凤凰村志〉篇目》《〈凤凰村志〉行文规范手册》《关于开展凤凰村口述历史活动的实施方案》，亲自撰写了占全志文字篇幅60%的志稿，还接手2名年逾古稀的副主编因各种原因未完成的工作，"一个人编辑

---

① 张丽蓉：《改革开放以来村志编修的分析与思考：以广州地区为中心》，《中国地方志》2016年第10期。

整部村志,一支笔统稿、总纂、修改和插图"。① 其五,多方征求意见。2018年4月、8月形成两次征求意见稿,征求意见对象包括本地的村民、领导以及各学科的专家。10月定稿付梓。《凤凰村志》形成的多方合力、方志专家主干的复合型"沉浸式"修志模式是对村志修志模式的创新发展,值得各地借鉴。

二 强化村志的学术性

方志是资料性著述,首先强调的是资料性。近年来,学术界与方志界都在呼吁提高方志的学术性,尽管对什么是方志的学术性还有分歧,但都试图在这个问题上有所突破。《凤凰村志》对此进行了有益的尝试。

第一,体现主编的方志思想。主编莫艳梅认为,村的行业门类少,有的还难以独立成章、节,村志架构不宜套用市县志的篇目,也不宜大而空、小而全,可灵活些,只要横不缺大项,突出村情,就可以了。篇目根据需要可以采用章节体,也可以试用纲目体结构,设类目、分目、条目三个层次,层次不强求平衡,条目也可多可少,相对灵活。②《凤凰村志》除"总述""大事记""大事纪略"外,共设专志18编:"村庄""姓氏""人物""村民访谈""凤凰村民未来期待调查""衙前农民运动""村政""村区建设""农业""工业 建筑业""商业

---

① 莫艳梅主编:《凤凰村志》,中国社会科学出版社2019年版,第1363页。
② 莫艳梅:《村志编纂如何突出地方性》,《广西地方志》2016年第6期。

服务业""村级经济 收益分配""村民生活""教育 卫生""文化 体育""艺文""风俗""文献"。以此与《萧山县志》《萧山市志》相比较，篇目还是有不少差异。从层次上看，总体分编、章、节、目，但部分编没有这么多层次，如第一编第三章"人口"第一节"人口数量"没有目，第二节"人口变动"、第三节"人口结构"有目，这与主编"层次不强求平衡，条目也可多可少"的方志思想一致。

第二，紧抓记述深度。方志编纂要求横不缺项，纵不断线。各地在记述时往往比较重视项，门类尽量齐全，这是对的，但在纵向记述上或多或少存在脉络不清晰、要素不全等问题。该志十分重视内容记述的深化，如第六编"衙前农民运动"，从"衙前农民运动兴起"（中共早期党员沈定一宣传发动，衙前农民协会成立，抗租减租斗争）、"军阀镇压"（地主与军阀的勾结，农民协会会员被捕，农民领袖李成虎牺牲）记到"衙前农民运动胜迹"（东岳庙、沈定一故居、沈定一墓、李成虎故居、李成虎墓、成虎桥、陈晋生墓、"沈定一先生被难处"纪念碑、"妇女解放万岁"坊等）、"衙前农民运动纪念活动"（70周年纪念、80周年纪念、85周年纪念、90周年纪念、95周年纪念）、"衙前农民运动纪念设施"（衙前农民运动纪念馆、红色衙前展览馆）、"衙前农民运动研究状况"（如专著有《衙前农民运动》《衙前风雷》等，论文有50余篇），客观深入地记述衙前农民运动发生的原因、过程、结果，以及这个事件所产生的影响与遗存状况，点、线、面相结合。通常的志书记述就是把"衙前农民运动兴起""军阀镇压"记述完整，也算不错了。

第三，提供特殊资料。记得南开大学来新夏教授说过，提高地方志的学术性就是要由依靠史料写志转变为写志是为保存史料。方志学术性强与否，主要是考察志书是否保存有第一手原始资料、提供别人不知道的资料。以此来看《凤凰村志》，尤其值得称道。从保存第一手资料看，该志除在正文的行文中保存外，主要通过节后附录、第十八编"文献"、图表来实现的。如第六编"衙前农民运动"附录有《衙前农村小学校宣言》《衙前农民协会宣言》《衙前农民协会章程》《萧山南沙组织农民团体宣言》，第七编"村政"附录《萧山县东乡自治会章程》《衙前村自治会章程》《2009年度村民（股东）代表大会决议》《2016年村民（股东）代表大会决议》《大事化小小事化了"和事佬"消弭矛盾有一套》《凤凰村美丽家庭评选实施办法》，第十二编"村级经济　收益分配"附录《凤凰生产大队的工分制度》《凤凰生产大队的按件计酬和小段包工计分》《凤凰生产大队的社务工分与补贴工分》，第十八编"文献"收录《衙前镇凤凰村村规民约（1999年8月）》《衙前镇凤凰村村规民约（2006年1月）》《衙前镇凤凰村村规民约（2017年7月）》《杭州萧山衙前镇凤凰股份经济联合社章程（2006年6月20日）》《衙前镇凤凰股份经济联合社章程（2017年6月23日）》等，弥足珍贵。该志非常重视图表的使用，有1700多幅图照（含每户村民最想说的一句话手写体扫描图片）、778张表格，图表要素齐全。照片，注明标题（人、事、物、地）、拍摄时间、拍摄者或提供者，照片的选录涉及凤凰村自然、经济、政治、文化和社会历史与现状，如"20世纪60年代农民在选种（董光中摄）"、"20世纪70年代萧山农民用鱼叉戳鱼（董光中摄）"，很有时代感。表有表人、表事、表物诸种，除各行各业的面上情况表、统计表外，还有一些比较少见的统计表，如"1961—1978年凤凰生产大队、交通生产大队、卫家生产大队接收知识青年情况""1990—1995年凤凰村双层经营承包责任制合同情况""2005—2016年凤凰村各业承包金情况""1971—1982年凤凰生产大队农村经济总收入情况",存史价值高。从提供别人不知道的资料看,该志更具有原创性。新方志的资料来源一般写来自档案、图书、报刊、访谈等,文献资料占绝大比例,"活资料"较少。难能可贵的是,该志在编纂过程中开展较大规模的社会课题调查和口述历史活动,获取大量的鲜活的第一手资料。"富裕起来的村民在想什么?此调研成果入志达10万字。村庄是如何发展变迁的?村民生活和个人奋斗史、生命史是怎样的?老百姓口述史入志达20万字。"① 这不仅"活化"了村志的内容,而且增强了志书的资料性,发前人之所未发。

第四,学术化的表达。学术著作一个重要特性是必须遵循学术的语言、学术的范式。地方志要提高学术含量当然也不例外。该志第五编"凤凰村民未来期待调查",第一章"问题的提出",第二章"凤凰村民七大未来期待",第三章"民之所望 施政所向",并就未来如何做提出"对策思考",符合属于学术调查报告成果体式要求。志中一些重要的统计表格,如"表647 清光绪年间凤凰地区土地官方绝卖文契登记情况""表648 民国时期凤凰地区土地民间买卖契约情况""表649 土地改革前后交通乡各阶层土地占有情况""表650 土地改革前后凤凰乡各阶层土地占有情况""表704 1996—2014年浙江恒逸集团有限公司主要经济指标情况"等,标注"资料

---

① 巴兆祥:《凤凰村志·序》,莫艳梅主编:《凤凰村志》,中国社会科学出版社2019年版。

来源"。志末有参考文献，开列《萧山年鉴》、《萧山县志》（1987年）、《萧山市志》（2013年）、《白沙村志》（2012年）、《衙前农民运动》（1987年）等62条。纠正了新方志不注明资料来源、不注明参考文献的不规范倾向。

三　突出村志的乡土性

费孝通先生在《乡土中国》中把中国社会的基本特性归纳为乡土性，以地方作为记述对象的地方志自然与乡土性密不可分，村是中国乡土社会的基本单位，村志的乡土性自然也是最为浓郁的。村志之所以受到读者的广泛重视，主要还是因为它的乡土性。

家系乡土社会的基本细胞。除家谱、族谱外，在民国以前的村志中有关家族的情况几乎是必载的内容，如（康熙）《杏花村志》卷十一为户牒、族系（附录诗文），反映村落里的血缘关系，村志从而也承担起维系家族血亲的社会责任。凤凰村历史上未见有家谱，这次首编村志，特地开展村内姓氏源流普查、户主身世及家庭成员普查。设置"姓氏"编，在记载姓氏数量、结构的基础上特立"户主与家庭成员"节，记载村内姓氏源流、户主身世及家庭成员情况，并配以每户一幅全家照，每户写一句最想说的话，录入村志中。"姓氏"编"让村民寻根问祖、厘清自己的来历，增强实实在在的根源感、存在感和归属感"。[①]

[①] 莫艳梅主编：《凤凰村志》"编纂说明"，中国社会科学出版社2019年版。

序 三

地缘关系是村民情感的主要纽带，乡土性的主要表征。凤凰村，因凤凰山而名，浙东运河穿村而过，水陆交通便利，历史悠久，人才辈出，水乡风情十足。《凤凰村志》第一编专门记载该村的历史沿革、区位条件、自然环境，第三编对有重大影响、有突出贡献、有代表性的凤凰村人和对凤凰村有重大影响的人物予以重点记载，第六编突出该村的红色基因"衙前农民运动"，第八编之后记载该村在村区建设、农业、工业建筑业、村民生活等各方面的成就，使村民们无论是在凤凰村，还是在外，人走多远，离开多久，也不会忘记自己来自哪里，不会忘记那里的山山水水，都会为家乡的灿烂文化与富庶的生活而感到自豪。

凤凰村是全国文明村，浙江省全面小康建设示范村，浙江省生态文化基地，杭州市社会主义新农村建设标兵村，杭州市文化示范村，萧山区美丽乡村精品村，有着"逐梦"传统与敢为人先的创新精神。为把村庄的精神财富记录下来并传承下去，该志第四编"村民访谈"汇集了从20世纪20年代、30年代、40年代、50年代、60年代、80年代本村人、外来人员以及现任村领导共36人的访谈记录，凤凰村人砥砺前行的创业历程，鲜活而生动的乡音、乡俗、乡情、乡愁，跃然纸上，村志于是变得有血有肉，不仅有温度，而且生动形象、乡土气息浓郁。

虽然这部《凤凰村志》并非十全十美，但金无足赤，人无完人，总的来说，《凤凰村志》是方志转型升级期一部体例完备、学术性强、乡情浓郁、时代特色明显、编纂方法有创新的佳志名作，值得推荐。

2019年9月30日

专 家 评 论

构筑凤凰村公共历史体系的奠基之作
——读杭州市萧山区《凤凰村志》有感

王 熹[*]

摘　要：《凤凰村志》创构了一个全新的凤凰村公共历史体系，将人类学社会调查与口述历史的方法运用到村志编修之中，突破了以往村志编修的固定模式，重点解决了村志当代叙事中存在的诸多具体问题：静态文本与动态"活文献"的有机结合问题，平面文字与记述多样性的问题，官方面孔与大众形象的问题，官方话语体系与民众参与地域文化构建的要求问题等。莫艳梅主编的开拓创新之举，不仅丰富了当代方志理论和实践过程，而且为全国正在开展的新一轮方志工作提供了一个很好的模板和学习的榜样。

关键词：村志　公共历史体系　创新模式

浙江省杭州市萧山区衙前镇凤凰村的历史，从北宋太平兴国三年（978）算起，迄今已有1000多年历史。但历经沧桑巨变、改朝换代，

---

[*] 王熹，澳门理工学院人文及社会科学高等学校中西文化研究所教授。

历代却鲜有为凤凰村编写村志者,因此后人很难对其历史发展有一个全面清晰的了解和认识。最近出版的由萧山区衙前镇凤凰村志编纂委员会编、莫艳梅女士主编总纂的洋洋200多万字的《凤凰村志》(上、下册),填补了这个历史空白,创构了一个全新的凤凰村的公共历史体系,勾勒出凤凰村的完整发展轮廓,呈现了凤凰村当代新农村建设取得创造辉煌成就的多彩历史画卷,可谓萧山区乃至浙江史志界的一件大好事,表示特别的庆贺。

中国是方志的故乡,方志是中国前贤史家创构的一种表述特定地域范围历史与现状的著述形式,这种架构设计与叙事形式,与官方正史、专史、政书体、典志体等不同,构成集中记录地域信息的集合体,具有自身显著的特点,作为中国历史记录的重要载体,已经有千年以上的历史了。村志是中国方志系列家族中的最基本的层级架构,其内容是县级志书叙事架构中的核心部分。中国方志之所以能够在众多史学著述中,经久不衰,自成一个庞大而系统的地域史料体系,能够为研究中国地域文明发展提供丰富的地域信息,则与各地历来注重文献资料的积累、不断修订完善本区域各层级方志叙事结构,贵因贵创,不断因应时代发展,丰富其记述内容的传统有着极为重要的关系。从村志的编修看,中国人历来重视对自身村落历史发展状况的调查和研究,各种文物文献的保护与保存也有切实可行的办法,形成了符合中国基层社会发展的叙事方法和实践经验。虽然很多地方没有编修专门的村志,但从各地县志所载内容看,村级行政辖区的各种信息要素都较齐全,所呈现的图像是完整的,内容是可信的,其所反映的历史脉络是清晰的,进而为研究各地村域历史提供了重要史料,也为研究中国方志发展变迁提供了重要的文本。

中国历代编修的村志不在少数，其中不乏名志佳志，尤其是中华人民共和国成立以来，重视"三史"的编修，开展了规模宏大的社会调查工作，编修的村志数量更是数量可观。现在政府和国家都鼓励提倡编修村志，各地要为振兴新农村、保住"乡愁"、彰显新时代新风貌服务，各地村民积极性很高，因此编修村志成为一种时髦的事情，启动编修者不在少数，发展势头较猛，似有与省、市、县三级志书平分秋色的架势。从总体情况看，多数地方聘请的编修者，虽然有的为专业方志工作者，有的为专业的历史研究人员，但其中很多人，由于对村落历史没有进行专门研究，资料准备不够充分，仓促上马，急于出书，甚至为赶时髦而凑数者也不在少数，故在数量众多的村志之中，精品佳品不算多。而且编修者较为普遍的做法是将县志的篇目体例稍加变通，就作为村志编修的纲目，有什么资料写什么内容，不是在研究每个村落的基础上形成编修的提纲和篇目，没能凸显各个村落的显著特征，因此编修出来的村志内容多千篇一律，共性多于个性，模仿"抄袭者"居多，好像村落都是一个模样，一副面孔，缺乏地域的个性风格，与编修村志的宗旨相去甚远。若把已经出版的很多村志的地名、人名、机构名称、文件名称等要素隐去，其内容大体相仿，都在表述同样的话语内容，高唱时代赞歌，官话套话连篇累牍，没有什么实质内容。其编修出来的村志，既没有体例结构、叙事内容方面的创新，更没有数据文献的系统梳理，从形式到内容都名不副实，这样的村志既没有多少文献价值，又没有反映村落发展的脉络特征，更没有把村落的个性凸显出来，与公众的期待相去甚远。其实无论是过去还是现在，每个村落无论其历史长短，处于何种发展水平，都有其个性特点和历史轨迹可循，编修村志就是要把它的个性特征展示出来，将其发展轨迹呈现出来，突出的是它在地域文明建设中的不可或缺性。

具体来讲，若将《凤凰村志》与浙江乃至全国出版的众多村志作个综合比较，虽然其出版在后，但就总体质量而论，其在篇目设置、叙事架构设计、史料来源、编修理论与方法、记述的历史与现状的内容、数据价值和文本特点等方面，多有开拓和创新，体现了作者深厚的方志造诣和对凤凰村地域地情的深入研究与综合概述，表明当代浙江村志编修达到了一个新的高度。概而言之，其显著特征表现在如下诸方面。

第一，编修方法有开拓与创新，提供了实践经验。将人类学社会调查与口述历史的方法运用到村志编修之中，是《凤凰村志》在编修方面的突出特点之一。这也是《萧山市志》的最成功之处，莫艳梅作为其编修者之一，在《凤凰村志》编修中再次彰显其优势与重要性。其实中国历代编修方志一个共同的特点是非常重视社会调查数据的使用。很多志书中直接将"采访录"入志，作为志书最新资料的补充，以体现历史与当代特点的有机结合。当时的采访录就是现今人类学社会调查与口述历史资料的合体，这是中国由来已久的编修方志的好传统。但这个好传统，在当代编修方志时，并没有引起编修者足够的重视和充分运用，甚至有很多人是不愿意下这方面的功夫的，当然也有些人是没有这个能力做的，这是一门专门的学问和方法。目前很多村志的编修者，还是习惯于使用官方档案文献或有关记载，来拟定志书的篇目架构，因此入志的材料几乎都是静态的"不会说话"的文本内容，他们更多且较为通行的做法是材料丰富就多写，没有材料就空缺，所以编修出来的志书大多是政府文档的汇总或分解，套话废话不少，对下层大众的声音和要求却反映较少，所构建的方志叙事结构中往往少见历史创造者"大众"的形象和具体内容。因而很难引起社会大众的关注和兴趣，编修出来的村志无人问津，被束之高阁，很少有人关注就不足为怪了。

《凤凰村志》的编修者深知其中的症结所在，对症下药，将社会调查和口述历史的方法引入村志编修之中，重点解决村志当代叙事中的许多具体问题：一是解决了当代资料欠缺不足的问题；二是全面了解和征求村民对自己家族、村落发展历史的集体回忆和村落变迁的重构要求，作为叙事架构设计的依据；三是为全面系统重构体现凤凰村大众共识的公共历史体系，搜集和积累了丰富的不见文献记录的"活"素材，因而能够比较全面地审视凤凰村的发展轨迹，并对其从古至今历史过程的构建作出更加符合当代凤凰村的特点的叙事安排，表现出村志编修者求真务实的工作风格和严谨治学的科学态度。

第二，拓展了村志的史料来源，开阔了村志编修者的历史视野，也为方志编修者提供了一个示范学习的模板。村志是最接地气的文化梳理和研究工作，是编修志书的基础工作，也是彰显地域文明的重要文化细胞。中国有"隔代修史""当代修志"的文化传统，素来重视各地域资料的收集和积累。之所以开展"当代修志"，其所着重强调的是方志叙事架构及承载的内容，在搜集、整理和保存资料文献方面所具有的特殊功能与作用。文献是构筑史学大厦的基础，是研究中国文明进程的重要根据。从历代各朝纂修国史的史料来源看，方志文献一直在国史编修中充当地域文献来源的重要角色，因此方志的数据多样性、文献功能与重要价值才得以充分体现。对国史与方志文献的相辅相成关系，清代方志学家章学诚有精辟的论述："天下之史，有一国之史，有一家之史，有一人之史。传状志述，一人之史也；家乘谱牒，一家之史也；部府县志，一国之史也；综纪一朝，天下之史。比人而后有家，比家而后有国，比国而后有天下，惟分者极其详，然后合者能择善而无憾也。谱牒散而难稽，传志私而多谀，朝廷修史，必将于方志取其裁；而方志之中，则统部取于诸府，诸府取于州县，亦自下而上之道也。然则州县志书，下为谱牒传志持平，上为部府征信，实朝史之要删也。"①

基于这样的认识，《凤凰村志》的编修者，在构建村志叙事架构及内容记述时，着力于文本与鲜活资料的整理与储备，首先开展凤凰村文献摸底调查，初步摸清楚了资料的基本情况；其次针对该村姓氏宗谱数据缺乏、当代数据不足等问题，编修者运用社会调查、口述历史的方法，展开全面搜集、整理和口述历史数据的记录工作，以使各方面的数据完整系统化，从而为编修志书夯实基础。他们通过准备资料，一是完成了对该村姓氏源流的普查、户主身世及家庭成员的普查工作，填补了该村村民无姓氏宗谱的空白；二是通过村民的集体回忆与叙事过程，勾勒出了村民对凤凰村发展历史的共识与发展图景，形成了百姓心目中的村史概念与轮廓；三是注重民众图片数据的存世价值，为村志选录较多反映普通村民形象的多方面的图片数据和信息作了积累，这也为凸显村民才是村志核心的编修主旨提供了文献支撑，使村志内容更接地气，更具村落文化特征；四是将文献记载与百姓期盼的村史要求相结合，经过系统梳理和深入研究，构建了从古至今凤凰村公共历史的体系轮廓，并将之作为村志的主体结构，且在此基础上形成了体现历史发展过程与当代有机结合的村志内容，突出了社会大众共同

---

① 《文史通义》卷六。

编修村志的理念与宗旨，避免了一般村志中只体现官方话语体系，与民相隔，不见社会大众意志的叙事弊端。

第三，在村志形式和内容撰述方面，注重历史记载与当代特点的有机结合，体现了凤凰村历史与现状的整体轮廓，反映了凤凰村在当代经济社会发展、新农村建设中的时代风貌。历史就在每个人的生活中。当代方志编修者反复强调志书是"全面、客观、系统地记述自然、经济、政治、文化和社会的历史与现状的著述"，然而我们对诸多各级志书进行研究后却发现，很多志书的缺项和问题十分明显，一个通病，不是缺少对历史的全面、客观、系统记述，就是对现状的记载不深不全，既不能体现研究深度，也没有反映出各地的时代特点，更没有在反映普通民众历史方面下功夫。究其主要原因：许多方志编修者不是理论水平不高，造诣不深，而是坐而论道者居多，没有解剖麻雀的耐心，不肯下真功夫研究问题，研究村落的变迁，研究当下方志存在的不足，往往满足于大而无当，不求甚解，问题意识、研究意识、开拓意识、创新意识严重不足，致使编修出来的方志在理论和方法上乏善可陈，平庸之作不在少数。

《凤凰村志》在众多村志乃至当代方志中，能够脱颖而出，具有与众不同的风格特征，主要是因为村志的编修者对其历史与当代发展过程作了深入研究，不仅重视文献资料的搜集整理，重视村史发展历史的梳理，而且特别重视村民在新农村建设中所发挥的重要作用，贯穿的是村民才是村落的"魂魄""村落精神"的主体与象征的理念，彰显的是村民的奋斗历程和感人的故事，村民活动与村落发展之间的有机联系，体现了村落、社会大众在地域文明发展和新农村建设中的重要作用，因而编修的村志更具文献参考价值和现实指导意义。

简而言之,《凤凰村志》的优点很多,值得方志编修者借鉴学习的地方很多,其显著特点是在方志理论和实践方面的开拓创新,突破了以往村志编修的固定模式,尤其是它在构建村落公共历史体系方面的诸多尝试,比较妥善地处理了几个方面的问题:静态文本与动态"活文献"的有机结合,平面文字与记述多样性的问题,官方面孔与大众形象的问题,官方话语体系与民众参与地域文化构建的要求问题,等等。他们的开拓创新,犹如一缕春风,不仅丰富了当代方志理论和实践过程,而且为正在开展的第三轮方志工作提供了一个很好的模板和学习的榜样。全国的方志工作者如果都能在研究地域历史和当代中国社会变迁方面下真功夫,因应各自的真实状况开展深入研究,运用当代研究方法为方志的编修服务,相信方志的总体质量和水平一定会有一个质的飞跃。《凤凰村志》的编修就是一个很好的示范,这是我们方志工作者不忘初心、牢记使命的责任所在。

文如其人　志在大成
——研读并从《凤凰村志》说开去

王广才[*]

摘　要：名人修名志，《凤凰村志》亦不例外，是专家修志的典范。莫艳梅主编勤奋耕耘，著述丰硕，是全国地方志知名中青年专家。该志大中窥小，小中见大，颇为用心。详略有致，巨细照应，信息量丰富。概、分结合，好读好用，堪称范本。注重对比，形象生动，寓观点于记述之中。着力体现重点、特点、亮点、看点，发挥了示范引领作用。

关键词：名人　名志　范本

2019年7月下旬，笔者有幸收到莫艳梅女士主纂的《凤凰村志》。这是我见到并乐意拜读的浙江省范围内第三部村志。第一部是颜越虎先生寄赠的由他作序、毛东武志家主纂的《白沙村志》，第二部是第二轮

---

[*] 王广才，河北省地方志办公室原副主任，副编审，河北省地方志专家库成员，中国地方志学会学术委员，方志出版社专家组成员。

《杭州市志》执行主编李忠民主纂的《下姜村志》。浙江不愧为文化和修志大省，各级各类名志迭出，令人肃然起敬。

《凤凰村志》全二册，由中国社会科学出版社 2019 年 6 月出版。全书 18 编 76 章 244 节 500 多条目 231 万字。国际标准 16 开版，内文四色套印，硬壳红色精装。封面"凤凰村志"四个烫金大字格外引人注目。对该志第一印象是整体鲜亮、大器、厚重。

一　见志如见人

笔者由于与全国修志先进单位——萧山区党史与地方志办公室有较多的交往，以及经常共同参加一些全国性培训和学术交流活动，因此对《凤凰村志》主纂莫艳梅女士不仅熟悉，而且十分敬佩。莫艳梅为瑶族之花，落落大方，言谈举止中溢透着强人、才女之气。道之为强人，在于其不畏修志"三苦"（艰苦、辛苦、清苦），把"志"做稳、做大、做强。其学历虽高（研究生学历），但稳在"心志"，不求权力、名利，甘为修志奉献，较早就担任了湖南省江华瑶族自治县党史与地方志办公室主任。其不甘现状，勇于自我超越，大胆走出"瑶寨"，调到浙江萧山，开始了新的追求，新的探索，新的征程。道之为才女，在于其天赋加勤奋，使之成果丰硕，著作等身。其先前主编或参与编纂了《江华瑶族自治县志》、《江华八十年记事》、《江华瑶族自治县志》续志、《佛山市志》续志、《萧山市志》；近若干年又出版了《莫艳梅方志文集》、《萧山清官廉吏》、《萧山历史名人家世考——从家谱出发》、《莫艳梅方志探论》、《富裕起来的农民在想什么——凤凰村农民访谈录》等个人专著;在省以上刊物发表论文100多篇;2010—2019年,先后10次应邀参加中国地方志学会学术年会;2010年入选浙江省地方志系统第一轮人才梯队,2014年被评为首届浙江省"最美方志人",为浙江省地方志专家,全国地方志知名中青年专家。

莫女士主编、参编、独著的书籍,不少赠我研读珍藏;其系列文章,如谈志书功能定位,谈志书体例,谈志书篇目,谈志书概述,谈志书大事记,谈志书调查采访,谈志书图照,谈志书注释,谈志书索引等,不仅我本人汇集学习受益,而且在河北省推而广之,大家都深受启发。

名人修名志是中国的一个优良传统。方志大家章学诚编纂出了有名的《永清县志》,傅振伦编纂出了有名的《新河县志》,李泰棻编纂出了有名的《阳原县志》。如今的各级各类志书,堪称典范的依然是出自名家之手,《凤凰村志》亦不例外。

二 知人便知志

《凤凰村志》是专家修志的典范之一。由于本人从2016年以来被聘担任《河北省新编地方志提要(上)》统纂之故,有幸审视了入书的144部村志。加上省外朋友赠阅的几十部村志,有条件扩展了研读村志的视野。从研读中发现,凡是专家(包括方志名家)担纲主纂的村志,从体例到内容,一般技高一筹。如方志名家毛东武(《江山市志》主编)主纂的《白沙村志》,李忠民(《杭州市志》执行主编)主纂的《下姜村志》,任根珠(中国地方志学会学术委员)主纂的《西铭村志》，梁建楼（一、二轮《井陉县志》主编）主纂的《微水村志》，孙继胜（二轮《秦皇岛市志》主编）主纂的《长峪山村志》，孙进柱（河北省方志专家库成员）主纂的《小车村志》，李继隆（一、二轮《丰南县志》主编）担任学术指导的《太各庄村志》，马铁松（一、二轮《丰宁满族自治县志》主编）主纂的《八间房村志》，樊春楼（二轮《涉县志》主编）主纂的《南岗村志》，王文军（《南戴河国际娱乐中心图志》主编）主纂的《房庄村志》，樊海江（《藁城人口和计划生育志》主编）主纂的《梅花古镇志》（村志），赵海京（永年县收藏协会副会长）主纂的《河北铺村志》，赵毓志（河北省民俗文化协会会员、洺州诗社社长）主纂的《龙泉村志》，侯金栋（武强县文化名人）主纂的《郭家院村志》，无不是村志中的佼佼者。相比之下，那些无修志经历、未经培训、自发兴起、"摸着石头过河"而编就的村志，水平则参差不齐，质量大多不敢恭维。由此更见国务院颁发的《地方志工作条例》规定的"编纂地方志应当吸收有关方面的专家、学者参加"的重要性、必要性和紧迫性。

　　前述的这些涉猎村志的史、志、文名家，都为男性，又多为余热尚在的退休者，唯独莫艳梅为巾帼女杰、在职方家、中青年拔尖人才、修志"青黄不接"期间的重要传承人物，不得不说其创业不易、责任重大、使命光荣。

三　靓丽尽在"尺牍"中

　　一是大中窥小。"志"为一个大家族，虽都姓"志"，但忌"千篇一律"，村志要有"村"的属性。《凤凰村志》大中窥小，颇为用心。该志没有沿袭县志的设置——始设建置区划、自然环境、基础设施、居民人口；中设经济、政治、文化；后设社会、丛谈、附录等，而是围绕"村"字做文章，设村庄、姓氏、人物、村民访谈、凤凰村民未来期待调查、衙前农民运动、村政、村区建设、村民生活、艺文、风俗等。凡是最原始、最基层、最接地气的事物（事件），如一村一景、一石一木、一河一桥、一证（民国时期农民协会会员证）一匾、老屋新宅、耙锹帽斗、长寿老人、下乡知青、工分制度、分配明细等，都在统摄之中，让习近平总书记倡导的"保留乡村风貌，留得住青山绿水，记得住乡愁"，[①]"落地生根"，成为现实，代代相传。"万物万种色，一云一情状；造化真文章，本自无定相"。[②]各级各类志书，如像《凤凰村志》般把握住自身特性，那么，百志百种色、争奇又斗艳就不成问题了。

二是小中见大。滴水之小，可见太阳。用心至极，想让其不灵也挡不住。据我所知，该志是截止到当下，全国出版的5000多部镇、村志中唯一一部与纸质书同步发行的"掌上村志"。翻开纸质书，首先映入眼帘的是15个转折年份的凤凰村历史沿革示意专页，犹如15级台阶，级级相连，层层递升，引人遐想。紧接着是凤凰村当代荣誉专页，25项县区以上荣誉，珠玑联结，由1985年的萧山县文明村，到2011年成为全国文明村，终至2018年迈入全国民主法治示范村，薪火相传，步步登高。再接版权页的是凤凰村村徽。迎面凝视，她像凤凰展翅，又像燃烧的火炬，还像人们飘逸洒脱的金丝带。

[①] 《习近平在考察云南省时的讲话》，2015年1月20日。
[②] （清）董桂敷：《寄感》。

卷首和正文穿插的各类图照，范围广泛，拍照精美，大小相间，今昔对照，铺排有序，图文并茂，不输省志、市志、县志。卷首地图，除凤凰村平面示意图，还有凤凰村在中国的位置图，凤凰村在浙江的位置图，凤凰村在杭州市萧山区的位置图；笔者检索了一批村志，如此设置的当属唯一；通过这些舆图，彰显出一村一庄的区域性和统一性，局部与整体一清二楚，基础"细包"（村庄）在宽广版图中的地位、作用不言自明。为方便读者查阅，两册本的村志，每册都有总目和本册的细目；如同市志、县志那样，卷末也设置了图照索引和表格索引，可见作者想的是多么周全细致。

《凤凰村志》篇目，在建置、区位、人口、自然环境与村政、村区建设、各类产业之间，安排的是姓氏、人物、访谈、凤凰村民未来期待调查和衙前农民运动，判断作者较为熟悉传统修志中的"三宝体"（土地、人民、政事），并在村志实践中进行新的尝试。做好注释工作，是学术规范应有之义。莫艳梅参与了《萧山市志》的编纂。该志注释21项2148条。因此受到著名学者来新夏、魏桥的高度评价。有了这种痴心追求，才使《萧山市志》进入了学术的殿堂。这一经验，包括注释、署明参考文献等，都嫁接到了《凤凰村志》当中，亦使该志"文气"十足。村志（简称"小志"）如此，应当加注而未去做的其他综合性宽域志书（简称"大志"），① 从中也能受到必要的启发。"小志"不小，内里也包含着"大文章"。"小志"促"大志"，其意义不正在这里吗？

---

① 中国地方志指导小组印发的《地方志书质量规定》，明确"注释符合学术规范，便于查找原文。注释形式全书统一。引文和重要资料要注明出处"（中指组字〔2008〕3号文件）。

三是巨细照应。例如,记述村级经济收入,有历年的总收入,还有逐年的收入构成,以及收入的基本特征。再如村民生活中的文教娱乐,有2000—2016年17个年份的总支出和每年支出,还有2016年村民翁关增家庭文教娱乐消费情况,而且对家庭成员数、2016年全家总收入、此前已购置的文娱用品作了注释,让信息含量更加丰富。

四是概、分结合。所谓概,即是综合、提炼、概括;分,即是横排竖写、条分缕析。在这方面,《凤凰村志》三级"述"是最好的明证。该志卷首有总述,编下有概述,章下有概况,总分相辅,上下照应,层层统辖,内涵外延一致,这就解决了一些志书存在的"只见树木、不见森林"和"顾此失彼、挂一漏万"的问题。特别是卷首的"总述",总括村情,突出特点,沟通联系,彰明因果,朴实严谨,图文并茂,堪称村志"总述"的范本之作。

在章节记述文字中,也注意避免"一个一个"实体分散性罗列,着力加强提炼综合概括。如记工业建筑业,无论记行业类型、创办时间、员工人数、拥有设备,还是产品种类、产值产品增长幅度,都是同类数据的累加,让读者了解的是所有企业内部同质事物的总情,而不是一个一个企业单独的介绍,极大地提高了入志资料的可利用率和研究价值。

五是详略有致。比如《凤凰村志》的大事类目,有"大事记",还有"大事纪略",前者属于高密度逐年或隔年记述,总量4.6万字,对应后者(0.47万字),看出量大权重;但就单一条目来说,后者总共三条,反映的是凤凰山抗击战,创建全国文明村,凤凰村与台湾南投县鹿谷乡两村结对交流,每条平均1566字,呈现的是总条略、单条详;不论二者之间,还是各自内部,对详略的把握都是适度的;根本目的在于"突出重点、兼顾一般",满足厚重要求和各方需要,使之保持和谐统一。

六是注重对比。所记事物,孰优孰劣,不在作者明面"张扬",高明的写手是"于无声处听惊雷",让读者在资料对比中自行去鉴别。《凤凰村志》529页插有一幅"花边资料",显示的是:2016年,萧山区421个村级组织经营性收入12.62亿元,村均299.78万元。年经营性收入1000万元以上的村有20个,50万—70万元的有101个,30万—50万元的有80个,30万元以下的有44个。全区村级组织经营性收入最高的衙前凤凰村4178.46万元,收入最低的村仅1.77万元。2017年,衙前凤凰村达到4408.06万元,最低的村仅2.11万元。高低对比,天壤之别。"寓观点于记述之中",这不就是最好的例证?

七是好读好用。对于村民来说,编修村志注重形象生动、好读好用尤为重要。《凤凰村志》除前已述及的总分篇目、编制索引、文表相间(置表778幅)、插录照片外,还随文安排了各种示意图,如柱形图、曲线图、分布图等,形象直观,便于理解。

四 引领作用令思索

从表1可以看出,《凤凰村志》共设18编,作者没有"平均用力",而是把重点放在如下12编上,即"姓氏"(65万字,占志书总字数的28.1%)、"村民访谈"(31万字,占13.4%)、"凤凰村民未来期待调查"(15万字,占6.5%)、"艺文"(10.5万字,占4.5%)、"村政"(8.9万字,占3.9%)、"文献"(8.7万字,占3.8%)、"农业"(7.9万字,占3.4%)、"工业 建筑业"(7万字,占3.0%)、"风俗"(6.7

万字，占2.9%）、"村庄"与"村民生活"（各5.7万字，各占2.5%）、"衙前农民运动"（5.1万字，占2.2%）。从中知悉，作者是在着力体现重点、特点、亮点、看点，让志书真正堪存堪鉴。

表1　衙前镇《凤凰村志》各编字数统计

编序	编名	版面字数（万字）	编序	编名	版面字数（万字）
第一编	村庄	5.7	第十编	工业　建筑业	7.0
第二编	姓氏	65	第十一编	商业　服务业	3.8
第三编	人物	3.8	第十二编	村级经济　收益分配	4.1
第四编	村民访谈	31	第十三编	村民生活	5.7
第五编	凤凰村民未来期待调查	15	第十四编	教育　卫生	3.8
第六编	衙前农民运动	5.1	第十五编	文化　体育	2.8
第七编	村政	8.9	第十六编	艺文	10.5
第八编	村区建设	4.7	第十七编	风俗	6.7
第九编	农业	7.9	第十八编	文献	8.7

注：18编分志合计200.2万字，志前目录、序、凡例、编纂说明、志首图照、总述、大事记、大事纪略、志末索引、参考文献、后记等，未列入表内。全志版面字数231万字。

对于姓氏族系，笔者随机检索了一批村志，结果是"两头少、中间多"：多数简记，少数不记或详记。详记的有《凤凰村志》，65万字，位列之首；《白沙村志》26万字，位列第二；《梅花古镇志》（村志）15万字，位列第三。本人赞同村志不仅要记姓氏族系，还要适度增加分量。因为这是村民的根与魂、传与承、念与思、喜与乐的源头所在，是村民与村庄、村志的"黏合剂"；图文并茂、声情交融记述姓氏族系，谁家还不把他当成"案头书""传家宝"，从而收藏三本五本甚或十本八本？志书读者群的扩大，有其自身的规律，关键在记述内容，在读者的喜闻乐见，在可读可用、好读好用。编纂"三贴近"（贴近基层、贴近群众、贴近生活）的志书，特别是村志，应是志人长期的一个追求。

"村民访谈""凤凰村民未来期待调查""衙前农民运动"，是《凤凰村志》独有编章。前两项新颖而且量大。对于这些，要不要进行，要不要在书中原汁原味体现，如果体现，采取何种方法，可能会有不同看法。作者在"后记"和其他笔记中言道，这样做意在抓取第一手资料，反映民情、民意、民愿，深化志书内容，提升志书的资料性、著述性、原创性。本人认可这种新的见解和探索，尤其是在缺旧志、缺档案而又必须对农村资料进行抢救性挖掘，其意义十分重大，也可以说是功德无量。

在首轮修志时，本人曾发现某地"大跃进"时期手写的几页纸"县志"。这不是在修志，是在亵渎神圣的修志事业。当今也有某些不负责任的文化公司，组织十个八个人，用两三个月时间，搞两三次突击，"短、平、快"出版一部二三十万字的村志。人们不禁要问：不搞深入调查采访，能修出好的村志吗？回答肯定是不可能。

毛泽东主席说过，"没有调查就没有发言权"（《反对本本主义》）。同样的道理：没有调查就没有修志权。志为载体，地情为客体。志书要记载地情的历史与现状。已有的志书对地情记得如何？本人带着这个疑问去寻找答案，结合对自己若干年报刊所载地情剪贴资料研究的结果是：十分地情，志书则记述了五分六分，尚存诸多缺漏——缺"草根"，缺"地气"，缺"民生"，缺"三农"，缺"大要"，缺"经典"，缺"个性"，缺"细节"，等等。有责任心的志苑耕耘者，恐怕都会有这种感受。找准了"症结"，就知道该如何解决了。《凤凰村志》作者"心存忧患",进而聚化为"问题意识",更采取措施予以化解,办法包括造表统计、问卷调查、座谈采访等,形成的经验自可引领借鉴。

五 成败得失在执着

标准决定起点,执着决定行为,能力决定成效。这三个方面,不仅决定着工作的基点和过程,而且直接影响到工作的最终结果。初心要靠执着去确立,使命要靠执着去担当;唯有执着才能砥砺前行,化艰辛为神奇。

在莫艳梅身上,有选择,有坎坷,有拼搏,有奋斗,有耕耘,有丰收,但归结起来,是渗透在瑶家女子血液中的执着追求。舍此,何以在30年内屡次受到嘉奖表彰,何以硕果累累卓见频发。舍此,编修《凤凰村志》,何以能在三个月内,访谈方方面面的人员46人,采访资料达50多万字,精选入志资料31万字;何以在修志过程中,一支笔统稿、总纂、修改、插图、排版、核实、校对——每天除了上班就是加班(加班到晚上十点半属于常态),除了编纂村志就是查阅资料,晚上十点多坐地铁回家,再晚的话打车回去;从家到办公室有4公里车程,到凤凰村走访、搜集资料、查阅档案,坐公交需要50多分钟,前前后后去了80多天(次)。① 由此可见其中的辛苦、劳累和付出。没有执着、毅力和坚守,怎有今天《凤凰村志》这沉甸甸的回报!有此积累和执着,明天一定会更好!

---

① 莫艳梅主编:《凤凰村志》"后记",中国社会科学出版社2019年版。

深入剖析农村社会 全面展现乡韵乡愁

——学习杭州市萧山区《凤凰村志》心得

樊春楼*

摘　要： 杭州市萧山区《凤凰村志》堪称中国方志界的一座新的里程碑，达到了一个前所未有的高度。全书亮点纷呈，美不胜收，将"以人为本"的修志理念发挥到极致，将笔触探入村民心灵深处的田野调查和口述访谈，全方位、立体化展示了农村演绎的历史画卷，并以发展本区域经济社会的责任心和使命感提出富裕起来后继续前行的"凤凰方案"，极大提高了志书经世致用的资政价值。

关键词：《凤凰村志》　以人为本　田野调查　资政价值

在2019年国庆节前，笔者有幸学习了浙江省杭州市地方志专家莫艳梅主编的《凤凰村志》，受到了极大的思想震撼。此书从志书内容上说，深入剖析了该村历史轨迹、取得成就及存在问题，全方位展示了

---

* 樊春楼，河北省涉县地方志办公室原主任，副编审，《涉县志》主编。

农村演绎的历史画卷,并宣示了经济社会发达地区农村富裕起来后应该怎么办的"凤凰方案";从写法上说,编者没有局限于常规村志只写大路边的几项内容,而是全方位、多轮次、立体化地展开调查研究,深入农户中,深入村民的心田里,深层次挖掘,全方位剖析,并力求找出规律,说真话,办真事,尽可能地发挥志书的经世致用功能,为地方志纂修开创了一条新路径,树起地方志事业一面新旗帜,使地方志的深度、广度、效度得以极大拓展。笔者试从《凤凰村志》以人为本的纂修理念、反映村民心声、深入社会调查、对农民革命运动升格处理、传承敢讲真话的勇气、探求富裕起来后怎么办等亮点纷呈的几个方面,简略汇报几点心得体会。

一 将"以人为本"的修志理念发挥到极致

"以人为本"的命题,在我国自古有之,儒家思想奠基人孔子编选的上古历史文献《尚书》提出:"民可近,不可下,民为邦本。"[①] 春秋时期齐国著名政治家、军事家、被誉为"春秋第一相"的管仲郑重提出:"夫霸之所始也,以人为本;本理则国固,本乱则国危。"村民是村志的主体,必须将其作为中心和重心来写。"古今方志半人物",人是主体,是"志中之志",如果对人记述不充分、不全面,其他记得再好,也是一部失败的志书。方志学家甘鹏云在《方志商》中指出:"往日修志,于民

---

① 孔子著,李民译注:《尚书译注》,上海古籍出版社2012年版。

事殊略；近日修志，应于民事加详。"① 中国共产党的宗旨就是全心全意为人民服务，从毛泽东的"人民，只有人民，才是创造世界历史的动力"，②到习近平"坚持以人民为中心的发展思想"，③都必须成为修志人的指导思想和行动纲领。《凤凰村志》不但记述了全村各个姓氏的来源、人口数量、人口变动、人口结构，记述了村民的生活生产习俗和生活保障等，而且展开和加重笔墨，把凤凰片、交通片、卫家片三个片区的户数、人数，以60余万字的巨大篇幅，以每户一表一图一句话的形式，将全村所有的户、所有的人予以登载，不但在表中以文字收录每一位村民，注明其姓名、性别、家庭关系、文化程度、出生年月、工作（职业）职务等详细信息，并在"户主"一栏，上溯两代，将祖父、父亲的相关内容也作了交代，并对户主的身份、经历、特长详载，实际上是给户主作了一个简介，还注明全家的住房面积。同时做到每户一照，将全家福载入村志。更可贵的是，每一位户主都以自己的手迹写出一句话，给他们发声以及存史的机会。这种创意充分展示了主编真正将村民当成上帝，把人民当成衣食父母，而非只为帝王将相、才子佳人树碑立传、歌功颂德，看不起劳动人民、普通人家的传统思想。因为君为舟，民为水，"水能载舟，亦能覆舟"，④我们地方志工作者，一直喊眼睛向下，使志书"飞入寻常百姓家"，但没有像《凤凰村志》这样诚心诚意地落实到具体

---

① 甘鹏云：《方志商》，岳麓书社1983年版。
② 毛泽东：《论联合政府》，载《毛泽东选集》第3卷，人民出版社1955年版，1031页。
③ 习近平：《决胜全面建设小康社会，夺取新时代中国特色社会主义伟大胜利》，2017年10月18日。
④ 荀况：《荀子·王制》，上海古籍出版社1995年版。

的行动中。"家庭是社会的细胞",① 家是最小国，国是千万家，使每一个家庭均有一席之地，充分彰显基层民众的人文、人性、人道、人格、人权，《凤凰村志》主编这样脚踏实地地走进百分之百的农户家庭中与他们同呼吸共命运的做法，是我们每一个修志者应该认真学习和效仿的。

二　全方位、立体化展示农村演绎的历史画卷

《凤凰村志》第四编为"村民访谈"，从509—705页，共197页，以30多万字的篇幅，全方位、立体化地展示了农村演绎的历史画卷。该编共设5章，第一章"现任村党委书记、村委会主任访谈"，第二章"20世纪20—40年代村民访谈"，第三章"20世纪50—70年代村民访谈"，第四章"20世纪80年代村民访谈"，第五章"外来人员访谈"。这样的设计独具匠心，恰到好处。首先是村领导对全村经济社会发展的全局把控，居高临下，总摄全编，体现了党的意志、人民的意愿和该村经过艰苦奋斗取得的辉煌成就以及所遇到的困难和发展瓶颈等。第二至四章按时间顺序，采访了20世纪20—80年代的村民，将不同年龄段的村民所历、所想展现出来，这样就使所采访的人员纵横交织，点面结合，既反映历史发展脉络，又有横向不同层面人员的意向。从《2017年凤凰村访谈情况》表格中看出，口述者共46人的身份有村党委书记、村委会主任、村总会计、村办公室主任、村务人员、村办企业负责人、

---

① 《马克思恩格斯选集》，中共中央马克思恩格斯列宁斯大林著作编译局编译，人民出版社1995年版。

过去的生产队长、杭州韵天制造厂厂长、萧山楚冶粉末冶金结构件厂厂长、老四川平头酸菜鱼店店主、过去的赤脚医生、过去的生产队放牛人、过去的民兵连长、过去的妇女主任、萧山衙前二小教师、沈定一之子等，口述人不同层级、不同行业，很有代表性，可起到窥一斑而见全豹之效。在采访前主编拟出实施方案，针对不同的受访者撰写访谈提纲，然后用两个月完成了这一鲜活历史画卷的收集整理。在这些受访者中，每个人所讲的就是一部奋斗史、成长史、血泪史、辉煌史。如老支书胡岳法用朴实无华的语言，讲了自己带领全村艰苦创业的事迹，同时也反映了自己全心全意为村民服务的世界观和方法论，赢得了事业的辉煌和广大村民的口碑。村民傅小虎讲述了亲历在旧社会"那时的人跟蚂蚁一样，命很容易就没了"，使我们想起了当时"华人与狗不得入内"的毫无人权、毫无尊严的情景，讲了"放过牛、承包过土地、对现在生活满意"的心路历程。受访人刘继平，是外来人的一个代表，他"当选为居委会委员""外地人没有被看不起""希望能成为凤凰村村民"，说明凤凰村是一个很有吸引力的我国东部富裕起来农村的典型。作者用以上生动鲜活的故事，从不同侧面、不同角度编织起来，构成一个纵横交织的立体化的农村历史和现状。这种写法给编写村志乃至编写其他志书开创了一个新境界，铺设了一条新路径。

三 将笔触探入村民心灵深处的田野调查

我们国家做地方志工作有一个认识误区和思维局限，认为修志就是向所属单位收集或到档案局查阅部分资料后编写即可，认为搞田野调查是地质勘探者和考古发掘工作者的事。殊不知，前者只能找到一些大路边的平面化的一般性资料，而后者才能将地方志所需要的鲜活的立体化的有深度的资料收入囊中，古今中外，搞文化工作者概莫能外。孔子收集百二十国宝书才著成了《春秋》，① 托尔斯泰多次到实地调查研究才写出《战争与和平》，法布尔爬在地上往往一连几天观察动物才著成了《自然科学编年史》，② 司马迁周游全国各地才写成了被鲁迅称为"史家之绝唱、无韵之离骚"③ 的《史记》。毛泽东主席说过："没有调查就没有发言权。"《兴国调查》《湖南农民运动考察报告》正是他深入民间探究，才形成了"农村包围城市"的战略思想。莫艳梅主任将调查研究这一方式运用得炉火纯青，并取得了巨大成功。其中问卷调查的设计是考验主编对经济社会把握与村情村民意志结合能否娴熟掌握的试金石和标准尺度。中国传统地方志的历史和现状证明，有什么样的主编就会生产出什么样的志书，即主编水平决定所编志书的水平。同理，主编对调查问卷设计能力决定了调查效果的优劣。莫艳梅抓住当前社会关注的网络、把钱存哪里、人活着的意义、传统文化、社会公平、农民地位、农村变城市社区、理想的生活方式、对子女的期望等问题展开深而广的全面调查，充分展现了不同年龄、不同性别、不同职业、不同身份的凤凰村民对当前一系列社会问题的不同看法。从调查结果看，可谓百花齐放、百家争鸣，调查成果绚烂多姿、色彩斑斓，具有直接地或潜移默化的资治价值。民意不可违，得人心者得天下啊！

---

① 张岱年：《孔子百科辞典》，上海辞书出版社2010年版。
② ［法］法布尔：《自然科学编年史》，海南出版社1997年版。
③ 鲁迅：《汉文学史纲要》，人民文学出版社1973年版。

四 对"衙前农民运动"的升编处理

中国地方志学说的集大成者、方志学科奠基人章学诚要求修志人员具备三长:"识足以断凡例,明足以决去取,公足以绝请托。"① 其中"决去取"是检验地方志书的关键。也就是说,志书编者必须具备"写什么不写什么"的判断能力和火眼金睛。一般来说,编者必须要选择那些能资政、存史、教化的内容,与此没有关联和关联不大的必须舍弃。《凤凰村志》主编莫艳梅抓住了"衙前农民运动"这一事件,并将其升格为编,予以详细记载,这是十分明智的。首先从主题上说,这是上合党意、下符民心的善举。凤凰村村民之所以能够过上今天的小康生活,取得如此光辉成就,是无数先烈抛头颅洒热血换来的。吃水不忘挖井人,革命先驱不应忘记。我们对革命先烈大载特载,就是要以他们为榜样,具备为民族为人民牺牲自己一切的凛然正气。该编设"衙前农民运动兴起""军阀镇压""衙前农民运动胜迹""衙前农民运动纪念活动""衙前农民运动纪念设施""衙前农民运动研究状况"6章,完整地记录了在马克思主义理论指导下,由中国共产党领导的萧山一带广大农民参与的中国新民主主义时期第一场农民运动,意义非凡,影响巨大。主编将其单独设编是有远见卓识而且证明是非常成功的。这6章处理得非常周全而得体:第一章是写衙前农民运动兴起的背景和过程;第二章写遭到军阀镇压的惨烈情景;第三章写衙前农民运动的旧址、旧物成了革命传统

---

① 章学诚:《修志十议》,北京京城印书局1925年版。

教育的胜迹；第四章写举办的相关纪念活动；第五章是纪念设施简介；第六章写对衙前农民运动的研究的有关著作和论文等。使这一革命事件的学术性和思想性得到升华。

五 传承了中国地方志敢讲真话的勇气

虽然中国地方志有求真存实的要求，也出现过《左传·襄公二十五年》载"崔杼弑其君"①的史官刚正不阿的典范，但一般的志书编者都遵循《公羊传》中所提"君子之善善也长，恶恶也短；恶恶止其身，善善及子孙"②的潜规则，即赞扬美德，源远流长惠及子孙万代；而谴责人罪止于其身适可而止。所以我们看到一般的志书均为"衿其乡贤，美其邦族"③，尤其是我们所看到的村志中大都写"人杰地灵""忠勇勤奋"等所谓"正能量"，而揭露阴暗面的人物事件均采取慎而重之，这种唯恐引起麻烦的心理是可以理解的。然而掩盖矛盾、回避现实的做法毕竟不是地方志人的初衷。《凤凰村志》的编者具有"揭出病苦，引起疗救的注意"④的勇气和担当，在敢于讲真话上给方志界树立了榜样。如在问卷调查第5条"您觉得现在社会公平、公正、公开程度怎么样"时，村民舒阿牛直言不讳"我觉得也不怎么公平"；陈波说"不够透明"；沈海军

---

① 左丘明撰，杨伯俊编著：《春秋左传注》，中华书局1981年版。
② 公羊高撰：《春秋公羊传·昭公二十年》，福建教育出版社2014年版。
③ 刘知几撰，张固也注释：《史通·杂述》，中州古籍出版社2012年版，第193页。
④ 鲁迅：《我怎么做起小说来》，载《南腔北调集》，人民文学出版社2000年版。

说"当官的说了算,老百姓说了没用";王水林说"村里企业要交款,应该按平方米交,但有的人缴费有的人不缴费";张荣海说"比如说造房子,这方面就不太公平。有的人不让他们造房子,因为城建办要来说的;有的人造房子却可以造得很大,大的房子有一亩多地甚至几亩地,小的房子只有几分地,这不公平";胡和法说:"现状许多上层干部反映的受贿问题正是如此,你不送他东西他就不给你办事情","其他不公平的地方如工程建设,工程利益的问题就很难做到公平。现在招标只是一个形式。"当然,在回答这一条时大部分村民认为是公平、公正、公开的,这些白璧微瑕也要适当的予以揭穿,一个敢于揭短的个人和集体才能从胜利走向胜利,批评和自我批评是我们党的优良传统。①

六 提出富裕起来后怎么办的"凤凰方案"

我国幅员辽阔、地形复杂,从经济上说出现发达地区和欠发达地区,其原因有历史的和环境的等多个方面。当然,发达与欠发达是相对来说的,发达了是不是就可以高枕无忧、坐吃山空了,回答是否定的。追赶世界更先进的地区、更上一层楼是摆在像凤凰村这样的较富裕村面前的亟待解决的问题。主编莫艳梅带着这一问题,还是通过深入基层、走访农户的形式调查研究,寻求富裕起来的农民怎么办的"凤凰方案"。为了解决好这一方案,主编特设第五编"凤凰村民未来期待调查"。在第一章"问题的提出"中指出:"中国经济社会正处于转型升级的关键期,富裕

---

① 毛泽东:《在陕甘宁边区第二届参议会上讲话》,1941年。

农村发展中的不平衡、不协调、不可持续问题依然突出。经济发展与环境保护、个人眼前利益与社会整体利益，新型城镇化进程与乡土故园依恋、守成知足心态与开放新思维等之间的冲突和矛盾，呈现出错综复杂的关系。农民对未来发展还有不少忧虑，教育、医疗、养老、收入、就业等关系群众切身利益的领域问题还较多，各方面压力与需求使这些地区面临新一轮挑战。"在萧山经济社会发达区域，选择"富裕起来凤凰村民的未来期待调查"，具有典型、样本和示范意义。编者通过社会问卷调查和入户个案访谈等方式，潜心研究富裕农村和谐有序可持续发展目标实现的路径。我们很难想象，莫艳梅即使具备了地方志人应有的"经国之大业"[1]"观乎人文，以化成天下"[2]的崇高志向，若没有攻克政治学、经济学、社会学、人口学、地理学等学科的知识，也难以设计出如此精湛的课题。编者深入浅出地归纳出凤凰村民希望更富、盼望更丰富的文化知识、乡村更美、完善保障保险、盼望家庭安居乐业、政府更加民主公正、由顺从守旧走向主动追求七大诉求。"人民对美好生活的向往，就是我们的奋斗目标。"[3]

七 《凤凰村志》的其他亮点

《凤凰村志》堪称中国方志界的一座新的里程碑，达到了一个前所

---

[1] 曹丕：《典论·论文》，上海古籍出版社2001年版。
[2] 王辉编译：《周易全书》，三秦出版社2012年版。
[3] 习近平：《在新一届中共中央政治局常委中外记者见面时讲话》，2012年11月15日。

未有的高度。全书亮点纷呈，美不胜收。这里略说几点。

一是独特的扉页设计。当我们打开《凤凰村志》上下册的扉页，扑面而来的是以跨页八开大尺度的版面登载"凤凰村历史沿革"图示，依次标出北宋太平兴国三年（978）、元至元十六年（1279）、清雍正七年（1729）、清宣统二年（1910）、民国18年（1929）、民国23年（1934）、民国37年（1948）、1950年、1956年、1958年、1961年、1984年、1988年、2001年、2005年15次属辖和村庄变迁情况，一下子将读者带进了一千余年的历史演变之中。这张图示既是一个概括，又是一个导引；既是一个伏笔，又是一个启示，千余年的历史沧桑尽在其中，引发读者强烈的阅读兴趣。

二是图照的用法。编者承继了我国地方志《图经》的优势，又根据现代社会进入读图时代，在使用图照质和量上达到空前，全书1700余帧图照（含村民最想说的一句话的手写字体扫描图片），并编排号码，这是用了怎样的功夫啊，只有地方志人才能体验得出来。图与照严格来说还有区别，照指人和物的影像；图指图示，包括柱图、饼图、曲线图、扇形图等，本书尤其善用图示，将抽象的数字具体化、发展趋势形象化。

三是大量使用表格，达到一表胜千言之效，并做到每户一表，使用表格大小适度，张弛得宜。全书设立778张表，极大地扩充了志书的信息量。

四是用参考文献表达资料来源。一般志书在凡例中提及"一般不注明出处"，但本村志编者为了提高志书的学术性、真实性，将62部著作（文件）列于书尾，这又是一个创新，值得方志界借鉴学习。

如果硬是要找商榷意见建议的话，笔者也不揣冒昧，谈几点自己看法供参考。一是彩页中几幅地图（凤凰村在中国的位置图、凤凰村在浙江省的位置图、凤凰村在杭州市萧山区的位置图、凤凰村平面示意图）建议移到彩页之首，即地图在前，照片在后，符合从大到小、从宏观到微观的认知规律。二是编纂说明与凡例整合为一个好些，不必要分篇述之。以上一己之见，仅供参考而已。

下一步笔者决心再认真学习、借鉴、研究《凤凰村志》，吸收其更多的优长，学习莫艳梅老师的编纂思想、开拓进取和勇于创新的精神，为地方志事业做出应有的贡献。

村志编纂的可能空间

——杭州市萧山区《凤凰村志》的探索与启迪

刘善泳[*]

摘　要：杭州市萧山区《凤凰村志》是一部有新见、有新意的高质量村志，编纂理念和方法多有可借鉴之处。"姓氏"编章中的"村民档案"以照片和表格等方式将每个家庭载入志书，体现了以村民为本的编纂理念，使村志具有百姓温度；"村民访谈"编章立足于表达民情、民意、民愿，折射了特定时代的社会心理，是乡村社会的晴雨表；志书对世系的记载，延伸了村志记述触角，打开了村志和族谱之间的可能通道；"村民访谈"专编，采撰于不同访谈主体及其差异化话题，极大扩展了叙事空间；"凤凰村民未来期待调查"专编，来源于较为专业的调查实施，其选题确定、问卷设计等经验对地方志领域开展专门调查提供了参考样本。

关键词：《凤凰村志》　族谱　调查　口述

---

[*] 刘善泳，江西省赣州市石城县地方志办公室主任，中国地方志专家库专家。

第一次"看到"莫艳梅是在《中国地方志》上，或是由于契合了自己当时对社会调查方法的关注，她和沈迪云合撰的那篇题为《社会调查在二轮修志中的应用》①的论文给我留下了深刻印象。之后我们在南通召开的第二届中国地方志学术年会上相遇，实现了真正的"看见"，在简短的交流中感受了她的理想抱负。这次，看到由她主编兼总纂的231万字的《凤凰村志》，见书如晤，可算是又一次"看见"。在我看来，这部村志的出现，对莫艳梅来说，是自然而然的事情，甚至可以说是必然的事情。因为一个执着于方志事业的人，编纂出一部好的志书可谓顺理成章，水到渠成。莫艳梅参与了湖南省江华瑶族自治县两轮修志和浙江《萧山市志》、广东《佛山市志》等多部志书的编纂，在省级以上刊物上发表论文逾百篇，是首届浙江省"最美方志人"。《凤凰村志》是专家修志的有益探索，其编修理念、结构安排和取材深度等方面的探索，可以为后起的乡村志编纂提供借鉴和启发。

一　村民档案：留存百姓记忆的温度

　　《凤凰村志》设编、章、节、目4个层次，共18编76章244节。篇幅最大的为第二编——"姓氏"，列"村庄"编之后。下设"凤凰村姓氏""凤凰片姓氏""交通片姓氏""卫家片姓氏"4章。其中第一章"凤凰村姓氏"设"数量"、"结构"和"源流"3节记述凤凰村姓氏概

---

①　沈迪云、莫艳梅：《社会调查在二轮修志中的应用》，《中国地方志》2011年第1期。

况;第二章至第四章以凤凰村3个片村为单位,记述各片村姓氏情况,章下均设"数量"、"结构"和"户主与家庭成员"3节。后面3章的重头戏都落在"户主与家庭成员"这一节上。这3章下的这3节以全村3片15个村民小组(凤凰片5个村民小组、交通片6个村民小组、卫家片4个村民小组)为序,对全村500多户村民以"一表一照一句话"的形式逐户进行记录。"一表"为"户主×××家庭成员情况",设类别(村民小组)、家庭成员姓名、性别、家庭关系、文化程度、出生年月日、工作(职业)职务和户主等栏目;"一照"为每户一幅全家照;"一句话"为每户一人做代表书写的一句最想说的话。

为了表述的方便,姑且将此"三个一"统称为"村民档案"。以家庭为单位,以村民档案的形式将全体村民记入志书,无疑是《凤凰村志》的一个创举。这一部分内容共占版面400页左右,约占全书篇幅的30%,这样的分量和比例可见编者对这一部分内容的看重。将编纂村志的触角延伸到每个家庭,让村民不同程度参与其中,让每一个家庭都成为"供稿人",这种做法本身就值得称道,不作阐述。有过乡村志或族谱编修经验的人都知道,依赖民间力量全面收集家家户户的资料,绝非唾手可得之事;而要保证资料信息的准确无误,没有三番五次的上下来回更是难以实现。

《凤凰村志》编者为什么愿意花大力气去实施这件为难之事?笔者揣度,就是编者想把《凤凰村志》真正编成村民自己的村志,成为村民立场上"我们"的村志。这样的一种愿景,本身就是村志编纂的应然起点,用当下比较时兴的话来说,就是村志编纂的"初心"。从国家治理体系上看,行政村是村民委员会进行村民自治的管理范围,是基层群众性自治单位。作为"村民自治"的主体,村民进入村志理所当然。从村志的记述对象看，村志以记述村情为中心，村民是一切村情的基础，是其最根本、最活泼的因素，必须将其记述到位。具体考察全国各地村志编纂的现状，由于编纂队伍、编纂经费及编纂经验等局限，模仿、因袭县志、乡镇志的情况较为普遍，高高在上、大而无当的问题较为突出。宏观框架设计上，追求门类的大而全，志书轮廓大同小异；体现于具体章节，则是记述粗疏，对普通村民的记述少之又少甚至完全空白，村民难以在村志中找到记忆，村志跟村民少有关联。《凤凰村志》建立"村民档案"，无疑是连接地气、活跃人气之举，也体现了编者对村志"流行病"的警惕与克服。

在这"三个一"当中，有图有真相的"一照"自然是最直观、最显眼的。每幅照片加上"一句话"，占1/3页，也就是说，每3户占一个页面。在村志上安排每户人家一张全家照，以立此存照，传诸后人，想法谈不上新奇，《凤凰村志》贵在全面落实。于是，我们得以看到，有了这500多张全家照，《凤凰村志》成为凤凰村人的集体相册，甚至成为联结凤凰村人的载体。经久之后，当这些照片成为老照片之时，当相见成为怀念，这些照片可能引起的回忆和话题值得期待。这"一照"所传递的，正是编者以村民为本的编纂理念；放到更高的层次去观照，也是"以人民为中心"思想在村志编纂中的体现。当然，"一照"仅仅是最为表象的一层，离不开"一表"和"一句话"的支撑；志书后面设立"村民访谈"和"凤凰村民未来期待调查"两个专编，以村民的亲历亲闻为内容，围绕村民所思所想而展开，也是这一编纂理念的延伸、深化和呼应。从全书细节看，散布全书的随文照片，大都关乎民生，洋溢人气，如图0932重温入党宣誓、图0952"最美家庭"表彰会、图0957创业新村迎来首对新人、图0958换届选举投票、

图0962社区包水饺活动、图0975衙前公交站、图0986风雨中的清洁工、图0990官河中的捕鱼翁、图1028企业招工、图1037建设银行存取款机、图1096健身休闲的凤凰村民、图1097老年活动中心食堂用餐、图1107放学路上、图1116老年人免费体检、图1119腰鼓队表演、图1127村民看戏。其实，即便无缘亲眼看图，看看这些照片名称，也能想象活跃其间的平民身影。

二 村民期待：乡村社会的晴雨表

和"立此存照"比起来，让每户人家在村志中留下一句最想说的话，无疑是编者别出心裁的结果，在编者看来，这是"民情、民意、民愿的较好体现"。[①] 根据本人的经验，凡有赖于众人参与和配合的资料采集，现实的收成与理想的设计之间往往多有差距，因此，最终写进村志中的话，未必能够完全反映村民之"最想"，也未必能够完全呼应编者之初衷。尽管如此，浏览这500多条村民寄语，还是可以感受"最想"的丰富和多彩。

或表达生活态度："不求万贯家财，但求健康平安。"（赵金彩）[②]"做个普通人，做好每一件事，平等看待每个人，过普通人的日子。"[③]（唐华平）或表明做人守则："做事要勤，做人要忠。"[④] （卫月兴）

---

① 《后记》，《凤凰村志》，第1364页。
② 《姓氏·卫家片姓氏》，《凤凰村志》，第437页。
③ 《姓氏·交通片姓氏》，《凤凰村志》，第275页。
④ 《姓氏·卫家片姓氏》，《凤凰村志》，第437页。

"勤勤恳恳做事，清清白白做人。"①（施小寅）或宣示处世哲学："是非面前不含糊，原则问题守底线。"②（汪维芳）"处世以谦让为贵，做人以诚信为本。"③（舒志法）或抒发人生感悟："简单的事情做完了，每天进步一小步；困难的事情做完了，每次进步一大步。不管是小步还是大步，都是进步。"④（沈明卫）"心存希望，幸福就会降临你！"⑤（戴东敏）或寄托家庭期望："希望我们老一辈健康长寿，希望我们小一辈长大有成就。"⑥（傅岳土）"婆媳和，夫妻亲；子孙孝，家业兴。"⑦（傅关木）或直言现世目标："想建造有三间地基的房子。"⑧（曹建军）"有条件，希望能再添置一辆汽车。"⑨（汪国海）"如果政策允许，我想生三胎。"⑩（沈海明）"愿孩子考上公务员。"⑪（周成良）"希望儿子大学毕业能找到工作。"⑫（曹金海）

偶或引用励志之语："幸福都是奋斗出来的！"⑬（徐俊杰）"不拼不搏人生白活，不苦不累人生无味。"⑭（卫志林）或吐露感恩之心：

---

① 《姓氏·卫家片姓氏》，《凤凰村志》，第439页。
② 《姓氏·交通片姓氏》，《凤凰村志》，第361页。
③ 《姓氏·凤凰片姓氏》，《凤凰村志》，第137页。
④ 《姓氏·卫家片姓氏》，《凤凰村志》，第423页。
⑤ 《姓氏·卫家片姓氏》，《凤凰村志》，第425页。
⑥ 《姓氏·卫家片姓氏》，《凤凰村志》，第373页。
⑦ 《姓氏·交通片姓氏》，《凤凰村志》，第366页。
⑧ 《姓氏·凤凰片姓氏》，《凤凰村志》，第99页。
⑨ 《姓氏·凤凰片姓氏》，《凤凰村志》，第119页。
⑩ 《姓氏·凤凰片姓氏》，《凤凰村志》，第195页。
⑪ 《姓氏·凤凰片姓氏》，《凤凰村志》，第193页。
⑫ 《姓氏·凤凰片姓氏》，《凤凰村志》，第115页。
⑬ 《姓氏·卫家片姓氏》，《凤凰村志》，第425页。
⑭ 《姓氏·卫家片姓氏》，《凤凰村志》，第413页。

"感谢国家的政策让每一位都过上幸福生活。"①（周小玲）或表达个人信仰："我和我家必定侍奉耶和华。"②（陈建坤）或表露对干部的期待："希望村委干部做事公平公正。"③（周海峰）甚或表达对公民守则的遵守："爱护公物，遵纪守法，造福子孙，服务社会。"④（周国校）乃至对国家和人民的祝愿："愿国家繁荣，人民安居乐业。"⑤（周幸福）"祖国繁荣昌盛，老百姓的生活一天比一天好。"⑥（王兴良）

　　以笔者的"后见之明"看来，用"最想说的一句话"来表达"民情、民意、民愿"，未必是最为合理的选择，但是《凤凰村志》的这一探索极为可贵。并且，《凤凰村志》并非停留于此，而是通过大量的口述访谈，甚至专门的未来期待调查，记录村民个体源于生活经历的体验和感悟，从而反映"村民对党的基本路线、地方政府工作或成效和美丽乡村建设的态度倾向和期望，以及个人的婚恋人生价值取向、物质价值取向和精神价值取向"。⑦关于"村民访谈"和"凤凰村民未来期待调查"，后文还将述论，此处不赘。新史学代表人物梁启超先生说："无论何种政治何种思想皆建设在当时此地之社会心理的基础之上，而所谓大人物之言动必与此社会心理发生因果关系者，始能成为史迹。"又说："史家最要之职务，在觑出此社会心理之实体，观其若何而蕴积、若何而发动、若何而变化，而更精察夫个人心理之所以作成之表出之者其道

---

① 《姓氏·凤凰片姓氏》，《凤凰村志》，第185页。
② 《姓氏·交通片姓氏》，《凤凰村志》，第319页。
③ 《姓氏·凤凰片姓氏》，《凤凰村志》，第115页。
④ 《姓氏·凤凰片姓氏》，《凤凰村志》，第147页。
⑤ 《姓氏·凤凰片姓氏》，《凤凰村志》，第169页。
⑥ 《姓氏·凤凰片姓氏》，《凤凰村志》，第167页。
⑦ 《凤凰村未来期待调查·问题的提出》，《凤凰村志》，第710页。

何由能致力于此，则史的因果之秘密藏其可以略睹矣。"① 凤凰村百姓最想说的话，对生活的态度，对未来的期待，反映的就是当时此地的社会心理，虽然它和"史的因果"的关联不如"大人物"那么直接，但也是村民心态、观念、价值取向、道德水平、精神生活的折射，是观察、研究社会不可或缺的晴雨表。其实，各级志书不乏反映社会心理的内容，如民俗、信仰、艺文，但是，自觉地研究和记述社会心理，方志理论和实践还是近乎盲区。近代以来，迨至当代数十年，时势、世事经历前所未有之大变局，国家和人民命运发生巨大变化，与之相关切的社会心理尤其值得关注和研究。假如《凤凰村志》"最想说的一句话"，能够引发方志界对社会心理的深入研究和实践探索，那实在是功莫大焉。

三　世系溯源：志承谱命的可能

回过头来看"一表"。以户为单位的家庭成员情况表，反映的是一个家庭的性别结构、年龄结构、文化结构和职业结构，将全村的情况综合起来看，这也是一个可以从多个角度进入的人群研究样本。特别值得注意的是，在"户主"一栏中，编者设计了三个方面的内容，一是追溯数代世系；二是载录户主简历；三是载录该户2016年度住房总面积。世系较多追溯至祖父、曾祖父，少量仅至父辈，最远溯至高祖父，载录其姓名、生卒年和职业情况。如"卫海民"家庭世系为：

---

① 梁启超：《中国历史研究法》，湖南人民出版社2010年版，第108页。

高祖父：卫正奎（1845—1926），农民。

曾祖父：卫福生（1866—1946），农民，因为力大如牛被称为牛大王。

祖父：卫如泉（1905—1989），农民，曾参加衙前农民运动。

父亲：卫仁水，1934年生，务农，曾做生产队保管员，现在家养老。①

户主简历，多则近百字，少则二三十字，甚至十数字。如"卫月兴"简历为：

1970—1973年任卫家生产大队团支部书记，1974—1977年任卫家生产大队管委会委员，1978年7月至1992年12月，2002年6月至2005年4月任卫家村委会主任，现在浙江中逸润远实业有限公司工作。②

住房面积这一项，想必是编者从家庭要素角度所设计的一个项目，不赘。

关于志书中村民世系这一部分内容，主编莫艳梅在"后记"中解释道，"凤凰村史上未存留族谱"，因此，"2017年上半年，村志编纂委员会办公室根据我的要求开展村内姓氏源流普查和户主身世

---

① 《姓氏·卫家片姓氏》，《凤凰村志》，第438页。
② 《姓氏·卫家片姓氏》，《凤凰村志》，第436页。

及家庭成员情况普查，计有20多万字（word字数）"。① 这样做的目的，是想"让村民寻根问祖、厘清自己的来历，增强实实在在的根源感、存在感和归属感"。②

众所周知，族谱是传统宗法社会的产物，其编修依赖于聚族而居宗族力量。中华人民共和国成立之后，随着社会治理方式的巨大变革，宗族在乡村的影响力明显削弱。改革开放之后，随着工业化、城镇化的深入，人口流动空前活跃，聚族而居的乡村社会受到极大冲击，族谱所依存的社会环境发生重大变化，人们对族谱的认识也大异于传统。而在技术条件上，由于电脑时代的到来和不断升级，族谱编修形式也面临巨大变化。在此情境之下，《凤凰村志》对世系乃至族谱的"介入"启发我们：村志有没有可能取代族谱部分功能甚至替代族谱？

从村志和族谱的自身特点、相互关系等方面分析，答案应当是肯定的。首先，志和谱相类相通。"传、状、志、述，一人之史也；家乘谱牒，一家之史也；部、府、县志，一国之史也；综纪一朝，天下之史也。"③ "夫家有谱，州县有志，国有史，其义一也。"④ 特别是村志一级，记述内容直达社会末梢，和"一家之史"的家乘谱牒关联更为密切，性状更为接近。其次，村志和族谱的记述内容存在天然交集。族谱以某一特定姓氏为记述中心，姓氏也是村志必不可少

---

① 《后记》，《凤凰村志》，第1364页。
② 《编纂说明》，《凤凰村志》，第1页。
③ 章学诚：《州县请立志科议》，罗炳良译注《文史通义》，中华书局2012年版，第924页。
④ 章学诚：《为张吉甫司马撰大名县志序》，章学诚著，罗炳良译注《文史通义》，中华书局2012年版，第1413页。

的内容；村落的形成与发展是村志的基本内容，也是族谱所记宗祖开基地和聚居地的必然指归；记述地方风物人文之盛，是族谱的一贯传统，也是村志的当然使命。再次，百姓历来以姓名、行状进入方志为荣，因此具备将村民世系等内容引入志书的思想基础。又次，村志是以行政区划为单位编修的最低层级的志书，由于所涉地域相对较小，人口相对较少，村民入志具有较大空间。复次，以姓氏分房族筹集经费，特别是发动企业及个人捐赠，是族谱编修的通行模式；这一模式可能为更大规模的村志编纂提供借鉴。并且，村志融合各姓氏信息，综合成本低于各姓氏各自为阵编纂族谱。最后，如村志替代族谱，可以促进乡村社会由宗亲认同向地方认同转变，有利于基层社会治理。笔者所在的江西石城县，不下10个村庄有数姓共建共用祖堂的情形。这种现象的存在，也可视为村志承载不同姓氏信息的现实旁证。

两年前，笔者参与了当地刘姓最近一次谱族编修活动，对村志和族谱的关系有些思考，"替代"之说并非空穴来风。不过，笔者所说的"替代"，只是一种"可能"，绝非断论。如果机缘成全，或许很快会有实践的个案出现，也可能永远都是纸上谈兵。

四 口述历史：值得期待的空间

开展较大规模的社会调查和口述历史活动，是《凤凰村志》的又一重要特色。主编莫艳梅是第二轮《萧山市志》的主要编写人员，参加了《萧山市志》口述历史的征集和编辑采录工作，并在实践中形成了《口述史作为志书新形式的探索》①等理论成果。《凤凰村志》以口述访谈为基本形式的口述历史活动，是其口述历史运用于地方志的再实践、再探索。

据"村民访谈"编"概述"介绍，此次《凤凰村志》编纂访谈活动先后访谈46人，其中凤凰村民33人（20世纪20年代1人，30年代7人，40年代6人，50年代9人，60年代6人，80年代4人），外来人员4人，沈定一的后代及知情人9人。这些访谈成果，除沈定一的后代及知情人访谈未录入村志外，均体现于村志"村民访谈"编。"村民访谈"编共设5章，分别为"现任村党委书记、村委会主任访谈"、"20世纪20—40年代村民访谈"、"20世纪50—70年代村民访谈"、"20世纪80年代村民访谈"和"外来人员访谈"。从受访对象的选择可以看出，《凤凰村志》的访谈是经过精心设计和系统谋划的。从录入村志的36篇访谈可以看出，根据访谈者身份或所处年龄段不同，访谈话题也是各有侧重，如村书记和村主任访谈侧重村集体经济发展，20—40年代村民访谈重在历史记忆和社会变迁，50—70年代村民访谈重在农业改革发展历程和创业故事，80年代村民重点访谈就业、择偶、消费观念的新变化，外来人员的访谈侧重创业经历和身份认同。而对东岳庙管委会主任、市场办负责人、村会计的访谈，则带有专门性访谈的特点，话题更为集中。编者的这种设计和安排，旨在加强访谈的针对性，使访谈始终围绕一村之志、一村之史的主题而展开。同时，通过不同受访主体的话题展开，使其在分门别类的记述之外，开

---

① 莫艳梅：《口述史作为志书新形式的探索》，《莫艳梅方志文集》，上海远东出版社2013年版。

拓出另一片生动的空间。

  我们从访谈中看到村级集体经济从无到有、从小到大的发展。村党委书记和村委会主任的访谈是《凤凰村志》口述历史的重头戏，录入村志的篇幅分别约为2万字和1.1万字。村书记访谈其中3个小标题，清晰反映出凤凰村集体经济发展的几个重要节点：第一步棋：创办全省第一个联营加油站；第二步棋：创办综合大市场；第三步棋：组建股分制公司。① 当然，村书记、村主任数万字的长篇访谈，远要比这3个小标题血肉丰满。显而易见，对村书记和村主任进行重点访谈，是编者讲好"凤凰故事"的有意安排。

  通过不同年代凤凰村人的访谈，可以看到凤凰村从较远的历史记忆中一步步走来。在20—40年代村民的访谈中，有"从日军枪口下逃生"②"日本人偷渡钱塘江"③"亲见国民党退逃"④ 等历史记忆；在50年代以后出生的村民访谈中，则多有中华人民共和国成立后的土改、"大跃进"、兴办大食堂、三年困难时期等特殊年代的记忆，更有改革开放后"第一次股份制改革"⑤ "今年的换届选举"⑥ "村务监督"⑦ 等新事物、新风貌的回顾与温习。

  不过，访谈所呈现的更多还是"从赤脚医生到私营企业主"⑧ "初做

---

① 《村民访谈·现任村党委书记、村主任访谈》，《凤凰村志》，第514—516页。
② 《村民访谈·20世纪20—40年代村民访谈》，《凤凰村志》，第534页。
③ 《村民访谈·20世纪20—40年代村民访谈》，《凤凰村志》，第538页。
④ 《村民访谈·20世纪20—40年代村民访谈》，《凤凰村志》，第551页。
⑤ 《村民访谈·20世纪50—70年代村民访谈》，《凤凰村志》，第599页。
⑥ 《村民访谈·20世纪50—70年代村民访谈》，《凤凰村志》，第597页。
⑦ 《村民访谈·20世纪50—70年代村民访谈》，《凤凰村志》，第618页。
⑧ 《村民访谈·20世纪50—70年代村民访谈》，《凤凰村志》，第634页。

裁缝后做餐饮"①"从开服装店到开超市"②"从民兵连长到开拖拉机搞运输"③"家族企业由小到大"④"30年间造了三次房子"⑤"大学毕业后在凤凰工作安家"⑥ 等个人经历，特别是各具特色创业经历及其酸甜苦辣。事实上，这些和时代变化、地方发展紧密相连的亲历，才是口述历史最具魅力的地方。正如村民项国安在访谈中所说，"我们与上一代不一样，与下一代又不一样"，⑦正是一代人有一代人的故事，每个人又有属于自己的故事，从而编织起代代相续的"凤凰故事"；一代又一代的凤凰故事，拼接起凤凰村多姿多彩的"庶民历史"。

就后起的村志编纂而言，通过开展以访谈为基本形式的口述历史活动，已经不是有和无，而是多而少的问题；设立口述访谈专编，《凤凰村志》开了先河，值得效仿；合理选择访谈对象，根据不同对象确定访谈重点，《凤凰村志》提供了现成的借鉴。数年前，笔者以"走遍石城"为契机，尝试开展了一些零星的口述采访；之后基本依赖口述采访，编写了《石城民俗日志》；近两年，又以扁担客"走汀州"为题进行专门的口述访问，形成《石城走汀州》书稿（出版中）；"走汀州"采访后期，又旁及了抗战时期潮汕逃荒石城饥民口述访谈。在口述访谈实践中，笔者深切体会口述史工作的不易，也感觉到口述史给地方志事业带来的广阔空间。

---

① 《村民访谈·20世纪80年代村民访谈》，《凤凰村志》，第689页。
② 《村民访谈·20世纪80年代村民访谈》，《凤凰村志》，第695页。
③ 《村民访谈·20世纪50—70年代村民访谈》，《凤凰村志》，第645页。
④ 《村民访谈·20世纪50—70年代村民访谈》，《凤凰村志》，第617页。
⑤ 《村民访谈·20世纪50—70年代村民访谈》，《凤凰村志》，第655页。
⑥ 《村民访谈·20世纪80年代村民访谈》，《凤凰村志》，第668页。
⑦ 《村民访谈·20世纪50—70年代村民访谈》，《凤凰村志》，第609页。

五　社会调查：希望的"田野"

依赖调查采访获取修志资料，自古以来就有倡导。开方志学先河的宋人罗愿认为方志编修要"访故老，求遗事"，① 明代政治家张居正认为修志应"搜罗载籍，博访耆旧"，② 清人焦循强调"访于时人，而不必求之故纸"，③ 及至新中国首轮修志，社会调查成为获取资料的重要手段。第二轮修志启动之后，将社会调查引入修志实践的呼吁时有听闻。和口述历史一样，莫艳梅是一个知行合一的倡导者和实践者，相关经验体现在《社会调查在二轮修志中的应用》《萧山市志社会课题调查的实践与启示》④ 等论文当中。《凤凰村志》也成为莫艳梅运用社会调查方法的新尝试，成果集中体现于该志第五编"凤凰村民未来期待调查"。笔者认为，其中几点做法可以为同行提供直接借鉴。

第一，切合实际的选题。改革开放以来，萧山区地区生产总值一直领跑杭州各县区，多次获得"全国农村综合实力百强县（市）"等称号，凤凰村所在的衙前镇位于萧山中东部，是"中国化纤名镇"、"国家钢结构产业化基地"和"国家装配式建筑产业基地"，工业综合实力位居全省第八、全市第一，村级可用资金、村民集体福利连续多

---

① 《中国地方志辞典》，黄山书社1986年版，第238页。
② 《中国地方志辞典》，黄山书社1986年版，第259页。
③ 《中国地方志辞典》，黄山书社1986年版，第292页。
④ 莫艳梅：《萧山市志社会课题调查的实践与启示》，《莫艳梅方志文集》，上海远东出版社2013年版。

年排名萧山各村（社区）第一。正是基于这一村情，基于"选择此个案对富裕村民未来期待的调查具有典型样本意义"①的判断，编者以村志编纂为契机，开展了村民未来期待调查。正如编者在"后记"中所说："富裕起来的村民在想什么？该调研报告反映了民之所想、民之所盼，可供资政参考。"②事实上，编者通过调查所梳理的村民"盼发展农村经济""盼丰富文化生活""盼建成三美乡村""盼完善保障保险""盼家庭安居乐业""盼政府更民主公正"的六大期盼，和"从顺从守旧走向主动追求，但仍保守惧变"③的思想现状，以及提出的六点对策思考，指向了"人民对美好生活的向往"，确为"民之所望，施政所向"。④

编者在申明村民未来期待调查的"研究背景及意义"时，把调查放在"坚持把解决好'三农'问题作为全党工作重中之重"的高度，立足于"中国正处在推进农业供给侧结构性改革的关键时期"的时代实际，针对"中国经济社会正处于转型升级的关键期，富裕农村发展中的不平衡、不协调、不可持续问题依然突出"等问题，试图通过凤凰村的个案调查，"切实了解村民所思所盼，明确存在的突出问题，探索新农村建设发展新途径，促进富裕农村的可持续发展"，最终达到"加强社会主义新农村建设、推进城乡一体化发展、全面建成小康社会、实现中华民族的中国梦"的目标。⑤

---

① 《凤凰村民未来期待调查·问题的提出》，《凤凰村志》，第710页。
② 《后记》，《凤凰村志》，第1364页。
③ 《凤凰村民未来期待调查·凤凰村民七大未来期待》，《凤凰村志》，第712—745页。
④ 《凤凰村民未来期待调查·民之所望，施政所向》，《凤凰村志》，第747页。
⑤ 《凤凰村民未来期待调查·问题的提出》，《凤凰村志》，第709页。

《凤凰村志》立足村情、结合时代关切进行选题，对地方志领域特别村志编纂中开展专门调查颇有启示。比如，针对工业化、城镇化的时代主题，城中村可以开展土地开发方面的调查，边远山村可以开展村落变迁和人口流动方面的调查；劳务输出村可以开展劳务输出方面的调查；外来人口较多的村可以开展外来人口调查；还有特色产业调查、职业群体调查、婚姻状况调查、人口老龄化调查等等。这样一些调查活动的开展，就像《凤凰村志》的调查一样，既是对村志记述的深化，也可以为社会奉献益于当代乃至垂之久远的重要资料和史料。

第二，调查对象的代表性。对此，编者在交代"个案背景及调查基本情况"时说明得非常清楚："被调查者中，男性319人，占63.67%，女性182人，占36.33%。从年龄分布来看，2.4%为18周岁以下，17.2%为18—35周岁，16.4%为36—45周岁，38.1%为46—59周岁，25.9%为60周岁以上，年龄覆盖面较全面。调查对象既有乡镇、村干部，又有商业服务业者、企业经营者；既有从事专业技术人员，又有从事经商和外出务工人员。"① 因为选择调查对象兼及不同性别、不同年龄、不同职业、不同身份，所以"调查结果具有较强的代表性和可参考价值"。②

第三，科学的问卷设计。《凤凰村志》的调查主要采取问卷调查和个案访谈方式进行。问卷和访谈话题的设计，直接影响调查的质量和价值。围绕"期待"这一主题，《萧山区衙前镇凤凰村村民未来期待调查问卷》共设计问题32个，每个问题备选答案若干，涉及收入、消

---

① 《凤凰村民未来期待调查·问题的提出》，《凤凰村志》，第710页。
② 《凤凰村民未来期待调查·问题的提出》，《凤凰村志》，第710页。

费、休闲、养老、就业、教育、信仰、社会保障、乡风文明、政策期待、发展愿景、未来规划等。为了便于读者直观了解,这里将问题第11—20截取于此(备选答案略):

> 就个人收入而言,您目前最关心的问题是什么?
> 您老了以后,会选择什么养老模式?
> 在子女就业方面,您希望他们如何选择?
> 您最希望子女的工作地点在哪?
> 子女的配偶,您希望他(她)是哪里人?
> 您觉得几个小孩是最理想的?
> 在子女教育方面,您赞同下列哪些说法?
> 平常的时候,您主要利用互联网做哪些事情?
> 来来三年您家庭最大的消费支出主要在哪些方面?
> 来来三年您觉得会影响家庭收入增加的最主要原因是什么?①

《萧山区衙前镇凤凰村村民未来期待访谈提纲》共设计问题9个(第5、第7、第8如下),这些问题立足于凤凰村的实际,也是重要的时代课题,"为观察民情、民意、民愿提供了一个窗口"②。

> 您觉得现在社会公平、公正、公开程度怎么样?您有什么看法?您身边有没有这样的例子?

---

① 《凤凰村民未来期待调查·附录》,《凤凰村志》,第755页。
② 巴兆祥:《序》,《凤凰村志》,第1页。

您觉得现在社会农民的社会地位怎么样？未来农民的社会地位应该怎么样？

您是否愿意将来凤凰村变成城市社区？您是否愿意放弃农村户口变成城市居民？如果凤凰村城市化，您的主要顾虑是什么？

您是否愿意让外来务工人员加入凤凰村，或者有条件地变成凤凰村村民？外来人员可否有条件地持有凤凰村集体股份？[①]

第四，较为专业的调查实施。社会调查的开展，专业化程度的高低直接影响调查的效益；较有深度的专门调查，对专业化的要求则更高。《凤凰村志》的社会调查，由经过《萧山市志》专题调查历练的萧山区人民政府地方志办公室，和经过专业学术训练的杭州师范大学政治与社会学院的师生合作开展。统计方法上，"运用政治学的相关原理，进行多个层面的统计分析"，"数据使用 SPSS 软件进行统计分析"。调查报告的撰写，除主要利用社会问卷调查和入户个案访谈资料外，还兼及政府有关的档案材料和相关文件，有关农民问题的学术专著和学术期刊，报纸、杂志、网络资料媒体报道等。[②] 由于资料基础扎实，材料分析深入，调查报告信息量很大，提出的对策清晰中肯，为观察研究富裕乡村提供了一个很好的参考读本。

凤凰村是钱塘江南岸一颗明珠，《凤凰村志》的编修得益于江浙大地深厚的文化底蕴和悠久的修志传统，得益于萧山方志人修志问道的不懈追求，得益于凤凰村经济发达村的现实基础和全村上下的修志共

---

① 《凤凰村民未来期待调查·附录》，《凤凰村志》，第 757 页。
② 《凤凰村民未来期待调查·问题的提出》，《凤凰村志》，第 711 页。

识。得天时地利人和的《凤凰村志》是一部特色鲜明、质量上乘的村志，必将成为凤凰村最为重要的基础性文献，为凤凰村的历史传承、文化积累和地情服务作出贡献。这正是编修村志的目的和意义所在，也是方志人参与其中的价值体现。而《凤凰村志》的编纂理念和方法，特别是口述历史、社会调查运用于修志实践的探索，也值得方志同行结合实际加以借鉴。

村志体也可吸纳社区史有益成分
——读杭州市萧山区《凤凰村志》感言

钱茂伟[*]

摘　要： 莫艳梅主编的《凤凰村志》，与我的理念有相近之处，她将村民口述史、村谱纳入村志中，这是一大创举。最为可贵的是，每户配一张全家福，加上手写一句话，每户家庭成员情况表，人人入村史，意义非同小可。村民口述史是村史灵魂所在。我过去认为方志体十分呆板，无故事性，现在，《凤凰村志》因为加入了"村民访谈"，就活起来了，可读性加强了。"凤凰村民未来期待调查"也是一大创举。附录村志光盘，也是一个小小的新探索。笔者（钱茂伟）正在主持国家社科重大项目"当代中国公众历史记录理论与实践研究"，第一个子课题就是"当代中国村史志编修理论与实践研究"。《凤凰村志》编修模式，无疑是一个有重大创举的案例。

关键词： 村志　社区史　案例

---

[*] 钱茂伟，宁波大学人文与传媒学院历史系教授，宁波大学公众史学研究中心主任。

我是最近通过浙江省地方志办公室研究室张勤副主任的介绍，知道萧山区方志办莫艳梅及其主编的《凤凰村志》的。据相关报道，评价相当高。于是，我也从她那儿弄来一套。大开本，上、下两册，相当沉，手都拿不动，在全国各地村志中，规模可算最大了。打开村志，首先为其卷首插图之精美所折服。接着，阅读了作者的"后记"，了解了村志的生产过程。然后翻开上册，为其"姓氏"与"村民访谈"两编所吸引。最后，又翻阅了下册，对"艺文"与"索引"两部分颇为欣赏。

说实话，我不太喜欢方志体，太呆板，无故事性。此类体裁，用于县以上地方政府，或者下延到镇志，是可以考虑的。但村一级，绝对不适合。因为村是最底层的单位，下面没有下属机构了。方志体的条块模式，适应有条块下属机构的地方政府。村是村民自治体，村级行政机构规模普遍小，就是一个办公室规模而已。村的主体是村民，他们的生产与生活活动，直接构成了村史的主体。尤其今日城市郊区的村，更近于社区。所以，我主张编公众社区史。①

2015年5月始，我在宁波选择了三个村，分别编纂出版了《史家码村史》《江六村史》《藕池村史》。考虑到村级单位档案资料少，我主张从口述史与家谱、村档案入手。史家码村、江六村是两个古老的主姓村，有编宗谱传统，遗留有民国宗谱。我进入史家码村时，他们已经完成了家谱的续修，江六村则是我进村修史以后动手续修的。史家码村家谱的续修，有较大创新，他们兼顾了其他小姓，成为《史家

---

① 见钱茂伟《浅谈公众社区史的编写》，《中国地方志》2015年第9期。

码村谱》，而不再是"史氏宗谱"。这让我眼睛一亮，感觉值得推广。于是，在江六村续修时，我提出建议，让他们顺便将村中其他小姓也补一下。因为无法纳入陆氏宗谱中，我将小姓谱系图放在《江六村史》附录中。同时，做了两个村的村民口述史，编纂成稿，相关内容编入村史中，这部村民口述史没有独立成章。到藕池村修村史时，除了继续做村民口述史外，我决定为他们做一部村谱。藕池村是一个杂姓村，没有修谱传统。于是，我借助近年一直在推广的小家谱理论，在一个老先生帮助下，为每一个姓氏分别编成一个小家谱，汇编成册，称为《藕池村百姓联谱》。如此，我形成了村级历史文化工程由村百姓联谱、村民口述史、村史三部分理念。这三个部分，原则上独立成册。

　　莫艳梅主编的《凤凰村志》，与我的理念有相近之处，她将村民口述史、村谱纳入村志中，这是一大创举。这表明，村志也是可以借鉴公众史学理念加以改造的。《凤凰村志》将村谱部分放在"姓氏"部分，改变了过往村志"姓氏"部分缺乏想象力，仅简单地介绍各姓来源，甚至是全国姓氏来源，则不是本村各姓氏祖宗的来源。我在《史家码村史》《江六村史》中列"村民表"，大体按户排列，但没有明确标示某户。当初的设想是，人人入村史。当下的意义也许不大，几十年以后，其意义就会体现出来。《凤凰村志》分别设成《户主某家庭成员表》，篇幅增加了，但眉目更为清楚。最为可贵的是，每户配一张全家福，加上手写一句话。我当初也有配照设想，我想到的是单人照。因为两个村拆迁了，人员分散了，不便拍照。想从公安部门弄每人的单人照，可惜行不通，最终放弃了，留下一大遗憾。所以，看见《凤凰村志》有此按户本配合照创举，十分高兴。具体涉及每人出生年月日，《凤凰村志》及月日，《史家码村史》《江六村史》及月，不及日。

之所以如此，是出于安全考虑。因为一旦加注日，年份证号可以拼出来了。从当下利益考虑，不要加日好；但如从历史长远利益来说，须加日。否则，未来再过几十年，某位老人离世后，后人可能弄不清精确的日子。尤其是涉及祭祀活动，要有精确的日子。这是一对矛盾。当然，村民是小人物，没有日子，从历史记录角度来说，也许问题不大。

将"口述历史"改为"村民访谈"，也有一定道理。直接将村民访谈收入村史中，也是《凤凰村志》一种创举。我主持三个村的村民口述史时，因为多数内容分别编入村史相关部分了，所以没有再将此收入。我替藕池村编成独立的《藕池村民口述史》，仅内部打印几册，没有单独出版。不管哪一种形态，村民口述史是村史灵魂所在。如此前述，方志体是十分呆板的。现在，《凤凰村志》因为加入了"村民访谈"，就活起来了，可读性加强了。

从口述史采访流程来看，我是带领学生团队，屡次去采访的，数量也比较多，每村近百人。而莫艳梅带了一位助手，完成了对46人的采访。每次采访，配备录像，也是相似之处。所不同的是，她有意识地拍了采访工作照。我们采访时，工作照有所忽视。

从整个村志生产流程来看，主编下面配备了两位副主编，分别完成了相关部分的初稿，最后由主编整体统稿而成。我在史家码村、江六村两个村时，因为他们此前成立了村史小组，编纂了部分村志初稿，所以我尽可能地用上。至藕池村时，没有副主编，完全是我一人完成总纂的。

从署名方式上看，我在集体与个体共同署名上作了探索，《史家码村史》署"史家码村史编纂委员会编，钱茂伟主编"，《江六村史》署

"江六村史编纂委员会编，钱茂伟主著"，到《藕池村史》时，直接署"藕池村史编委编，钱茂伟著"。现在，《凤凰村志》封面也署"浙江省杭州市萧山区衙前镇凤凰村史编纂委员会编，莫艳梅主编·总纂"。有意思的是，排版方式上，"浙江省杭州市萧山区衙前镇凤凰村志编纂委员会编"放在《凤凰村志》名右方，而"莫艳梅主编·总纂"放在《凤凰村志》名左边。标注完整的名称，是其一大特点。至于主编·总纂，承继了方志体的署名方式。仔细想来，这样的署名方式实际上继承了地方志的传统。

"凤凰村民未来期待调查"也是一大创举。

附录村志光盘，也是一个小小的新探索。

除了《凤凰村志》主打产品以外，莫艳梅还有《富裕起来的农民在想什么——凤凰村农民访谈录》《杭州市〈凤凰村志〉评论集》《修志日记——主编〈凤凰村志〉始末》等相关副产品。我对国家图书馆收藏的几百种村史志都翻阅过，还没有人做到她这个程度，有那么多副产品，而且是有现实意义和专业价值的副产品。这种模式的确值得肯定。

笔者正在主持国家社科重大项目"当代中国公众历史记录理论与实践研究"，第一个子课题就是"当代中国村史志编修理论与实践研究"。《凤凰村志》编修模式，无疑是一个有重大创举的案例，故愿就此写上几句感言。

创新典范　方志新葩

——学习杭州市萧山区《凤凰村志》有感

张　军[*]

摘　要：杭州市萧山区《凤凰村志》是迄今为止全国篇幅最大的村志，也是全国首部与纸质书同步发行的"掌上村志"，更是一部在方志发展史上占有重要标志意义的村志。《凤凰村志》地情翔实、勇于创新、特色鲜明、主编优秀。无论是在调查采访、口述史的利用上，还是在内容和形式、紧跟时代步伐制作数字方志上，都为全国开展的村志编纂提供了有益的借鉴。

关键词：村志　创新　资料　主编

《凤凰村志》，莫艳梅主编兼总纂，杭州市萧山区衙前镇凤凰村志编纂委员会编，2019年6月中国社会科学出版社出版。全志分上、下两册，计18编76章240多节500多条目，有图照1700多幅、表格778张，共1366页，231万字。全志设"总述"、"大事记"、"大事纪略"、第一

---

[*] 张军，安徽省委党史研究院（安徽省地方志研究院）第五研究室副主任。

编"村庄"、第二编"姓氏"、第三编"人物"、第四编"村民访谈"、第五编"凤凰村民未来期待调查"、第六编"衙前农民运动"、第七编"村政"、第八编"村区建设"、第九编"农业"、第十编"工业　建筑业"、第十一编"商业　服务业"、第十二编"村级经济　收益分配"、第十三编"村民生活"、第十四编"教育　卫生"、第十五编"文化　体育"、第十六编"艺文"、第十七编"风俗"、第十八编"文献"、"索引"、"参考文献"、"后记",图文并茂地反映了千百年来凤凰村自然、政治、经济、文化和社会的历史与现状。《凤凰村志》是全国篇幅最大的村志,也是全国首部与纸质书同步发行的"掌上村志",更是一部在方志发展史上占有重要标志意义的村志。拜读《凤凰村志》,钦佩和感慨颇多,最大的感受就是地情翔实、勇于创新、特色鲜明、主编优秀。如此巨著佳作,笔者学习得不细不深,难以对全志进行准确的评价,仅恭献几点刍荛之见。

一　意义深远,价值重大

农村是全国人口最多和面积最大的地区。编纂村志既是时代发展和变化的需要,也是对传统的继承与弘扬。编纂村志,通过对一个村落历史与现状的综合记载,管中窥豹,能全面反映一个村落乃至社会的发展历程。当前,村志编纂已上升到国家层面,乡村史志编修被列入中共中央、国务院实施的《乡村振兴战略规划(2018—2022年)》。2015年8月,国务院办公厅印发的《全国地方志事业发展规划纲要(2015—2020年)》中提出:"指导有条件的乡镇(街道)、村(社区)做好志书编纂工作,做好中国名镇志文化工程、中国名村志文化工程组织编纂工作。"① 2017年5月,中共中央办公厅、国务院办公厅印发的《国家"十三五"时期文化发展改革规划纲要》强调:"完成省、市、县三级地方志书出版工作。开展旧志整理和部分有条件的镇志、村志编纂。"②

中国特色社会主义进入了新时代。守护乡村文化的命脉,守住中华民族赖以生存的精神家园,已成为社会各界人士的共同呼声。编纂村志,"它可以为人们认识和研究各地农村变迁提供翔实的人文资料,为政府制定和实施乡村振兴战略提供重要的决策依据,为各地保存文化记忆、提高文化软实力作出贡献,具有其他书籍不可比拟的历史价值、文化价值和学术价值"。③《中国地方志联合目录》记载,现存中华人民共和国成立以前编修的旧志8200多种,其中乡、镇、村、里志有160种左右。"但学界一般认为,我国乡镇志的编修始于南宋绍定三年(1230)宋常棠编写的浙江省海盐县《澉水志》,而最早的村志则是清康熙二十四年(1685)由郎遂编纂的安徽省贵池县《杏花村志》。"④ 为了传承传统和响应时代的召唤,2016年10月,中国名村志文化工程正式启动。2017年12月,推出首批《中国名村志文化工程丛书》26部,全面、系统地记述了村落历史发展变化的过程,在村落城镇化的进程中为人们记住乡愁、留住乡情,为后人留住文化遗产。

---

① 《全国地方志事业发展规划纲要(2015—2020年)》,《中国地方志》2015年第9期。
② 《国家"十三五"时期文化发展改革规划纲要》,《人民日报》2017年5月8日第1版。
③ 黄建安:《论"村落终结"时代的村志编纂》,《中国地方志》2019年第2期。
④ 沈松平、乔方悦:《关于〈中国名镇志丛书〉〈中国名村志丛书〉编修的思考》,《史学学刊》2018年第2期。

村庄是传统中国的根脉所系，是乡村文化的载体。"中国文化是以乡村为本，以乡村为重，所以中国文化的根就是乡村"。① 当下正处于中华民族复兴、国家振兴的历史盛世，为修志提供了良好的社会环境和财力支持，村志编修处在历史机遇的风口。杭州市萧山区衙前镇凤凰村，为水网平原区，早在宋嘉泰《会稽志·八县》中就有明确记载，还是中国共产党早期党员沈定一的故乡。凤凰村距城区14公里，距萧山机场8公里，104国道穿境而过，境内有公交线路7条。20世纪20年代初，衙前农民运动开了中国现代农民运动先河，凤凰山下成为红色文化的发祥地。中国共产党在这里成立了全国第一个农民协会，创办了第一所农民子女学校，撰写出了新民主主义革命时期第一部农民革命的行动纲领。2005年6月，交通村、凤凰村和卫家村合并成为新的凤凰村。2016年，全村面积2.44平方千米，自然村5个，村民小组15个，社区1个，农户581户，户籍人口2192人，外来人口10573人。20世纪80年代以来，凤凰村率先实施农村工业化，加快壮大集体经济，形成"以工主导、以工促农"的模式。2016年，全村经济总收入50亿元、可分配净收入2.3亿元、村民人均年收入5万元，均为萧山区各村之首。先后获得"全国文明村""全国民主法治村""全国敬老模范村""浙江省全面小康建设示范村""双强百村"等荣誉称号。《凤凰村志》全面、客观、翔实地记载了凤凰村从一个一穷二白的落后村，到闻名遐迩的经济强村的发展演变过程。编纂《凤凰村志》，既是凤凰村历史文化资源的保护工程，也体现了方志工作者的历史责任和担当。

---

① 梁漱溟：《乡村建设大意》，《梁漱溟全集》第1卷，山东人民出版社1989年版，第610页。

二　内容丰富，重视口述

地方志书是繁优还是简优一直争论不休，难有定论。个人认为，社会各项事业都在快速发展，尤其地方志属资料性文献，以资料见长，相对来说，资料丰富的志书当然要比资料单薄的志书质量为高。崇简者认为志繁的主要弊端就是增大了编纂出版的成本，浪费了资源。地方志号称一地之百科全书，资政辅治、堪存堪鉴，内容综括丰富，如果多印了具有存史价值和使用价值的几张纸，就算是浪费，那是否可以说越薄或是不出书才是节约呢？早在1936年，《鄞县通志》就有550万字，创造了当时方志文字量之最。时至今日，历史可鉴。《凤凰村志》最大的特点就是资料厚重而珍贵，具有很高的存史和实用价值，而且不冗赘。全志字数虽多，但要言不烦、结构严谨，条分缕析、语言畅达。

村志编纂中资料的搜集是关键。目前，大多数志书内容记述平面化、公式化，只记是什么，不记为什么，记述的广度和深度不够，反映不出记述对象的丰富性和内在本质，从根源上来说，还是欠缺资料所致。《凤凰村志》编纂者不仅收集文字、实物和图片资料，更重视从"口述访谈"和田野调查等渠道获取可靠的第一手资料，以填补文献、实物资料的空白，客观反映凤凰村的历史进程。可以说，志书的第一手资料比例越大就越有独特性和地方性，也越有存史价值。《凤凰村志》第四编"村民访谈"分为"现任村党委书记、村委会主任访谈"、"20世纪20—40年代村民访谈"、"20世纪50—70年代村民访谈"、

"20世纪80年代村民访谈"、"外来人员访谈"共5章30多万字，增强了原创性和鲜活性，对文献资料起到补充、印证和鉴别的作用，创造了口述史大规模记入村志的纪录。

旧志资料主要是依靠采访。现代修志资料主要依靠档案和各部门提供，再以采访和口碑资料为辅。目前大部分村庄没有档案馆室，编纂村志所必需的基本资料，市县档案中大多不可能有，也不可能有部门来提供。而通过调查采访，可以发现乡村自然地理的变化、人口村落的迁移、经济物产的消长、人文风尚的传承等。村民记忆中蕴存着大量的第一手资料，是村志编纂的基础和源泉。乡村中许多文字记载的历史事件没有准确的时间、地点、人物、背景等，而通过受访者对历史事件、历史人物和自我历史的回忆与口述，可以得到编纂村志所缺的史实，对编纂村志发挥着重要作用。《凤凰村志》编辑部开展采访广大村民的口述历史活动，即对创造和见证本村历史的村干部、教师、医生、学生、工人、营业员、农民、企业家等不同职业、职位、阶层、年龄和文化的村民共计46人进行访谈。为了解凤凰村规模以下工业企业的发端、发展历史和现状的生产规模、生产经营情况，编辑部设计了《〈凤凰村志〉企业需提供的资料》问卷调查表，设置有企业名称、性质、创办时间、创办人姓名、注册时间，企业创办初期和2016年12月31日的占地面积、建筑面积、设备、员工人数、总产值、销售收入、利润、缴纳税金等栏目，分发给各家企业。问卷调查表收回后，编辑部对调查表记述内容进行整理汇总入志。一部村志记述的相关内容是否缺漏和准确，村民最有发言权。有些村民因为文化程度有限，对一些大事件无法用文字来表述，而通过"口述访谈"这种形式，可以把村民口耳相传或亲历亲见的村落历史、经济生产、风俗习惯、家庭兴衰、文化生活、乡村非物质文化遗产等内容留存下来，为凤凰村保留一份宝贵的历史文化遗存。

修志好比画像，画出像个人并不难，但要画出像某个人就难了。乡村面积小、人口少，所以村志体例、篇目的设计应从村情实际出发。村志如果按照县、镇志的篇目来搜集资料进行编写，就会千篇一律，缺乏个性和特色。总体上说，村志的框架应约而丰，不宜小而全，更不宜大而空。《凤凰村志》编纂人员在全面调查、吃透村情的基础上，着力找准村情特色，以准确反映村情特点。反映凤凰村亮点的特色篇目有：全国首个衙前农民协会、全国首次衙前农民运动、衙前农民运动胜迹、衙前农民运动纪念馆；"三园二区"建设、美丽乡村建设、最清洁村庄创建和"三改一拆"、"五水"共治、旧村改造；萧山纺织工业园区、浙江省中小企业创业园；杭州萧山衙前消费品综合市场、萧山轻纺坯布市场和小商品市场；水电管理服务、出租房维修；凤凰剧团、凤凰老龄艺术团、电影放映队和文物胜迹；凤凰广场、游泳池；沈定一著作、沈定一文章选录、沈定一楹联选录和沈定一书法选录、农民运动诗；创业新村社区、萧山市衙前镇凤凰现代农业示范园区、奖学金制度、扶持经济薄弱村，与台湾南投县鹿谷乡结对交流等。《凤凰村志》还特设"衙前农民运动"编，反映在全国具有重要影响的史事、人物。

现代社会生活节奏快，人们很难长时间坐下来去读长篇文字。而图片信息丰富对视觉有着强烈的冲击。因此，一个读图的时代已经悄然而至。《凤凰村志》重视随文插图的运用，全志图文并茂，给人以直观和真实的感受。《凤凰村志》图片主题鲜明、内涵清晰、原始感强，每幅都是乡村历史的见证者，增加了志书的美感、增强了志书的存史价值和可读性，起到了"一图胜千言"的功效。

三　以人为本，贴近群众

　　人是历史的主人，是生产力中首要的、最积极、最活跃的因素，是社会物质财富和精神财富的创造者，是变革社会制度、推动社会历史前进的决定力量。马克思、恩格斯指出："历史不过是追求着自己目的的人的活动而已。"① 当今社会，人才荟萃、群英辈出，各行各业都涌现出许多优秀人物，即使在平凡的岗位上，也做出不平凡的业绩和贡献。他们为人类历史增添了绚丽的色彩，推动着社会历史的前进，也为丰富村志内容拓展了空间。

　　村志最大的特点就是地方性。资料是地方志的本质属性，也是其传承千年有别于其他载体的根本。一本志书如果人文资料丰富，地方特色就会鲜明。今天，省、市、县志记载的内容，花些工夫，都可以通过网络、档案、出版物等渠道获得。但是，村志中的内容，不要说若干年后，就是现在，你想通过其他渠道搜集几乎都是不可能的。各村情况千差万别，各有特点。《凤凰村志》对凤凰村从农业向工业转变过程中的深度挖掘，提升了志书的厚度和特点。《凤凰村志》对农户住宅变化的情况进行实地调查，由村务人员到村逐户看查、拍摄，根据房屋建筑材料、框架结构判断建房时间，并走访老年人确认，了解1949—2016年期间凤凰村农户经历六代住宅的变迁情况。《凤凰村志》

---

　　① 马克思、恩格斯：《神圣家族》，《马克思恩格斯全集》第2卷，中共中央马克思恩格斯列宁斯大林著作编译局编译，人民出版社2005年版，第118页。

设置有村劳动力人数及分布、集体经济、村民收入、集体土地、农机具拥有量、农业生产责任制、农业承包经营责任制、农作物种植面积和产量、农业总产值及产业分类、农户建房、家庭生产与生活用品和老人享受养老保险等26张表格，既细又实。

方志大家章学诚强调："邑志尤重人物。"[①] 人物志系地方志的"志中之髓""志中之志"。志书充分记载创造各项业绩的各行各业的人物，才能增加地方志的人文性、提高志书的受众性。二十四史主要是人物传记，旧志中人物传所占比例也很大。各项事业都是人去做的，志书也要以人为本，应该把事业和人记好。毛泽东同志说过："世间一切事物中，人是第一个可宝贵的。在共产党领导下，只要有了人，什么人间奇迹也可以造出来。"[②] 凤凰村英才辈出，历史名人以民国时期人物居多，以沈定一家族和衙前农民运动人物最为著名。沈定一是中国共产党早期党员，中国现代农民运动的发轫者，也是国民党一大代表，孙中山称他为"浙江最有天赋的人"。《凤凰村志》重视以事系人，全志把记事和记人联系起来，把事业的发展和人物的活动有机地结合在一起。编辑部选择凤凰村各项事业的肇始者、带头人、发明人或者有代表性的人物入志，涉及各个领域、各行各业，并严格掌握标准，精心选择资料，突出反映人物的业绩、贡献和对社会的影响，很好地解决了以往志书见事不见人的缺憾。

《凤凰村志》信息丰富，资料客观。以资料见长的《凤凰村志》内容最为丰富的就是"姓氏"编，在每户一张表的基础上，配以每户

---

① 章学诚著，叶瑛校注：《文史通义校注》，中华书局2004年版，第843页。
② 《毛泽东选集》第4卷，人民出版社1969年版，第1401页。

一幅全家照和每户手写一句最想说的话。该编408页,占全志正文1366页篇幅的29.9%。村里人口少,一个村往往就是一个家族分支的居住地,或几个不同家族成员的杂居地,家谱世系也是村志记述的内容之一,这与市志、县志乃至乡镇志都完全不同。家谱世系入志,会增强村志资料性、著述性和原创性。《凤凰村志》"姓氏"编不同于传统的家谱世系,其以家庭为单位,不仅有家庭成员姓名、性别、家庭关系、文化程度、出生年月、工作职务,还有上三代及住户信息,甚至有全家福,实现了全村人全部入志的愿望,发挥着家谱世系的同样功能。

四 创新广泛,匠心独运

"创新是一个民族进步的灵魂,是一个国家兴旺发达的不竭动力,也是中华民族最深沉的民族禀赋。"① 志书总是随着时代的发展和客观的需要,不断有所创新。地方志编纂源远流长,从周代的"四方之志"和秦汉魏晋南北朝的地志、图志、郡志,到宋代方志的基本定型,再到元明清方志的鼎盛,方志内容和形式都在不断变化、创新之中。时代呼唤名志、佳志,全国一轮、二轮志书的编纂实践也在推动着志书内容和体例的创新,修志工作者也要有创新意识,可以这样说,不从实际出发,不进行创新,新编志书就不能准确、全面地记述整个社会

---

① 习近平:《在欧美同学会成立一百周年庆祝大会上的讲话》,《人民日报》2013年10月21日第1版。

的发展与成就。

《凤凰村志》创造了两个全国第一，即全国篇幅最大的村志和全国首部"掌上村志"。全志230多万字，资料翔实、洋洋大观，不要说村志，就是镇志、县志、市志也不多见。《凤凰村志》紧跟时代的步伐，还制作了二维码，成为全国首部与纸质书同步发行的"掌上村志"。只要手机扫一扫，就可以轻松查看、了解凤凰村的"前世今生"，享受乡土文化大餐，也让凤凰故事插上了数字化的"翅膀"。中国社会科学院当代中国研究所社会史研究室主任、博士生导师李文不由得发出这样的赞叹："掌上《凤凰村志》，引领了数字村志的方向，它让又厚又重的村志，变薄了，变轻了，也变时尚了，走出了数字乡村别样精彩之路。"①今天是大数据的时代，数据成为国家基础性的战略资源。村志可以提供最基础、最丰富的村情数据，而且真实、系统，值得采集和使用。掌上《凤凰村志》和电子光盘的出现，引领了新时代数字村志的方向。

《凤凰村志》编纂采取"群众口述、专家记录、全民参与"的形式。"姓氏"编以占全志正文29.9%的容量，创造性地设置了每户一张基本情况表、一幅全家照、手写一句最想说的话，提高了全民参与的积极性，充分体现了村志的村民性。"村民访谈"编30多万字，创造了村志中最大规模运用口述史的实例，体现了在继承基础上的创新。"凤凰村民未来期待调查"编，由萧山区委史志编研室与杭州师范大学政治与社会学院师生合作开展，具有很强的时代性，这在全国村志中也是首例。这些都是编纂《凤凰村志》调查访谈中产生的第一手资料，

---

① 龚洁：《一志一馆"凤凰"故事写进历史》，《萧山日报》2019年7月25日第3版。

如此多的创新创造，不仅深化了志书内容，还提升了志书的资料性、著述性和原创性，并为志书的体例创新做了有益的探索。

《凤凰村志》编下设有"概述"，章下设有"概况"，对各编、章内容钩玄提要。在撰写编下"概述"时，编纂者能处理好传承与创意、推陈与出新的关系，灵活自如地把复杂的事物条理化、简单化，把历史脉络写得明晰客观。如"凤凰地区最早定居者，未见史籍记载。原住民有傅、卫、曹、陈等大姓。宋元后，外姓移民不断迁入。至今未见编有姓氏宗谱。1994年，萧山市地方志编纂委员会办公室编纂《萧山姓氏志》时，发动各村进行姓氏调查"。① 客观的史实与娴熟的语言技巧的完美结合，达到了内容和形式的和谐统一。

《凤凰村志》大量运用随文插图，不仅增强了志书记述的可靠性和可视性，还弥补了文字记述上的不足。图片直观、形象、生动，全志选取最能反映地方特色的图片作为重点，超越了语言的障碍。全志图照从图0001排序到图1203，② 统一编号，全部注明人物、事件、地点及拍摄时间，并署拍摄者或照片提供单位名称，既要素完备，又保护了作者的著作权。

浙江人民出版社出版的《萧山市志》，在正文旁排有详细的注文，有的说明资料出处，有的考证事情真伪，阐释、补充、延伸了正文。《凤凰村志》在同样指导思想和编纂方法实践下编写的村志，也高度重视注释的作用。有些专业或地方性知识，如果不作必要的解释说明，

---

① 莫艳梅主编：《凤凰村志》，中国社会科学出版社2019年版，第78页。
② 村民最想说的一句语的手写字体扫描图片，如果单独排序，则全志有1700多幅图照。

有可能会给读者阅读和使用带来不便。《凤凰村志》既有脚注、文中注等形式，也注表格、注出处、注互文、注年代和注地名等，把修志当成学术研究一样认真对待。

《凤凰村志》贯通古今，详今明古，上限尽量追溯至事物发端，下限一般断至2016年，少数根据需要下延至2018年。为了厘清事物的发端，需要查阅大量典籍。如凤凰村在追溯村名上查文阅典，找到"越州萧山县凤仪乡"，这是凤凰村目前可以见到的最早有书面记载的名字。有凤来仪，光从名字的内涵上便可看见凤凰村的芳华。

《凤凰村志》末设"索引"、"参考文献"、"后记"。编纂"索引"能方便读志用志，使人们能够快捷、简便、准确、顺利地找到所需要的资料。《凤凰村志》前设"大事记"和"大事纪略"。"大事纪略"在"大事记"和正文之间，以本末体的形式记凤凰山抗击战、创建全国文明村、凤凰村与台湾南投县鹿谷乡两村结对交流三则最能突出地方特色、最具资政作用的重大事件。全志列参考文献62种，既有嘉靖、康熙、乾隆《萧山县志》，宋张昊《宝庆会稽续志》、施宿纂《嘉泰会稽志》，第一轮《萧山县志》、第二轮《萧山市志》，也借鉴了费孝通《江村经济》，杭州市《江二村志》《下姜村志》，江山市《坂头村志》，上海市《褚家塘志》，《中国共产党历史》第一卷等，旁征博引，资料来源丰富。

五 艺文恢宏，传承文化

正史中出现艺文志最早的是《汉书·艺文志》。之后，《新唐书》

《宋史》《明史》中也先后有艺文志的内容，在《隋书》和《旧唐书》中称艺文志为经籍志。地方志中艺文志的发端之作，是北朝齐周时宋孝王所著的《关东风俗传》。刘知几介绍《坟籍志》时说："近者宋孝王《关东风俗传》亦有《坟籍志》，其所录皆邺下文儒之士，雠校之司，所列书名，唯取当时撰者。"①《坟籍志》记录了邺地的地方著作，比《汉书·艺文志》的出现晚了500多年。

　　地方志最基本的作用就是存史，而一地的华文丽章，通过艺文志可以得到最完整、系统的保存。《杏花村志》是旧志中收录艺文较为成功的代表。《杏花村志》是被收入《四库全书》的一部村志，其质量之高、价值之大毋庸置疑。杜牧创作《清明》诗传开后，自唐代至清代，不下300位文人墨客慕名到池州杏花村，凭吊浏览。唐代杜牧、杜荀鹤，宋代梅尧臣、黄庭坚、陆游、周必大，明代沈昌、郎子机、方元美、吴非，清代颜敏、宗观、江士铨、郎必光等，他们或游学，或览胜，或官宦，或寓居，题辞赋诗，作序留铭，修亭建宇，竖碑立坊。名士前贤留下诗赋1000余首，占《杏花村志》文字的1/3，这正是杏花村作为历史文化名村的重要体现。《宁波市志》是二轮志书中记载艺文志的高峰之作。1995年，《宁波市志》（上、中、下册）430万字出版后，1997年又编纂出版了150万字的第四册——《宁波市志外编》。该册分为5辑：第一辑选录了主要的善本稀本旧志12部，第二辑选录了10类碑记315篇，第三辑选录晋、宋、元、明、清、民国名人要作51篇，第四辑精选吟咏名山胜水、古迹为主的诗词231篇、竹枝词9首和民国时期中学校歌8首，第五辑为各县姓氏和宗谱目录

---

　　① 刘知几：《史通·书志第八》，中华书局2014年版，第173页。

1156部（种），将一地艺文齐聚荟萃。

凤凰村是个经济强村，也是红色文化村，有着显著的地方特色。《凤凰村志》第十六编"艺文"，分为"沈定一的著述"、"其他诗词楹联选录"、"新闻报道"3章。《凤凰村志》将艺文志作为重要组成部分，记载了描绘本地实际的诗文华章，保存了地方文脉，使文化得以传承，经典得以流传。

沈定一是凤凰村历史上的第一名人，是民国时期的政治人物、新闻记者、诗人。"沈定一的著述"章分为"著述目录"、"诗歌选录"、"文章选录"、"楹联选录"、"书画选录"、"学术界研究沈定一的著述"6节。沈定一的著述很多。在第一节"著述目录"中载有1912—1928年留存的著述500多篇，多发表于邵力子主编的《民国日报》、陈独秀主编的上海《劳动界》《伙友》，他自己主编的上海《星期评论》、广州《劳动与妇女》杂志。朱自清称其1920年12月发表在《民国日报》上的诗《十五娘》为"新文学中的第一首叙事诗"。著述目录虽没有直接表现出具体内容，却提供了翔实的信息，可以帮助寻找相关文献。在"书画选录"中，记沈定一的书法作品12幅，体现了其较高的个人修养。学术界研究沈定一和衙前农民运动的著述多，公开出版的专著有9部，公开发表的论文有100多篇。"其他诗词楹联选录"章分为"山水诗词""农运诗""楹联挽联"3节，多为外地作者所写。其中民谣《萧山农民怨》真实反映了农民的痛苦。改革开放后，报刊、广播电视、网络等报道凤凰村的文章非常多。《凤凰村志》"新闻报道"章分为"新闻报道凤凰村目录"和"新闻报道凤凰村选录"2节。2007—2017年间，《人民日报》《中国纪检监察报》《浙江日报》《杭州日报》《萧山日报》报道凤凰村的文章共有50多篇，《凤凰村志》选取一些具有代表性的报道收入。"艺文"编的设立,使凤凰村不仅是经济强村,更是文化强村的形象扑面而来。

六　千军易得,主帅难觅

省、市、县志编纂,都是"一纳入,八到位",在政府部门主持和领导下开展修志工作,有专门的机构、人员和经费。而村志多为村组织和村民自发编纂,机构临时且松散,人员专业知识普遍欠缺。为了规范修志行为,提高志书质量,2011年7月1日,正式施行的《山西省地方志条例》规定:从事乡(镇)志、村志编纂活动的,应当接受县级以上人民政府负责地方志工作机构的指导。在全国层面上,2014年9月,中指组副组长李培林在山东省史志工作座谈会上的讲话中要求开门修志:"现在,闭门修志已经适应不了形势发展需要了,要把各部门行业、大学、科研机构、社会团体、民间力量等吸引到地方志工作当中来。"①

事业成败,关键在人。修志人员的素质直接决定着志书的质量。人是志书编纂的主体,编修人员的素质直接决定了志书的质量。所以,选好主编是编好村志的关键。旧志中的一些精品佳志,总纂都由当时真正的专家学者承担。刘知几提出治史要才、学、识三长兼备,章学诚在三者的基础上又增加了史德。编纂村志能遇到兼具才、学、识、

---

① 李培林:《在山东省史志工作座谈会上的讲话》,《中国地方志》2014年第12期。

德的主编真是可遇不可求的缘分,而凤凰村却恰恰遇到并抓住了。莫艳梅担任主编兼总纂之职,劳心劳力。"地方志编纂工作是一项学术性、业务性很强的工作,不是随便什么人都能干的,更不是随便什么人都能干好的"。① 莫艳梅主编《凤凰村志》过程中,全程指导、全程审稿。前后到凤凰村80多天(次),深入实地调查研究,获取第一手资料。不耻下问,走访知情人和当事人。自甘寂寞,长年累月在档案馆、图书馆,翻阅、摘抄各种档案文献。2018年春节,只休息了大年初一一天时间,初二就继续到办公室修改志稿。

莫艳梅,原湖南省江华瑶族自治县党史与地方志征集编纂办公室主任,今中共杭州市萧山区委党史和地方志编纂研究室副研究员,中国地方志专家库专家。1989年大学毕业后即投入到地方志事业,近年受邀参加中国方志学术研讨会议十余次:2010年12月中国新方志编纂论坛、2012年10月第二届中国地方志学术年会、2013年10月第三届中国地方志学术年会暨两岸四地方志文献学术研讨会、2013年10月中国新方志理论研讨会、2015年11月第五届中国地方志学术年会、2016年9月第六届中国地方志学术年会暨"一带一路"与地方志创新学术研讨会、2017年9月方志文化国际学术研讨会、2018年10月第八届中国地方志学术年会、2019年7月第二届方志文化国际学术研讨会暨第九届中国地方志学术年会等。由于业务精湛、成绩突出,2014年,莫艳梅被评为首届浙江省"最美方志人"。莫主编安于清贫耐得住寂寞,参加过3省4部市县志编纂,在省级以上刊物发表论文100多篇,

---

① 李富强:《不断深化新方志编纂研究 促进地方志事业健康发展》,《中国地方志》2009年第12期。

其中 2 篇列入《〈中国地方志〉优秀论文选编（1981～2011）》。在史志领域文思才涌、著述等身，专著有《莫艳梅方志文集》《萧山清官廉吏》《萧山历史名人家世考——从家谱出发》《莫艳梅方志探论》《富裕起来的农民在想什么——凤凰村农民访谈录》等。正是拥有如此浓厚的方志造诣，莫艳梅在主编《凤凰村志》时大胆创新，反复校核，力争志书尽善尽美。在乡村振兴的时代大背景下，有人曾问莫艳梅为什么主编如此一部鸿篇巨制的村志，她自信地回答说："体现我当前的修志水平和修志思想。"① 莫主编选取一个代表性的村子作为自己方志学体系建构的一个标本，并将理论付诸实践，彰显了她作为一个方志人的责任和使命。

事非亲历不知难，"吟安一个字，捻断数根须"。资料如此翔实，气势如此宏大，主编经历之艰辛，外人难以体会。当然，任何一部志书都不可能是十全十美的，也还有个别值得商榷和不足的地方，《凤凰村志》也不例外。总体上来说，《凤凰村志》有很多先行先试的成功经验，值得全体修志人认真学习。

---

① 莫艳梅：《中国梦　方志缘》，《莫艳梅方志探论》，方志出版社 2018 年版，第 307 页。

追史迹农运震华夏
看今朝凤凰再腾飞
——喜读杭州市萧山区《凤凰村志》感言

西 樵[*]

摘 要：《凤凰村志》是一部社会调查扎实、微观资料翔实的村志，其资政、学术、存史、育人价值将会在读志、用志中突显。其特点亮点还在于：其一，专家撰写村志，引领修志潮流。即名村聘请名家撰写村志，实现了真正的强强联合；其二，篇目自立新格，诸体并用出彩。如"衙前农民运动"单独立编，注重注释、社会调查和口述历史的应用，在村志编纂中可谓一枝独秀；其三，挖掘资料深度，彰显村域精华。其四，突出历史印记，突出时代特征。这在后继的村志编纂中起到积极的引领作用。尚有可商榷之处。

关键词：《凤凰村志》 读后感

---

[*] 任根珠，字旺，号西樵，山西省地方志办公室原副巡视员，副编审，中国地方志学会学术委员。

中国的改革开放经历了40多个年头，最大的变化莫过于城市化。随着城市化的不断演进，乡村的大面积消失成为当今时代的一大"特色"。至2019年，我的故土——太原市万柏林区，城中村改造、城边村改造、地质塌陷村（因挖煤）移民搬迁，5个乡69个村，只剩寥寥几个城边村"苟延残喘"，不出两三年也便被城市"堙没"。我的家乡——西铭村，现已一片废墟，村民四散分离。一种存在了几百年甚至数千年的社会结构、生活形态消失了，几十年前中华人民共和国成立时的经济体制、生产方式也不复存在。不仅是近郊的村庄大量消失，远离城市的村庄也大量消失了。"这种带有全局性、大范围、特大范围里的变动，在中国历史上从未出现过，它在极大改变社会形态和格局的同时，对家庭结构、村民生活、居民关系、民风民俗乃至民众心理认同等已开始产生影响。这种改变也正在对中国的现状产生着一系列影响，并将对中国今后的历史产生影响，有些影响可能是今人无法预料的。变化前后的村庄历史还都将成为社会学家、历史学家长期研究的课题，因为他们需要实际事例、需要具体材料。尽早、尽快为消失或将要消失的村庄留存历史，记录下的不仅是某个村庄聚落的历史与现状的反映、变化的进程，它既可为人们了解社会多提供一份素材，更可为将来的历史学家、社会学家等保存今天看来十分常见，将来可能罕见或空缺的基层社会日常生活的资料，它的意义和价值会随着时间的推移逐渐凸现。"[①] 每个村庄都是农村社会的一个缩影，有各自的历史和特点，要了解农村，就不能不关注一个个具体的村庄。编修村

---

① 褚半农：《〈褚家塘志〉，为消失的村庄留存历史》，《上海地方志》2013年第2期。

志，可谓方志界及社会各界义不容辞的一项重要工作。

己亥盛夏之日，收到了寄自浙江省杭州市萧山区的《凤凰村志》，厚厚两大册，231万余字，由中国社会科学出版社2019年6月出版，国际标准16开版，内文四色套印，硬壳精装，是笔者目前见到的体量最大的村级志书。该志出自国内方志界的后起之秀莫艳梅女士之手，笔者曾应邀参加了《凤凰村志》稿的审阅。拿到正式出版的《凤凰村志》后，又精读了一些重要章节。笔者深深感到，《凤凰村志》的编纂，进行了广泛的社会调查，所收录的资料大都是真真切切、实实在在的原始记录，具有极高的存史价值，不愧是一部优秀的村志。是志翔实记载了凤凰村解放近70年来，特别是改革开放40多年来沧桑巨变的历史，保留下了许许多多耐人寻味的经验和教训。它对当今及其以后的治村者来说，无疑是不可多得的宝典，对全体村民及其后辈们来说，也是极好的乡土教材。

闭卷沉思，温故知新。翻阅中多有所得所思，聊记数语，与同行共享。

一 专家撰写村志，引领修志潮流

首轮、二轮修志实践证明，志书质量的优劣，其中重要的一条，与方志界和社会学术界专家学者参与的多寡与参与程度的深浅，有着密不可分的关系。一部志书的编纂若能从始至终都有专家学者参与指导，志书质量肯定会得到显著提高，上升到一个新的阶面。正如巴兆祥教授在该志"序"中所言："修志贵在得人。"从整体上考察，《凤凰村志》确是一部体例规范，颇有创意，资料翔实，文献价值多元，学术品位甚高的村级志书。究其成功之原因：是志主编莫艳梅女士是从事修志工作多年的专业修志人员，中国地方志专家库专家，修志成果迭出，主编或参与编纂有：《江华瑶族自治县志》《江华瑶族自治县志（1990—2003）》《萧山市志》《江华八十年记事》《佛山市志（1979—2002）》等上千万字的书稿，并有《莫艳梅方志文集》《莫艳梅方志探论》《萧山清官廉吏》《萧山历史名人家世考——从家谱出发》等个人专著问世，积累了丰富的志书编纂实践经验，具有方志学者的研究水平，因而《凤凰村志》编纂既规范又有创意。莫艳梅女士《凤凰村志》的编纂实践、学术研究、资料收集、考证史实等尤值得当代志人学习。凤凰村是浙江省的名村，名村聘请名家撰写村志，实现真正的强强联合。

二 篇目自立新格，诸体并用出彩

《凤凰村志》分上、下两册，为中编体式，整体编排设计，卷首为集束彩图，编纂机构名单，"序"，"凡例"，"编纂说明"，"总目"，"目录"；正文前设"总述""大事记""大事纪略"，正文设"村庄""姓氏""人物""村民访谈""凤凰村民未来期待调查""衙前农民运动""村政""村区建设""农业""工业　建筑业""商业　服务业""村级经济　收益分配""村民生活""教育　卫生""文化　体育""艺文""风俗""文献"18编分志，尾设"索引""参考文献""后记"。《凤凰村志》确是一部结构严谨、内容完整、资料丰富，具有自身编纂特点的志书。

（一）名人作序增强学术品位

邀请专家学者作序，阐明其撰述意义与学术价值，是方志的传统之一。在旧志中，修志专家撰写序言是不可或缺的常规内容，几乎每部旧志都有主修和编纂人员撰写的序言或跋。这些序或跋，或阐述编修志书的意义，或说明编纂者的意图，或研讨编纂方面的问题，或探索方志编纂的理论，为后世留下了极其丰富的方志理论财富。在新方志编纂中，因为没有很好地把握序言的作用，而使志书失去了一个宝贵的方志学术研究平台。后记（编纂始末、跋）的运用较为普遍，唯独专家作序较少，绝大多数的序言为地方领导撰写，故而序言的功能未能得到充分发挥。《凤凰村志》的编者则很好地把握序言的应用，仅设一篇专家序言，将这个方志学术研究平台单独留给了方志专家，收到较佳的效果。该"序"出自复旦大学历史学系暨旅游学系教授、博士生导师，中国地方志指导小组成员，中国地方志学会学术委员巴兆祥之手。"序"的作者从编纂角度，总结了《凤凰村志》的编纂经验，指出"选好主编，专家学者参加修志，是提高志书质量的有力保证，也是今后村志编纂的一个可取方向"；分析了《凤凰村志》的特点，"在编纂过程中开展较大规模的社会课题调查和口述历史活动，获取鲜活的第一手资料"，"不仅深化了村志的内容，增强了志书的资料性、著述性和原创性，还为地方志书的体例创新做了有益的尝试"。由此序言，不仅使读者了解方志专家熟读志书，通晓历史，在其分析此部志书特点时，也反映出编纂者的意图，体现出编纂者对于一些问题的突破性处理。序言充分反映出志书编纂者的思路，对于读者理解志书起到了积极的导读作用。

(二) 目录编排自成一体

志书目录是篇目的终极体现,如何编排目录,更好地方便读者阅览志书、利用志书,是编者在志书付印之后,必须考虑和解决的问题之一。二轮续志编纂中创立了先设"总目"(亦有称为"要目"的)、后设"目录"(详目)的做法。《凤凰村志》借鉴了这一方式,但在编排上又有新的创意,即在志书的上、下册之首,分别刊载全志的"总目",其后各分册分别刊载该册的详"目录",省却了全志的总详目。在首轮、二轮志书编纂中,凡设"总目"的,多数志书限定在一级标题上,延伸到二级标题"章"的极少。《凤凰村志》的"总目"由一级标题(编)扩展到编、章两级标题,单栏编排,占4个页码,以此替代了全志的总详目,使志书篇目的梗概更加明晰。"目录"(详目)编排由编、章、节三级标题扩展到编、章、节、目四级标题,使"目录"同时具备了篇目展示和条目索引的双层功能。目录编排自成一体。

(三) 篇目设置立足村情,自立新格

《凤凰村志》在"大事记"之后设"大事纪略",将抗日战争时期的"凤凰山抗击战"、改革开放时期的凤凰村"创建全国文明村"、"凤凰村与台湾南投县鹿谷乡两村结对交流"三件大事单独设条记述,别有新意;同时,将领导视察等18幅照片集中排于"大事记"正文之后,使卷首集束彩图全力展示村域风情,特色突出。

篇目设置中最突出的两大亮点:一是将"衙前农民运动"单独立编,突出展示村域在全国具有重要影响、在中共历史上占有重要地位的

红色文化，深厚的历史文化底蕴和浓郁的地方特色得以彰显；突出地方特色的内容还有"人物""艺文"等编。二是注重社会调查和口述历史的应用，分别设置"村民访谈""凤凰村民未来期待调查"编，在村志编纂中可谓一枝独秀。社会调查和口述历史的内容，在村级志书中并不少见，但多为分散设置，单独设置为志书第一层级"编"的，在笔者见到的村志中还是第一次见到，可谓该志编者的首创。在其他分志的内容编排上亦多有可圈可点之处。如第一编以"村庄"立题，囊括了"建置"章（"村名由来""隶属沿革""自然村落"3节）、"区位"章（"自然地理区位""交通地理区位""经济地理区位"3节）、"人口"章（"人口数量""人口变动""人口结构"3节）、"自然环境"章（"地质""地貌""山岭""河流""池塘""气候""土壤""植被""野生动植物""灾异"10节），从村情角度出发，合理归并相关内容。凤凰村史上未存留宗谱，将"姓氏"升格立为第二编，既配有每户成员情况表，又配置全家福照片和每户人家最想说的一句话，真实体现民意、民愿。"人物"编前移，仿"新三宝体"的编排手法，突出村域在全国最有影响的杰出人物，展示人杰地灵的历史厚重感。

（四）注重述体应用，增强志书的整体性、著述性

编首无题序始于旧志，首轮新方志虽有应用，但未普及，说明撰写篇首序有一定难度；二轮续志编首序应用的普及面有所扩大，写作手法出现多样化。编首序可称为主编的"自留地"，它即是体现志书整体性、著述性的重要方面，也是展现主编文笔文采的重要场所。利用好编首序这一块"自留地"，对提高志书的整体质量关系甚大。志首概述与编首无题序，均属于志书中的述体文字。编首无题序的功能，是

提纲挈领地浓缩该编的精华，概略地展现该编的轮廓，简练地勾勒出该编的地方特点和时代特色，使读者从中掌握和了解该编之大要，使编首小序的功用得到充分发挥。

是志编者深谙编首小序的重要性，增加了这一内容，只是将志首的概述称为"总述"，编首的无题序称为"概述"，章首的无题序称为"概况"。据笔者粗略统计，志首的"总述"3440字，编首17篇"概述"13600字，章首68篇"概况"32380字，全志述体文字（总述、概述、概况）的总量为49420字。述体文字虽仅占全志版面字数231万的1/46，却是全志精华之展露（总述）、每编内容之概括（概述）、各章内容之提要（概况），是展示志书著述性、整体性、科学性的主要平台，起到了"四两拨千斤"的纽带作用。

（五）注重注体应用，志书资料的学术性、严谨性、科学性显著增强

《凤凰村志》将注体引入其志，重要注明资料注明出处，符合"对重要资料来源注明出处，对具有时代特征和地方特点的词汇作准确、简明规范的注释"〔《关于第二轮志书编纂若干意见》（中指组字〔2007〕1号）〕之学术规范。唯有如此，才能编纂出具有一定学术水准的资料性文献。注释采用页底注形式，便于读者随文对照。如"总述"在记述凤凰村历史时，有一句断语："这是一片具有革命历史的红色热土，是中国现代农民运动的发祥地。"为证明这句断语的准确性，注释了3条资料来源："成汉昌：《中国现代农民运动最早发生于何时何地？》，《教学与研究》1980年第4期。杨福茂等：《中国现代农民运动的先声浙江萧山衙前农民斗争概述》，《杭州大学学报（哲学社会科学版）》1980年第4期。中共中央党史研究室：《中国共产党历史》第一卷（1921—1949）上册，中共党史出版社2002年版，第95—96页。"以此来证明此断语并非作者虚夸。凡类似志书中的重要资料，多有注释辅助佐证，据笔者初略统计，全志注释达270余条。由此可见编纂人员用功之勤、资料之实。

三 注重社会调查，挖掘资料深度

二轮续志中，社会调查应用最多的莫过于浙江的《萧山市志》（杭州市萧山区人民政府地方志办公室编著，浙江人民出版社2013年12月版）。《萧山市志》全五册，前三册为正编，后二册为附编，其中第四册为"索引"，第五册为"社会课题调查"。在笔者见到的志书中，该志是社会调查内容最为丰富的志书。该志办聘请了多所大专院校的教授带领学生，分成多个小组，搞了大规模的社会调查，其调查内容分为多项：萧山人的一天、居民的生活质量调查、休闲娱乐情况调查、择业观调查、社交礼仪调查、出行调查、家庭车辆拥有与使用情况调查、住宅情况调查、"吃、穿、用"调查、民间资本投资调查、家庭教育观的变迁调查、百岁老人状况调查、妇女地位调查、知识分子调查、企业家调查、民工生活生存状况调查等16项，形成300余万字的调查报告。该志稿评审时，约请了国内43位知名的专家学者参与，为二轮续志评审邀请专家最多的一部志书。由于专家学者对如此庞大的调查内容是否入志书正编系列产生分歧，最后该志将第四、五册作为正编的补充"附编"面世。由此可见，志书中的社会调查内容的篇幅要有一个把控尺度的问题，适度则宜，过度则废。二轮市县志书普遍重视了应用社会专题调查的方法，拓展和挖掘记述资料的深度与广度，但多为分散于各分志中编排。《凤凰村志》将社会调查和口述历史内容升格为分志一级编排，可谓村志体式上的创新之举。

该志第四编"村民访谈"为口述历史内容，着重点放在"村庄是如何发展变迁的？""村民生活和个人奋斗史、生命史是怎样的？"两大议题之上。采访46人，遍布各行各业，该编选录36人，具体分为"现任村党委书记、村委会主任访谈""20世纪20—40年代村民访谈""20世纪50—60年代村民访谈""20世纪80年代村民访谈""外来人员访谈"5章，合31万字篇幅。

第五编"凤凰村民未来期待调查"，立足于"富裕起来的农民在想什么？"这一命题，通过实证调查的方法，充分利用鲜活的第一手资料，研究细致具体，并能着眼于富裕农村和谐有序可持续发展目标实现的路径探索。该编共设"问题的提出""凤凰村村民七大未来期待""民之所望，施政所向"3章，15万字篇幅。其中归纳总结出凤凰村村民七大未来期待——村民望更富：盼发展农村经济，增收致富；村民求真知：盼丰富文化生活，尊知重教；村民期乡美：盼建成"三美"（生产美、生态美、生活美）乡村，绿色文明；村民希安稳：盼完善保障保险，后顾无忧；村民求和顺：盼家庭安居乐业，顺其自然；村民愿参政：盼政府更民主公开，执行力强；村民谋发展：由顺从守旧走向主动追求，但仍保守惧变。这是民情、民意、民愿的实际调查得出的结论，为当政者提供的重要资政参考。是志编者敢为人先、大胆创新的精神尤值得充分肯定，其编纂方法尤值得他志效法。有此两编，《凤凰村志》编者高屋建瓴的体例创新，在后继的村志编纂中起到积极的引领作用。

四　把握村情特色，彰显村域精华

地方特色是一个地域独特优势所在，是区位优势的鲜亮要素，必须浓墨重彩地把它写好。在编修前，应该对该村的历史和现状有一个全面的考量，分析什么是这个村的特色，不断挖掘，丰富有关地域特色的资料。在篇目设计上可以打破常规，不拘泥于或沿袭过去老篇目或现行统一模式的新框框。必须解放思想，用改革创新的精神，准确把握新时期的主旋律，去设计新的篇目，同时不拘一格，该升格的升格，展开来写，彰显本村的地域特色。做到"人无我有，人有我优，人同我异，人略我详，人后我先"。

（一）鲜明的历史印记

凤凰村是中国现代农民运动的发祥地，民国10年（1921）9月，中国共产党早期党员沈定一在家乡衙前村组织和发动衙前农民运动，开创了中国共产党历史上的四个第一：党领导的第一次农民运动，第一个农民协会，第一个农民革命性纲领文件，第一所农民免费教育的农村小学校。虽然衙前农民运动最终被镇压了，但它在中国革命历史上占有重要地位。正由于此，《凤凰村志》特设了"衙前农民运动"编，内设"衙前农民运动兴起""军阀镇压""衙前农民运动胜迹""衙前农民运动纪念活动""衙前农民运动纪念设施""衙前农民运动研究状况"6章，详细记录了这一重大历史事件。先辈的奋斗业绩，是凤凰村极其宝贵的精神财富，成为激励村民致富奔小康的动力源泉。

这一编的设立，既彰显了中国共产党为建立新中国抛头颅洒热血的光辉历史段落，又成为资政育人的良好教材。由此证明，只有共产党能够救中国，只有在共产党的领导下才能够实现伟大的中国梦。

（二）突出的时代特征

今天的凤凰村，经过改革开放40多年的砥砺前行，村域经济与各项社会事业得到飞速发展，是萧山的经济强村，由农业村转变为工业村，是全国文明村、全国敬老模范村、全国民主法治示范村，浙江省全面小康建设示范村、浙江省农村基层党风廉政建设示范村、浙江省村务公开民主管理示范村、浙江省生态文化基地，杭州市萧山区生态村、森林村庄、美丽乡村精品村、美丽乡村示范村……数不清的荣誉名号，彰显了凤凰村的各项工作均走在了浙江省农村的前列。2016年，凤凰村经济总收入从2006年的150600万元增加到504033万元，年均增长20.02%；村民人均纯收入从2006年的15082元增加到49555元，年均增长13.29%；村级经营性收入、村级可用资金、村民人均纯收入均名列萧山区村庄第一。从事第二、第三产业的农村劳动力占到全部农村劳动力人数的98.82%，实现农业村向工业村的转变。凤凰村在发展经济的同时，建立起与村域经济发展水平相适应的民生投入和保障机制，实现村民基本生活、医疗、养老三大村级保障。在志书的"村区建设""村级经济　收益分配""村民生活"等编中，均得到充分反映，鲜明的时代特征跃然纸上。

五　略有稍许不足，还有商榷余地

一部231万余字的大部头志书，些许不足在所难免。由于是出自方志专家之手的志书，具有积极的示范效应，加强探讨、研究，有助于后续村志编纂质量的提高。高标准，严要求自是应有之义。从科学、严谨的角度考虑，是志还有些许需要商榷的余地，提出来与同人共同探讨。

（1）卷目的篇幅平衡尚有调整余地。《凤凰村志》全书抛却卷首、卷尾部分，18编分志共1305页，编均72.5页，其中不足编均72.5页的有14编，占编数的77.7%，超过编均数的有4编，占编数的22.3%；最少的仅及编均数的17%，最多的为编均数的5.6倍。最多与最少相比，相差21倍之多。靠近编均72.5页的仅有2编，仅及18编的11%。

以"姓氏"编为例，页码408页，占分志1305页的31.26%，是最少页码"文化体育"编18页的22.67倍，悬殊之大令人咋舌。"文化　体育"编之所以篇幅小，是因为艺文内容（66页）由原来"文化　体育"编里的一章，分离出来，升格为"艺文"编了。"姓氏"编之所以篇幅宏大，是加载了居民的"户口簿"（每户1幅表格），每户配一幅家庭照和每户手写一句最想说的话。此种编纂方式，笔者在家族志或家庭志中看到过，但在村志中还是第一次见。是志主编的创新精神值得充分肯定，但村民的"户口簿"、家庭照、手写体想说的话是否全部入志，还有进一步研究探讨的必要。

（2）整体布局还有改进的余地。第四编"村民访谈"、第五编"凤凰村民未来期待调查"虽属于主编看重的内容，但毕竟此两编体例与"章、节、目"体式有所不合。笔者认为，放在七大部类之后似乎更为恰切一些。

（3）"文献"列入正编系列似觉欠佳。依笔者意，"第十八编文献"改称"附录"列于"编"外似乎更为恰当一些。

（4）述体的应用似乎美中不足。一是从体例上而言，各分志（编）述体的应用应统一；二是同一层级述体文字的篇幅应相对平衡，尽量避免倚轻倚重的现象出现；三是编、章之首的无题序文字一般不加"概述""概况"等标题字眼，曾被方志界有关专家所认同，因此改用无题序似乎更佳。

当然，我所认为的不足，也许正是该志的长处。是长是短，还是留待读者去评价吧。

结　语

总括而言，《凤凰村志》翔实而正确地展示了凤凰村由贫致富的历程，证明了改革开放后凤凰村广大村民在村党委、村委会领导下，因地制宜，充分发挥主人翁姿态，创造性地找到了一条带领村民集体致富、奔向小康的发展道路。确为村志中不可多得的佳品良志之一。是志的优长还有许多，难以尽表。尽管笔者提出一些可商榷之处，亦为笔者的一孔之见，孰是孰非，还有待方家辨正。是志编者从体例、体裁、结构、内容等诸方面都进行了大胆探索，不拘泥于传统志书固有的框架和模式，紧扣时代脉搏，努力践行"以人为本"的理念，把创新精神贯穿于修志始终，体现出编者扎实的功底和非凡的功力。毫不讳言，《凤凰村志》确是一部社会调查扎实、微观资料翔实的村志，其资政、学术、存史、育人价值将会在读志、用志中显示，值得志界与社会学界认真研读。笔者也期盼更多的方志专家参与到村志编修的工作中来，为村志的百花园绽放奇葩，增添光彩。

充溢创新精神的《凤凰村志》

梁滨久[*]

摘 要：杭州市《凤凰村志》是中华人民共和国成立至今字数最多的一部村志，是全面、系统、客观、翔实反映凤凰村情的百科全书，是突出反映凤凰村时代特色和地方特点的志书，是在内容与形式上都充溢着创新精神的村志。其主编既有丰富的实践经验，又有较深的理论造诣，是《凤凰村志》成为精品佳志的关键因素。

关键词：《凤凰村志》 创新精神

浙江省杭州市萧山区衙前镇凤凰村志编纂委员会编、莫艳梅主编·总纂、中国社会科学出版社2019年版《凤凰村志》问世。这是凤凰村的文化大事件、村民的大喜事，这也是为中国诸多乡村展示的社会主义新农村建设的范例。作为萧山区美丽乡村精品村、杭州市社会主义新农村建设标兵村、浙江省全国小康建设示范村、全国文明村，如何做到如此出色，其经验是值得学习的。凡有志建设社会主义新农

---

[*] 梁滨久，黑龙江省委史志研究室编审，中国地方志学会学术委员，原黑龙江省地方志办公室党组成员、《黑龙江省志》副总编、《黑龙江史志》主编。

村的地方都可以从《凤凰村志》中得到启示。正如梁启超先生所说,地方志是"公器",非为一邑而作。该志230余万字的篇幅,是中华人民共和国成立至今字数最多的一部村志,是全面、系统、客观、翔实反映凤凰村情的百科全书,是突出反映凤凰村时代特色和地方特点的志书,是在内容与形式上都充溢着创新精神的村志。

一　重视民情民意表达

认识事物,需要一个角度。没有角度,一下子全面把握该事物是不可能的。现象学创始人胡塞尔说,哪怕真有一个上帝,他要来认识这个世界,还是要有一定角度的。省、市、县三级志书是从政府视角来把握地情、设置篇目、编纂志书的。《凤凰村志》用乡村自治的角度记述衙前农民运动、村政、村区建设以及各项事业、风俗、文献等,这一点与三级志书没有本质的不同。但除此之外,还将反映村民生活状况与心愿放在突出的位置,成为村治视角的重要铺垫。这表现在将姓氏、人物、村民访谈和凤凰村民未来期待调查放在衙前农民运动和各项事业的记述之前。在"姓氏"编中,为各片每一户家庭记述户主、家庭成员、职业、经济状况、所获荣誉等情况,并配全家照,让他们说出最想说的一句话,如"想建造有三间地基的房子""希望生活越来越好""不求万贯家财,但求健康平安""婆媳和,夫妻亲,子孙孝,家业兴""孩子即将毕业,希望能顺利找到理想的工作"等,话语朴实,表达恳切。口述历史"村民访谈"的对象有村两委领导、各个年龄段村民以及外来人员,他们畅谈家世身世、生活经历、家庭状况、心路历程，以及对未来的期许，均为亲见、亲闻、亲历之事，语言生动鲜活，可起到补史、证史、表达村民心声欲求的作用。其中，披露了许多历史细节，增强了村志的可读性和史料价值。"社会调查"是根据个案访谈、政府材料、媒体报道，参考有关学术著作、期刊而形成的旨在探索富裕农村可持续发展目标的实践路径报告，归纳出凤凰村民对未来的七大期盼：盼望发展农村经济，增收致富；盼望丰富文化生活，尊知重教；建成"三美"（生产美、生态美、生活美）乡村，绿色文明；完善保障保险，后顾无忧等，这为村民发声，为村治指路，照应后面内容，是内容编写上的突出亮点。

二 由专家撰写序言

地方志书序言一般由当地党政主要领导撰写，极少由学者撰写。序言由领导撰写和由学者撰写各有所长。领导撰写序言侧重阐说志书写出的地方优长之处与特点，而学者撰写序言侧重从学术角度分析志书编纂的优点与创新。《凤凰村志》打破惯例，由复旦大学教授、方志学家巴兆祥先生撰写序言。巴序阐述了凤凰村修志功在当代、利在千秋的重大意义和专家修志的必要性，以及《凤凰村志》的创新亮点，并为一部全面小康建设示范村的村志问世并发挥积极作用而欣喜，希望全国地方志齐头并进，在新时代的条件下，为全面建设小康社会、助推实现中国梦发挥强大"志"力。紧紧围绕村志编纂撰写，有学术力道与情怀。

三 大事记采取两分法

新方志普遍写有编年体大事记，记载一个地方的大事、要事、新事，为一志之经，所记提纲挈领，语言精练。但是，有些事件需要将来龙去脉用较多的文字记述清楚，于是就产生了大事记的两分法，即主体用编年体，而挑拣出特别重大的事件用纪事本末体。将大事分成"大事记"与"大事纪略"两个部分，自清代到民国，都出现过大事记两分的志书。如清道光《安顺府志》的"纪事志"，分为"纪年"和"本末"两部分。新方志山西《阳城县志》、黑龙江《杜尔伯特蒙古族自治县志》、山东《寿光县志》等也采取了大事记两分的写法。《凤凰村志》采取大事记两分法，有独特的原因。作为村志，不可能像县区志一样门类设得那样齐全，对于没有相应门类的大事件，用纪事本末体记载就十分必要。如凤凰山抗击战，《凤凰村志》没有军事编，在村民访谈中零散提及，这就有必要在"大事纪略"中详细记载。"创建全国文明村""凤凰村与台湾南投县鹿谷乡两村结对交流"也是这种情况。这是针对村的具体情况所作的灵活处理。

四 微观层次标示合理

省市县志采用编章节目体的比较多，有些该体志书在目和子目层次上用1.2.3.4.……（1）（2）（3）（4）……标号，也有采用纲目体的。《中国名村志丛书凡例》（草案）规定，编修村志应统一采用纲目体，设类目、分目、条目三个层次。层次少适合内容较为简略的村志，在层次表达上也不如编章节目体清晰。《凤凰村志》200余万字，比有的县区志的字数还多，用编章节目体很适宜。但在微观层次即目和子目的表达上作了改进，不加序号，而是各目平列。金达迈先生说："条目不编号是志书的传统，志书记述事物发生、变化的过程，具有较强的连贯性，不便用编号来打断。有些志书条目叠床架屋，一、二、三、四、1.2.3.4.……叫人眼花缭乱，实在没有必要。如果是为了表示先后次序，目本身排列有先有后就行了，何必画蛇添足。如果说为了区别大小轻重，那就不符合同一层次条目同一等级的原则。当然，形式上的平等，不等于内容没有区别，内容轻重靠文字的表述，而不是靠贴数字标签。如果说为了分清层次，每一层次用不同字体就行了。"①笔者赞同金达迈先生的意见，在主编《尚志市志》过程中，决定"微观层次搞活"，即目和目以下不再用数字标示，其目以黑体字标示，缩两格，独占一行；子目以仿宋体字标示，缩两格，空一格后接写正文。《凤凰村志》也是这样标示目和子目微观层次的。如"村庄"编"自然环境"章第六节"气候"，下有四季、气温、降水、日照、风、霜雪，四季下有春季、夏季、秋季、冬季，很难说哪重哪轻，春夏秋冬只是习惯顺序，标序号没有意义。还有人物传中的沈受谦、李成虎、陈晋生、沈定一等10个立传人物，非要加上1.2.3.4.……序号，也没意思。再说，不标序号，可减少逻辑规则的约束，更灵活地安排记述内容，所以是比较合理的。

---

① 金达迈：《读志所见问题漫谈》，《中国地方志》2007年第12期。

五 以家庭替代家谱

有些村志记述了家族谱牒。家谱是记述姓氏家族起源、迁徙繁衍、发展的文献,与地方志、历史书构成中国历史文化的三大文献系统。经过近百年的历史变迁,聚族而居的状况发生根本改变,家族观念逐渐淡化,家庭由过去家族的组成部分变成行政村、社区的一分子,行政村、社区以家庭为基础构成新型的、现代的邻里关系和人与人的关系。因此,有文章提出,可由行政村志、社区志取代族谱,把家庭作为村志的主要记述内容。①

凤凰村历史上没有家谱,《凤凰村志》特地开展了村内姓氏源流普查、户主身世及家庭成员普查,起到寻根问祖、厘清村民来历的作用。《凤凰村志》以家庭记述为本位,让每一个家庭及成员都能青史留名,这有部分替代家谱的作用,是家谱创造性转化观点的重要实践。当然村志还不能全部取代家谱,家谱还是可以编的。

《凤凰村志》还有一些颇有特色的地方,如图照特别丰富,达到1700多幅,紧密配合志文,有图文并茂的效果。一部村志上如此丰富多彩的图照,在村志中极为少见。另有村干部名录、荣获杭州市萧山区(市、县)级以上表彰名录、硕士生名录、本科生名录、参加中国人民解放军名录、村民代表(股东)名录、村民小组长名录、2016年

---

① 易介南、任国瑞:《论从家族修谱到社区、行政村修志的现代转换》,《中国地方志》2018年第1期。

凤凰村党委各支部党员名录等，这是从乡村实际出发考虑入表"级别"的，是实事求是之举。扉页中《凤凰村历史沿革》，让读者对该村的历史与建置变化一目了然，纵向加深历史认知。《凤凰村当代荣誉》，纠正了一些县区志将获得荣誉当作该地名片的写法，让村民为自己的家乡感到自豪，从而增强建设家乡的信心。《凤凰村志》创新和有特色之处颇多，不一一详析。

《凤凰村志》之所以编写质量高，有许多创新，要在得人。莫艳梅女士是中共杭州市萧山区委党史和地方志编纂研究室副研究员，浙江省地方志专家，中国地方志专家库专家，2014年被评选为首届浙江省"最美方志人"。莫女士既有编纂4部市县志的丰富实践经验，又有在省级以上刊物上发表百多篇论文、撰写《莫艳梅方志文集》《莫艳梅方志探论》等5部专著，应邀参加中国地方志学术会议10次的理论造诣。她熟悉借鉴各地修志特别是萧山修志的一些创新方法，将之运用在《凤凰村志》的编写与总纂中。这是《凤凰村志》成为精品佳志的关键因素。当然，凤凰村党委、村委的领导，村民的配合，萧山区委史志编研室的大力支持，也是非常重要的。前期两位副主编也做了大量的工作。由此可总结出这样一条经验，由于村庄缺乏修志的专门人才，请上级史志部门指导或直接请修志专家参与甚至主持编纂，是非常必要的。

思想新、内容新和形式新
——谈杭州市萧山区《凤凰村志》三亮点

韩章训[*]

摘　要：杭州市《凤凰村志》图文并茂，全面反映了凤凰村从自然到社会、从历史到现状的发展变化，生动展示了新时代浙江新农村的新气象。该志编纂的三大亮点：一是思想新，体现了村志较强的人民性或村民性；二是内容新，全志记载如此全面、系统和深刻，为笔者此前所未见；三是形式新，具有较强的可读性和使用的方便性。

关键词：《凤凰村志》　亮点

萧山区委党史和地方志编纂研究室副研究员莫艳梅主编的《凤凰村志》已由中国社会科学出版社于2019年6月出版。全书有231万字，分上、下两册，全彩印刷，装帧精美。此志率先做到纸质版、光盘版和手机微信"扫一扫"版"掌上村志"同步发行。在上、下册扉页右下方皆印有二维码，只要用手机微信"扫一扫"即可阅读和检索。

---

[*] 韩章训，浙江省衢州市地方志办公室原主任、研究员。

该志图文并茂,全面反映了凤凰村从自然到社会、从历史到现状的发展变化,生动展示了新时代浙江新农村的新气象。该志卷首"编纂说明"首款曰:本志编纂"继承和发扬修志优秀传统,注重志书内容和形式的创新。"由此可见,"注重志书内容和形式的创新"即为该志编纂的基本学术追求。此志内容包罗万象,涉及自然到社会、从历史到现状的方方面面,真可谓凤凰村之百科全书。笔者近时有幸拜读,认为它具有思想新、内容新和形式新三亮点。

一 思想新

进入21世纪以来,习近平主席继承和发展了马克思主义关于文化的建设思想,创造性地提出了"以人民为中心"的文化建设新理念。2014年10月15日,习近平主席指出:文艺工作者"只有牢固树立马克思主义文艺观,真正做到了以人民为中心,文艺才能发挥出最大正能量。以人民为中心,就是要把满足人民精神文化需求作为和文艺工作的出发点和落脚点"。① 2016年5月17日,习近平主席又指出:"我国哲学社会科学要有所作为,就必须坚持以人民为中心的研究导向。"② 习近平主席关于"以人民为中心"的重要指示,同样适用于修志事业。《凤凰村志》作者正是秉承"以人民为中心"的新理念,故

---

① 习近平:《在文艺工作座谈会上的讲话》,《十八大以来重要文献选编》(中),中央文献出版社2016年版。
② 习近平:《在哲学社会科学工作座谈会上的讲话》(单行本),人民出版社2016年版,第12—13页。

决心编纂出一部具有较强人民性或村民性的新村志。主编莫艳梅在该志"后记"中自谓"姓氏"编曰："我认为这是民情、民意、民愿的较好体现。"自谓"村民访谈"编曰：此编为"老百姓口述历史，记录乡音、乡俗、乡情、乡愁，是鲜活而生动的第一手资料。"自谓"凤凰村民未来期待调查"编曰："富裕起来的村民在想什么？该调研报告反映了民之所想、民之所盼，可供资政参考。"这些话语在不同角度上反映了该志作者在编纂思想上的创新追求。

《凤凰村志》第二编"姓氏"之编纂，匠心独运，最具新意。此篇化用传统谱牒体例，依次设置"凤凰村姓氏""凤凰片姓氏""交通片姓氏""卫家片姓氏"4章。该志卷首"编纂说明"曰："村内没有姓氏宗谱，撰写'姓氏''户主与家庭成员'时，特地开展了村内姓氏源流普查、户主身世及家庭成员普查，让村民寻根问祖、厘清自己的来历，增强实实在在的根源感、存在感和归属感。"其中"让村民寻根问祖、厘清自己的来历，增强实实在在的根源感、存在感和归属感"这句话，不仅清楚地说明了此编编撰宗旨，而且是该志作者自觉坚持"以人民为中心"这一新理念的具体表现。该编文首概述此编编纂过程和基本内容曰："2017年上半年，在编纂《凤凰村志》期间，对凤凰村（凤凰片、交通片、卫家片）人口进行姓氏调查。调查显示，2016年底，凤凰村有姓氏112个，其中周氏216人、傅氏207人、卫氏206人、陈氏135人、曹氏134人、王氏119人、张氏112人，分别占全村户籍人口2192人（不含户口挂靠凤凰村的非凤凰村民12人）的9.85%、9.44%、9.40%、6.16%、6.11%、5.43%、5.11%，合计占全村户籍人口的51.51%。2018年上半年，在一户一个基本情况表（下限断至2016年12月）基础上，配以一户一幅全家照（由春蕾照相馆上门拍摄），一户写一句最想说的话，录入村中。"此编如此谋划真可谓独辟蹊径和别出心裁。故复旦大学巴兆祥教授称誉此编曰："凤凰村历史上未见有家谱，这次首编村志，特地开展村内姓氏源流普查、户主身世及家庭成员普查，并在一户一个基本情况表的基础上，配以一户一张全家照，每户写一句最想说的话，录入村志中。这是个不错的创意，体现了村志的'村民性'，使村民产生实实在在的根源感、存在感和归属感，无论人走多远，离开多久，也不会忘记自己来自哪里，乡情、乡愁和乡思也留在了那里。同时，这也为观察民情、民意、民愿提供了一个窗口。"①

二 内容新

《凤凰村志》全书设18编76章240余节500多条目，且记载颇深，具有较强资料性和实用性。卷首设"序""凡例""编纂说明""总述""大事记""大事纪略"，卷中分志依次为"村庄""姓氏""人物""村民访谈""凤凰村民未来期待调查""衙前农民运动""村政""村区建设""农业""工业 建筑业""商业 服务业""村级经济 收益分配""村民生活""教育 卫生""文化体育""艺文""风俗""文献"。卷末设"索引""参考文献""后记"。全志记载如此全面、系统和深刻，为笔者此前所未见。

---

① 巴兆祥：《凤凰村志·序》，《凤凰村志》卷首，中国社会科学出版社2019年版。

该志为创修之作，所用材料多为作者通过各种调查和采访所得。例如，该志第十三编"村民生活"第三章"村民消费"第一节"住宅"，在简要引语之后就依次设有"第一代住宅""第二代住宅""第三代住宅""第四代住宅""第五代住宅""第六代住宅"6目。其引语曰："萧山解放前，凤凰地区境内农户住宅多为简易瓦房。简易瓦房一般为穿梁砖木结构，以平房为主，用料经济，结构牢固，也有少量的草房和二层楼房。到20世纪70年代，仍以老房为主，即使孩子结婚，也只是稍加布置，或粉刷墙壁，或粘贴花纸，权作新房。80年代后，随着村庄规划的逐步实施，环境的不断改善，村民经济收入的不断增加，农户开始新建住宅，从而住宅结构、外墙和内部装修到家庭使用的日常用品、家用电器等不断更新。20世纪50年代至2016年，凤凰村农户经历了六代住宅的变迁。"此后则分别对每代住宅的流行时间、结构特点、建筑面积以及装修、造价等情况进行概述，且每代住宅皆配有相应的住宅实体黑白或彩色照片，这样就具体反映出村民住宅演变和折射出村民生活日益提高。又如该志第十四编"教育 卫生"第一章"教育"第六节"奖学金制度"，载曰：自1986年时，凡"考上重点高中"每人"奖励500元"，凡"考上大学"每人"奖励1000元"。2014年，增加了奖金，凡"考上重点高中"每人"奖励1000元"，凡"考上重点大学"每人"奖励1500元"。"1986—2016年，凤凰村共表彰优秀学生336名，发放奖学金26.9万元。""2017年7月，《衙前镇凤凰村村规民约》第7次修订，规定考上重点高中规定分数线，每人奖励奖学金1000元，考上重点大学规定分数线，每人奖励奖学金2000元。"据本节末《2006—2017年凤凰村表彰优秀学生情况》表格统计，2006—2017年，凤凰村考上重点大学者，计有79人，其中

2006年有5人，2007年有2人，2008年有4人，2009年有6人，2010年有9人，2011年有11人，2012年有9人，2013年有6人，2014年有8人，2015年有8人，2016年有5人，2017年有6人。这样就把该村重视教育和注意培养人才的好风尚具体展示了出来。

三　形式新

《凤凰村志》不仅内容翔实，而且形式多样、活泼，具有甚强可读性和很大使用方便性。主要表现有如下三方面。

（一）出版体式有所创新

自20世纪90年代末始，就不断有纸质版与光盘版同时面世的年鉴。如1999年《中国财政年鉴》、1999年《中国金融年鉴》等。至20世纪末，随着新一轮修志成果的陆续面世，纸质版与光盘版同时发行的志书才开始出现。如山西春秋电子音像出版社2005年版《洪洞县志》、云南人民出版社2006年版《云县志》等。自21世纪初始，虽然也有一些修志单位在所编志书出版后，再把志书制成光盘，且放到互联网上，但由于种种原因，读者使用还不甚方便。自上一轮修志开展以来，广大修志同人都在努力创新，但能真正找到很好的创新切入点，且最终赢得创新成功的并不多见。《凤凰村志》作者则能根据国人普遍使用手机微信这一众所周知的社会现象，且把它作为志书形式创新的切入点，最终把《凤凰村志》打造成纸质、光盘、网络（微信）三版并行的新产品，这无疑是一种难能可贵的新创造。这种创新的社会意义主要有二：一是它让修志工作跟上了现代科技发展的新步伐，使修志真正进入了产品多元化的新阶段；二是它把"修志为用"宗旨落到了实处，并给用志者以极大方便。

（二）表达体式有所创新

《凤凰村志》不仅出版体式新，而且表达体式新。一般志书皆以文字为主，而该志为适应村民需要，在表达体式上则以图照和统计图表为主。按版面统计，该志有篇幅231万字，但其中纯文字部分仅有115万字，即该书纯文字部分约占全书总篇幅的一半；其中插图有1700多幅，统计图表有778个。从该志要素构成上看，可作这样表述：全书由文字、图照、统计图表三条线索组成，其中以文字表述为主线，而图照、统计图表运用则是与文字互相发明的两条副线。该志在文字、图照、统计图表运用上不拘一格。只根据表达主题的需要，或以文字为主，或以图照为主，或以统计图表为主。如该志第十四编"教育　卫生"第三章"卫生"，下设"医疗卫生""妇幼保健""爱国卫生"3节。全章以文字说明为主，概况和各节只是酌情配置一些彩照。概况部分配一幅，即《凤凰卫生服务站》门面彩照。第一节配两幅，即《2014年7月衙前卫生院为凤凰村60岁以上老人免费体检》彩照和《2012年6月29日凤凰村民无偿献血》彩照。第二节没有配置图照。第三节配一幅，即《公共厕所》门面彩照。或以统计图表为主，辅以必要的文字或图照。又如该志第一编"村庄"第三章"人口"，下设"人口数量""人口变动""人口结构"3节。其中文字说明部分略小于总篇幅的一半，其余一半多篇幅皆为统计图表。该志如此大量使用统计图表，实际上也是其作者有意把计量史学方法移用到修志领域的一种新尝试。在该志中，还有一点很值得称道，那就是志中凡旧图照一般注明具体出处，凡新照片一般注明事件发生时间、地点及拍摄者姓名或提供单位。这样就使得每一图照皆具史料价值。

（三）体裁运用有所创新

该志在体裁运用上也有所创新，具体表现有三：其一，卷首既设"凡例"又借鉴年鉴体例设"编纂说明"，使两者互相发明，从而深化了对本志为何修、修什么和怎么修诸问题的探究；其二，卷首既设置编年体"大事记"，又设置纪事本末体"大事纪略"，这样就在点面结合上深化了对大事的记述；其三，在其分志中，不仅运用了那些常见体裁，而且采用了对话体（如第四编"村民访谈"）和调查报告体（如第五编"凤凰村民未来期待调查"）。

由上所述可知，思想新、内容新和形式新，此即《凤凰村志》的三个突出亮点。但从志体把握角度看，也存有一个值得商榷的问题。浙江人民出版社2013年版《萧山市志》作者率先把社会科学中的社会调查和口述史学方法移用到修志领域，创设了"社会课题调查""口述历史"两编，未把此两编纳入分志系列，而让它们各自成册独立印行。《凤凰村志》亦仿《萧山市志》设"村民访谈""凤凰村民未来期待调查"两编，却把此两编纳入分志系列，建议还是单独成册印行更佳。

新时代呼唤方志"高峰佳作"
——论杭州市萧山区《凤凰村志》在新方志中的样本意义

李祥红[*]

摘　要： 新时代呼唤方志"高峰佳作"。莫艳梅主编·总纂、中国社会科学出版社出版的《凤凰村志》就是"高峰佳作"标志之一，在新方志中具有样本意义。它从内容与形式的相辅相成来紧扣时代精神，鲜明地表现出强烈的时代意义；它突出新方志的理论与实践的探索创新，彰显了方志编纂新实践的理论意义；它强化创新性与实用性的有机统一，表现出多重价值的现实意义。

关键词： 地方志　新时代　样本意义　《凤凰村志》

习近平总书记2014年10月15日《在文艺工作座谈会上的讲话》指出："在文艺创作方面，也存在着有数量缺质量、有'高原'缺'高峰'的现象，存在着抄袭模仿、千篇一律的问题，存在着机械化生产、快餐式消费的问题。"从当前全国方志编纂工作来看，也同样存在着有"高原"

---

[*] 李祥红，湖南省永州市委党史研究室（永州市地方志编纂室）主任，高级工程师，中国作家协会会员。

缺"高峰"的现象。新时代同样呼唤着方志的精品力作、"高峰之作"。

最近,由莫艳梅女士担任主编和总纂、中国社会科学出版社出版的《凤凰村志》,就是当前全国编纂出版的方志"高峰佳作"标志之一,样本之一。全书分上、下两册,皇皇230多万字。甫一出版,就在业界内外引起巨大反响,中央广播电视台专访、中宣部"学习强国"学习平台专章向全国推荐。复旦大学历史系教授、博士生导师、中国地方志学会学术委员会委员巴兆祥先生称赞:"凤凰村不同凡响,《凤凰村志》全方位记载村域自然、政治、经济、文化、社会的历史和现状,亮点纷呈""为地方志书的体例创新做了有益的尝试"①。

一 从内容与形式的相辅相成来紧扣时代精神,鲜明地表现出志书强烈的时代意义

"每个时代都有每个时代的精神。"这个时代精神,成为这个时代著书立说的灵魂。没有这个灵魂和精神的立言、立说,都是不为时人所称道、不为后人所尊崇的,也不可能作为主流之言而脉传于世的。自古有言:盛世修志。换言之,修志应盛世呼唤而起,修志记盛世之神之貌。我们正处于"追梦时代",而"实现中国梦必须走中国道路、弘扬中国精神、凝聚中国力量。"方志的编纂要为弘扬中国精神、凝聚中国力量作出自己的贡献。《凤凰村志》就成功地顺应了新时代的要求。

《凤凰村志》从方志的具有时代特征的核心价值尺度,去衡量和取舍

---

① 巴兆祥:《凤凰村志》"序",中国社会科学出版社2019年版。

入志内容。志是史的横切面资料体现。而对于横切面资料的认识和判断,又离不开纵向历史的反思和分析,否则,入志资料就会主次不分,该入志的舍弃了,而入志的内容却不能代表时代的本质精神。这种志书在历史长河中就"立"不起来,更谈不上有何"高度"。从旧方志和新方志概念的时段划分,《凤凰村志》是新方志。那么,它所入志的内容,大致上已经由旧方志、新方志这个概念的划分而决定了。从这个划分出发,《凤凰村志》所选取的入志资料内容,无疑是以中华人民共和国成立以来的资料为主体的。它在体现这个主体内容的时代性上,坚持以马克思主义的唯物史观和联系的观点、历史的观点,作为编纂的指导思想、价值观和方法论,而且以对整个国家的国情观察和思考,作为志书内容取舍的宏观照应和历史视野。这是这本志书能够成功的决定性原因所在。

中华人民共和国成立以后,我国进入了社会主义革命、社会主义建设和改革开放等不同的发展时期。《凤凰村志》的入志内容就要正确地体现这些发展时期的特征特点。换句话,《凤凰村志》要编成一本什么样的"志书"?还可以再概括地说,就是中华人民共和国成立以来前30年和后30年的历史资料反思和判断问题。我国社会主义建设进入新时代后,一些人的反思和判断在社会上泛起了种种不同的声音。但是,这些杂音没有影响《凤凰村志》的编纂者对新方志所应有的"立言立书"的主旨判断。《凤凰村志》的主编·总纂莫艳梅女士对我说过:志书虽然是记而不述,志而不议,但记什么不记什么,作为主编、总纂是有自己的主见的。这个主见就是来自对历史的正确回望。这个回望的高度则是来自时代主流的本质的声音。习近平总书记明确指出,我们党领导人民进行社会主义建设,有改革开放前和改革开放后两个历史时期,这是两个相互联系又有重大区别的时期,但本质上都是我们党领导人民进行社会主义建设的实践探索。正是有了这个思想的指导，《凤凰村志》整个入志内容脉络，就体现了中华人民共和国成立以来的主流与本质，让人研读《凤凰村志》，就感受到了这是一本将改革开放前后对社会主义建设道路的探索及其伟大成就贯通起来的好志书。

《凤凰村志》立足于内容决定形式的正确思路，以对形式、体例等方面探索创新的底气和勇气，在按照方志编纂的质量规定和惯例，以及公认度的情况下，对这本志书的体系体例建构进行创新。在全书18编专志中，特设"衙前农民运动"编，突出反映在全国有重要影响的史事、人物。考虑到村里没有编修过姓氏宗谱，撰写"姓氏"以及"户主家世"时，特地开展了村内姓氏源流普查，普查成果收录志中；对于口述历史也将它从过去仅仅是方志的"附录"，提升为独立的"编"。同时，还开展了"凤凰村民未来期待调查"，把调查报告单独设编，作为第一层次，与其他编并列。这些入志成编的新形式，满足了入志内容的时代性要求，体现了新时代下新方志的现代精神，特别是口述历史入志、单独成编的形式，凸显志书新时代精神的效果最为明显。它不仅记述了作为改革开放以来萧山区发展最快也最富裕的村子全貌，更重要的是注重了人（村民）的思想、精神状态和对未来愿景的记录。在口述记录过程中，引导村民讲真话、讲实话，讲最经典的一句话，启发了村民的思考和自我教育。这就体现了这种新形式反过来促进了志书内容的记述深度，使志书在编纂过程中就开始发挥育人的功能。莫艳梅女士对此感触最深，她在体会文章里写道："有几名企业家接受我们访谈时，对我们口述历史活动十分赞同。他们说自己吃过很多苦，受过很多罪，办厂起家创业很不容易，而现在的小孩子生活在蜜水里，有时候跟孩子忆苦思甜，孩子还不相信，以为是编故事呢。通过口述历史，也让孩子们知道他们的创业艰辛,这不是讲故事,是真实的经历,这种艰辛奋斗的经历以及拼搏精神,要传扬下去。""传统的历史记录,大多把焦点投在少数的精英人士身上,普通人只是作为大数据统计集体出现。凤凰村志口述历史把焦点对准普通村民、记录他们的奋斗史、命运史,生活的变迁和喜怒哀乐。以小见大,展现时代的震荡和风云变幻。"①

这些创新立章成编的新形式(体例),也把住了入志资料的质量关。比如,在"凤凰村民未来期待调查"中,就从调查访谈对象要有代表性,到调查内容要有全面性、本质性和主流性等要求,去考虑、设计调查访谈工作方案,确定入志资料的质量标准。莫艳梅女士介绍,整个调查访谈的开展,都是从全面反映社会思想状况的要求来精心设计的,包括访谈对象、访谈题目、访谈类型等,都有多方面的考虑。《凤凰村志》的编纂过程正处于时代变型期,村民的思想也随着时代前进而剧烈变化,抓住这一关口记录村民思想历程,更能保留村民思想观点定型过程中的原汁原味的精神,在志书里留下一个真实的中国新时代农村社会思想状态和精神面貌。

二 突出新方志的理论与实践的探索创新,孕育并升华了志书编纂实践的理论意义

《凤凰村志》的编纂出版,为我们展示了新时代方志工作在理论与

---

① 莫艳梅:《想要的说出来——〈凤凰村志〉口述历史实践探索》,《莫艳梅方志探论》,方志出版社2018年版,第86—87页。

实践上的探索创新样本，具有引人入胜的方志学意义。随着20世纪80年代修志工作热潮的蓬勃兴起，方志编纂的理论总结和研究取得新成就。以来新夏主编的《方志学概论》为代表的一大批基础性理论研究成果，为方志学的学科建立了厚实基础。而《凤凰村志》在方志学的理论与实践的探索上无疑又作出了新的贡献。

志书在方志本质的认识上丰富了内涵，强化了对方志本质认识的确定性。方志学是中国的特产。但对于方志的本质的概括和确定，是经历着波浪式环复式前进的历程的。甚至在一些时期也是争论不清，导入误区的。方志学告诉我们：方志或称地方志，是记载一定地区（或行政区划）自然和社会各个方面的历史与现状的综合性著述。① 那么，方志的本质是什么？对于这个课题的认识和研究，源远流长，通过不断争论争鸣，而趋于集中统一。《凤凰村志》的成功实践，再一次为此作出诠释和确定性的证明。方志的本质在于它的生命价值。因为没有价值的志书，就是一本没有生命的书。所以它紧紧抓住了"时事入志存史"这一志书的核心价值任务，发扬光大了"谨记时事、事实"这一方法传统，比如：通过人（村民）的口述历史记录，直面社会现实，以更广阔的视野，去丰富具有时代特征的入志资料，记录表现社会心理状态，让志书从扩展传统方志的"志体"和内容去接近方志的本质原义。

随着大数据时代到来，轰炸式的信息化渗透到了社会各领域，网络化资料的查阅、引用已成为人们学习工作的习惯，因而以史料性为

---

① 王春瑜、李明、杨向东：《新地方史志学简编》，四川省社会科学院出版社1986年版。

主要价值的纸质方志,其作用和意义受到了严峻的挑战。换言之,志书只有从"象牙塔"走入人民大众,它才体现出生命力,体现出价值意义。《凤凰村志》主编·总纂莫艳梅女士对此已有深刻而又清醒认识。她写道:"村志记什么,如何记?仁者见仁,智者见智。要增强志书的地方性、时代性、资料性、可读性,这是共识。"① 她还认为,对于修方志要将传统的"官书"重新定位为"官书民本"。以区别于传统的"官书、官修、官用",新志应该将官修与民众参与历史创作相结合,以人类学、历史学、社会学和相关学科的理念作为参照,贴近时代、贴近群众、贴近生活,提高志书的原创性、独特性与可读性,增添平民色彩,吸引更大范围的读者群,为广大读者服务。② 她是这样想的也是这样做的。所以,古老的"方志"因为回归到人民群众中而焕发出勃勃生机。

《凤凰村志》对新时代方志编纂规律作出了有效的探索。它的编纂实践批判地继承了传统的史志理论,以马克思主义的认识论方法论和扬弃理念,去吸收采纳实践古、旧方志理论各流派的观点。比如,借鉴了唐宋以前史志不分家的原始理论;比较而又辩证地认识吸纳以戴震(1723—1777)为首的地理派(考据学派)、以章学诚(1738—1801)为首的历史派以及地方官绅派③的有益经验和理论总结。因而《凤凰村志》的编纂,体现了考据学派严谨求是的良好学风(比如,

---

① 莫艳梅:《富裕起来的村民在想什么——〈凤凰村志〉社会课题调查实践探》,《莫艳梅方志探论》,方志出版社2018年版,第89页。
② 沈迪云、莫艳梅:《摒除修志发展的思想障碍与制度瓶颈》,《莫艳梅方志探论》,方志出版社2018年版,第53页。
③ 王春瑜、李明、杨向东:《新地方史志学简编》,四川省社会科学院出版社1986年版。

对村民每一姓氏的源流考），体现了章学诚方志理论精义，也厘清了过去"志与史""证与述"等等方面理论与实践的误区。循着找出志书宏观性差、整体性差原因的思路，重塑符合现在的、将来的理论框架和内容范畴。具体在研究和探索适于当今时代的体例、惯例和规范上创新突破。根据时代要求和村志这一特殊志书实际，关注了那些无形的精神财富及口述思想史料，关注了那些别人没有而我独有的基础资料。体例上，不局限于八种体裁，不过分强调史志之别，不强求一律的横排和上下限"一刀切"。内容上，从"官书民修民用"这个村志的价值观出发，突破传统的入志资料的认识和范围局限。比如，突破过去入志只有精英式口述资料，立足服务村民这个庞大群体基础，大规模地有序开展村民历史、现状和思想、心理情况调查，以翔实的口述历史、存在式实事和思想状况资料入志，凸显了志书的原创性、独特性，凸显了入志资料的第一手价值。《凤凰村志》采取"群众口述、专家记录、全民参与"的撰写方式，这是在别的方志里没有见到过的，而书中"村民访谈"编共30多万字，创大规模口述史记入村志之最，赢得了业内的一片赞誉。这就为后来的村志编纂探出了一条增强方志生命力和价值的新路。

《凤凰村志》为新时代方志理论研究提供了新鲜经验。全国第二轮修志工作与第一轮相比，无论是在实际工作上，还是在方志理论研究上，都呈现出了新时代的新气象。《凤凰村志》的标本意义，同样体现在推进方志的学术研究上，为促进方志理论研究，及理论对实践的指导和结合作出了贡献。它增加了方志理论的思想高度，丰富了方志理论内涵；贴近现实，激发人文关怀。来新夏教授对莫艳梅女士的方志研究给予高度评价。这个评价意义同样是赋予《凤凰村志》的。因为

《凤凰村志》的编纂只是莫艳梅女士主编、总纂的著作之一。是继她与萧山区史志办的同人编纂《萧山市志》后的又一佳作，编纂的思想脉络是一脉相承的。她和她的同人认为，史志编纂规则的规定性是有历史公认的惯性的，这种规定性，自宋朝以来已成定型；而在新中国的第一轮及第二轮修志工作中，国家也集中采纳了全国普遍性意义的经验，特别是体例等方面的共识，形成了刚性规定。因此，在第二轮修志过程中，如何解放思想，适应新时代的史志编纂工作要求，不仅需要不断总结思考和善于掌握规律性，直透新时代方志的本质，而且需要敢于和善于有所突破、有所见地的勇气。从莫艳梅的一些文章里了解到：莫艳梅的学术研究和编纂实践的创新勇气是与工作环境和同人尤其是所在单位的主要领导支持分不开的。她与沈云迪（萧山区史志办主任）合作的文章《网络时代志书功能的重新定位》中写道："方志的官修与民众参与相结合，借鉴历史学、社会学等其他学科的理念及编纂方法，大胆创新志书体例，说起来容易，做起来难。一方面，有《地方志书质量规定》以及一些不成文规定，创新起来有风险、有压力；另一方面，如何突破常规去创新，是需要勇气、需要智慧的。"① 对于他们在体例、篇目设计、入志内容等等方面的创新，浙江省志办主任魏桥为此赞扬说："作了可贵的尝试。"② 而萧山区史志办主任、《萧山市志》执行主编沈迪云坦然地说："即使失败了也是一

---

① 沈迪云、莫艳梅：《网络时代志书功能的重新定位》，原载《湖南地方志》2012年第5期，录入《莫艳梅方志文集》，上海远东出版社2013年版，第50页。
② 魏桥：《萧山市志》序，浙江人民出版社2010年版。

种成功，因为它可以留给后人有益的探究。"① 正是这种学术研究上的探索，因而《凤凰村志》在学术理论与实践创新上就让人耳目一新，既不感到与方志传统和方志质量规定性的脱节，又在方志规则上有所创新，有所获益。

这是因为，《凤凰村志》已经成功地在学术理论践行上获得业内人们的共识赞赏。概括地说，至少有三个方面。

第一个方面是突出了人的思想的记述。人物是志书的灵魂。清代方志学家章学诚曾指出"邑志尤重人物"，② 把人物志看成"志中之志""书中之髓"。但在过去的旧方志中，能入志的仅仅是杰出人物、精英及其言行，而《凤凰村志》是用很大篇幅写村民，尤其是口述资料，大胆录用平民思想入志，更能反映新时代的社会心理和社会思潮。

第二个方面是紧紧抓住了资料性这个志书核心竞争力。因为一个村的人文、历史和地理局限，相对于一个县一个市乃至一个省来说，村志资料来源太有限。它极少有馆藏或进入历史方志资料库的，因此，从文献中找资料入志太少，从碑刻、木刻等实物性找更不多。而仅仅是一个村的地理、人文等方面简单的数据及有限的几个人物入志的话，这本村志几乎是无人读的"废书"。而且，在村志编纂工作全面铺开时，也极容易成为"各村一样，千村一律"。入志资料无差别，村志同样是本"废书"。《凤凰村志》的入志资料就非常独特而又丰富。比如，创造性地通过口述调查，把所有村民的宗亲渊源，具有代表性的

---

① 转引自莫艳梅《创新精神、奉献精神、治学精神、团队精神——萧山方志人的品牌》，《莫艳梅方志文集》，上海远东出版社2013年版，第531页。

② 章学诚：《修志十议》，《文史通义》卷八。

部分家庭的兴衰史及思想历程愿望等资料入志，就大大地丰富了村志的资料性，而且是第一手资料，这就使这部村志为全体村民所喜爱（有的家庭会当作世代相传的传家宝），也会因为这部村志的资料独特性，而被社会学家、历史学家、人类学家所引用、研究，其价值会"走"出村外、市外、省外，成为认识和剖析一个时期中国农村的经典。

第三个方面是在方志学的理论与实践的创新上具有学术意义。主要体现在志书的编目、资料、内容上。《凤凰村志》符合方志质量规定的体例要求，但又放大注释的地位，从无注到少注以及到页注，让人阅之感到"持之有据"；在编目上，具有鲜明的时代特色，比如人的思想道德从小节上升为章节，表现了新时代的精神文明风貌；把村民的愿望编辑独立成章，最直接地表现了新时代中国农民富起来走向强起来、笑起来的心路历程，具有强烈的时代意义。等等。这些都没有突破规则上的质量框架，又升华了规则的内涵意义，其方志学的意义值得人们进一步研究探讨。

三 强化创新性与实用性的有机统一，表现出志书多重价值的现实意义

《凤凰村志》在追求方志的传统初衷价值，传承方志"存史、资政、育人"的核心意义方面，展示了深厚的实力，而更令人敬佩的是在探索和体现新时代特征的多重价值方面作出了贡献。

《凤凰村志》是一部有文化灵魂的方志。这个灵魂就是从时代高

度、历史深度的方位，发掘的传统文化与新时代特征有机结合的价值；志书从方志编纂的目的意义和表现形式的再认识再探索，体现了新时代方志编纂规律的价值观和方法论。其重大意义的核心在于对方志生命的再认识。存史是方志的根本。因此，做好做精方志的史料工作是方志生命意义的基础所在。但是，在一部村志上体现方志史料性价值，无疑是一项高难度而又令人无限探求的工作，因为在浩繁的志书里，即使一些省志市志县志的史料性的质量水平，都难以获得当时的社会普遍认可和历史的检验，更何况村志。而研读《凤凰村志》后，我们认为它做到了这一点。这就是它的史料性，不仅站在历史和时代的高度，以时事入志，以时人所思所想所为入志，而且因为入志资料的独特性，体现了它的入志史料具有21世纪中国农村情况第一手资料的典型意义。换句话而言，在研究中国21世纪中国农村农民的情况，《凤凰村志》都具有第一手资料引用价值。它不仅是时代的一面镜子、一张相片；而且是这个时代中国农村农民生活生产及政治、文化、历史等各领域的"矿藏报告""百科全书"。

　　《凤凰村志》的凤凰村本身在中国农村的历史性和时代性就具有典型意义，这就为《凤凰村志》的入志资料的独特性打下了基础。凤凰村所在的衙前镇是杭州市萧山区很特别的一个地方，那里的衙前农民运动开创了中共历史上第一次党领导的农民运动、第一个农民协会、第一个农民革命性纲领文件。现在的凤凰村是衙前镇最大的村子，也是改革开放以来萧山发展最快也最富裕的一个村子。莫艳梅近水楼台先得月，担任《凤凰村志》的主编和总纂，且不说她花去了多少心血，至少，在乡村振兴的时代大背景下，她抓取这样一个在苏浙沪一带极具代表性的村子作为自己方志学体系建构的一个标本，彰显了她作为一个方志人的高瞻远瞩。她在《凤凰村志》中采取的"群众口述、专家记录、全民参与"的撰写方式，更是赢得业内的一致赞誉。其中，"凤凰村民未来期待调查"编，别有新意。而"村民访谈"编共 30 多万字，创大规模口述史入村志之最。① 由此可见，《凤凰村志》的史料性，在历史典型意义和时代精神意义及方志编纂规律方面的探索，闯出了一条新路。

《凤凰村志》是一部在提高方志的影响力和传播力上有所创新的方志。文化是人类在社会历史发展进程中所创造的物质财富和精神财富的总和，它是一个地区、一个民族的历史沉淀，经过一代又一代的承袭和完善，逐渐构成民族文化的特质和历史文化的内涵。地方志是记述区域历史和现状的文化载体，是中华民族源远流长的优秀文化，至今已有两千多年的发展历史。② 但是，在新时代，人们获取信息的主要渠道早已不是过去的馆藏档案、资料，而是网络搜索。现在是全民搜索的时代，是人们"快餐式、碎片化"随时随机地阅读方式。那么，方志如何进入人们的阅读机会，为人们所易于利用，所满足运用，就成为方志事业的新课题。

《凤凰村志》在编纂的思想性、资料性和数据化，创出新路，有效地放大了志书的功能功效。在提高人们利用方志吸引力上，它十分注重千方百计提高入志资料中第一手资料比例。因为，这些鲜活的、生动的独一无二的第一手资料，是历史细节、深度的真实反映，是方志

---

① 叶梓：《莫艳梅：一个方志人的星辰与大海》，《萧山日报》2019 年 8 月 24 日第 4 版。
② 李富强：《弘扬方志文化，加强内容论述——在 2011 年新方志论坛上的讲话》，《中国地方志》2012 年第 1 期。

的资料性、学术性、实用性、可读性的价值所在。它可以让人们想查阅资料时第一时间就想到了查阅志书。《凤凰村志》的主编莫艳梅在这些方面深深体会到："文献的第一手资料比例越大，它的价值就越高。"① 因而她在《凤凰村志》编纂中作了有效尝试。在提高传播力上，《凤凰村志》上还印有二维码，成为全国首部与纸质书同步发行的"掌上村志"，不仅让凤凰村的传奇故事插上了数字化的"翅膀"，更让方志这一有着古老传统的事业在新时代里有了新的传播方式与力量。中国社会科学院当代中国研究所社会史研究室主任、博士生导师李文对此高度赞扬："掌上《凤凰村志》，引领了数字村志的方向，它让又厚又重的村志，变薄了、变短了，也变时尚了，走出了数字乡村别样精彩之路。"②

《凤凰村志》为新时代方志工作书写新篇章，开了个好头。它无论是在体例体系建构上，还是内容拓宽，理念的创新，都创造了一个业界认可的榜样。当前，全国的村志编纂工作方兴未艾，提高村志质量水平，成为题中之义和当务之急。在评论《凤凰村志》及其编纂工作的过程中，我们深深地感到：方志业内对于新时代方志编纂的规范性与创新性的辩证统一，要来一次再思考再认识；对于新时代村志编纂应具备的新视野新要求，也要来一次再思考再认识，《凤凰村志》在这方面已带了个好头，至少在操作层面上给予了我们以下启示。

——要进一步加强村志编纂与研究的引导。《凤凰村志》的成功，

---

① 沈迪云、莫艳梅：《网络时代志书功能的重新定位》，原载《湖南地方志》2012年第5期，录入《莫艳梅方志文集》，上海远东出版社2013年版，第51页。
② 龚洁：《杭州萧山凤凰村：一志一馆"凤凰"故事写进历史》，中共中央宣传部"学习强国"学习平台，2019年8月20日。

是新时代新村志成功案例之一，也为国家或省级出台村志编纂导则，提供了范本条款的实践经验，业界对此应予以高度重视，尽早研究，早出成果，并及时上升为政府决策。

——要进一步加强村志编纂工作的组织领导。从20世纪80年代至今的修志，历时30余年，全国上下十万修志大军（来新夏语），人才辈出，成书无数，特别是2015年9月《国务院办公厅关于印发全国地方志事业发展规划纲要（2015—2020年）的通知》文件颁布，地方志事业进入了平稳、有序、健康发展的新时代。但是，对于村志编纂工作的组织和规划，仍是一个短板和不足。在人才、资金和质量把关上还需有序、有效、有力的组织领导，以尽快改变当前类似于自生自理自治的状况，再创我国方志编纂出版新辉煌。

——进一步加强村志编纂的学术研究。事业的成功，总是离不开正确理论指导的。当前，村志编纂工作正处于"三个不齐"（队伍不齐、规范不齐、价值取向不齐）状态，业界内一些理论和实践的认识还有"灰色地带"和争论区段，亟须从价值核心、评价视野、理论定位和实践规范等方位，开展学术研究和经验总结，以便为统一业界的实践与认识，提供思想基础和理论基础，促使业界的理论与实践，取得合目的性与合规律性的辩证统一效果。

一部坚守人民立场的"接地气"的村志
——论杭州市萧山区《凤凰村志》的人民性

赵燕秋[*]

摘 要：杭州市《凤凰村志》最大的特色，就是接地气，有浓郁的乡土味，体现了"以人民为中心"的思想，从资料选取到内容编修，从群众口述到社会调查，从图文设计到志书运用，都深刻体现了人民性，是一部浸透主编心血、原生态呈现劳动人民智慧结晶的不可多得的高质量村志，也是一部"飞入寻常百姓家"，被普通老百姓传看、收藏、视为传家宝的好村志。这在当前全国各地编修村志的热潮中，将开一代风气之先，起到很好的示范作用、标杆作用和引领作用。

关键词：《凤凰村志》 人民性 乡土性

习近平总书记在纪念马克思200周年诞辰大会上的重要讲话中指出，"学习马克思，就要学习和实践马克思主义关于坚守人民立场的思

---

[*] 赵燕秋，新疆维吾尔自治区地方志编委会编审。

想。人民性是马克思主义最鲜明的品格","我们要始终把人民立场作为根本立场,把为人民谋幸福作为根本使命,坚持全心全意为人民服务的根本宗旨,贯彻群众路线,尊重人民主体地位和首创精神,始终保持同人民群众的血肉联系"。村志是中国地方志的重要组成部分,很多资料素材必须"取之于民",修成之后必须"用之于民",因此,村志必须坚持人民立场。由中国社会科学出版社出版的这部《凤凰村志》,就是坚持人民立场的村志典范,是一部充分体现人民性的"接地气"的高质量村志。

杭州市萧山区衙前镇凤凰村的村志工作,在全国知名的地方志编修专家莫艳梅同志的主持下,短短2年时间修出这部200多万字的村志,如此短的时间,如此高的质量,实属不易,莫艳梅同志从2017年11月全部接手志书编修工作后,一个人编辑整部村志,一支笔统稿、总纂、修改和插图,每日加班到晚上十点半成为常态,春节期间在大年初一休息了一天,第二天继续加班,尤其难能可贵的是,前前后后去了凤凰村80多天(次),与村民面对面访谈交流、查阅资料,这样才能掌握最翔实最鲜活的第一手资料。如此夜以继日,辛勤工作,方才有《凤凰村志》的成功出版,其中甘苦,非方志人不能理解,可谓"字字看来皆是血,两年辛苦不寻常"。本人从事地方志工作多年,接触到方方面面的志书颇多,一般的志书拿在手上,已难以激起心中波澜,但这本《凤凰村志》拿在手上后,竟有耳目一新、如获至宝之感。该志中,文字朴实无华,娓娓道来,照片鲜活真实,很接地气,特别让我感到意外的是,每个村民,甚至包括在该村创业的外来人员,都能在志书中找到自己的姓名,都能真实口述自己的所见所闻所思所感,这在全国的村志编修工作中,实属罕见。所以,我认为,《凤凰村志》

最大的特色,就是接地气,有浓郁的乡土味,体现了"以人民为中心"的思想。

一　在体例设计中体现人民性

习近平总书记指出,"人民是历史的创造者"。以人民为中心的发展思想是马克思主义唯物史观的重要思想,是习近平新时代中国特色社会主义思想的核心理念,是习近平治国理政新理念新思想新战略的出发点和落脚点,是我党执政为民、执政兴国的思想源泉与奋斗坐标。在封建社会,编修史志,历来是帝王将相豪门大户的事,历史上普通百姓难入史志。司马迁的《史记》用本纪(写帝王)、世家(写诸侯)、列传(写将相大臣)记述人物,少见普通百姓。因此,封建时代的地方志一直是以典型"官书"著称于世的。方志编纂的根本目的就是为封建地主阶级服务,为少数施政者(包括为封建统治阶级服务的知识分子)服务。其编纂思想是以"官本位"思想为核心的。凡是翻阅过旧方志的人都知道,旧方志是以宣传"三纲五常"封建伦理道德为主旋律的,是以"资政""教化"为基本社会功能的,是以各级施政长官为基本读者的,旧方志的主要篇幅是用以记载官事、政事和被封建社会扭曲了的人物。而在人民当家做主的社会主义新中国,编修地方志,必须体现人民群众的主人翁地位。因此,《凤凰村志》在体例设计中,除常规的村志体例设计外,还有许多独具特色的创新方式。全志设"总述"、"大事记"、"大事纪略"、第一编"村庄"、第二编"姓氏"、第三编"人物"等18编76章240多节500多条目。其中,篇幅最大的是"姓氏"编（408页），占全志正文篇幅（1366页）的29.9%，不仅注重资料性、著述性和原创性，还客观反映了民情、民意和民愿，在素材的选择提炼上，充分体现了人民性。比如，上册第四编"村民访谈"，采用村民口述历史的方式，实录了村民对历史的回顾，对现实的描述，对未来的期望，体现了劳动人民的主人翁地位，体现了村志编修走的是"群众路线"，也彰显了"历史是人民书写的"这一重要意义。"村民访谈"编共30多万字，创造大规模口述史记入村志之最。此外，第五编"凤凰村民未来期待调查"，用村民原汁原味的表述，记录了村民七大未来期待。具有很强的时代性。这在全国村志中也是首开先河，奠定了《凤凰村志》在村志编修中敢于引领风气之先的创新地位。

二 在图文编排中体现人民性

《凤凰村志》采用全彩印制，图文并茂，既体现了编者的大手笔，同时也增强了可读性、吸引力。在上册第二编"姓氏"中，除了常规的家庭成员情况表外，为每一户家庭都配发了全家照，同时将户主或家庭成员最想说的一句话，以本人手书的形式，原汁原味予以刊载。每一张全家福，看上去都很亲切自然，洋溢着浓浓的亲情。每一张配图文字，也值得读者品鉴思索。当然，由于村民们的文化水平所限，他们的字迹和语言表述良莠不齐，有的字迹工整漂亮，如第269页唐金虎的字看上去就赏心悦目，也有的村民的字迹歪歪扭扭；有的语言表述精练雅致，如第367页张春凤写的"家和万事兴，齐力共断金"，傅关木写的"婆媳和、夫妻亲、子孙孝、家业兴",有的语言表述则很口语化,如第221页鱼关林写的"希望生活越过越好",第369页傅岳夫写的"愿晚辈考上公务员";甚至还有的写了错别字,如313页陈长德写的"认认正正(真真)行事,堂堂正正做人"。但是,这些不同风格的字迹和语言表述,正是本志的精彩之处,因为村民不是书法家,不是学者,他们都是最淳朴的农民,他们的心里话都是发自肺腑的真实表达,不需要任何的粉饰,不需要任何的修正,最本真的,才是最好的。这种志书编修方式,充分体现了对基层劳动人民的尊重,因为这些村民,他们的照片、字迹,可能一辈子都没有被印成铅字,都没有出现在书中。因为其他的许多志书,往往都只有一定级别的领导干部才能出现照片、出现题字,而在这本《凤凰村志》中,普通村民的照片和字迹,得以一一呈现,他们很多人自己也一定不会想到,他们的照片、文字会载入史册。因此,我相信,这部《凤凰村志》,不会像其他一些志书那样,被放在办公室的文件柜里,单位的档案室里,被束之高阁,乏人问津,只有在工作需要时才会被取出查阅,《凤凰村志》一定会"飞入寻常百姓家",被全村的每个家庭收藏、传看、作为传家宝一代代传下去。此外,有的照片还颇有生活气息和乡土情怀,比如,第614页图0813"村民在河边洗衣",让我们不禁想起了记忆久远的农村生活;图0814"老人在门口闲坐",让我们不禁想起了自己的爷爷奶奶;第654页图0842"邵东根爱下厨",那熟练的掌勺姿势,很有生活气息。志书记载的,不是不食人间烟火的"高大上"的形象,而是我们身边普普通通的人,普普通通的事,普普通通的生活。这就是《凤凰村志》的人民性的生动体现,这就是对毛泽东同志说所的"人民,只有人民,才是创造世界历史的动力"这句话的生动诠释。

三　在民情心声中体现人民性

李克强总理指出，地方志工作者要"志存高远，力学笃行，直笔著信史，彰善引风气，为当代提供资政辅治之参考，为后世留下堪存堪鉴之记述"。封建社会，地方志是官修的官书，普遍存在着粉饰太平、回避矛盾的问题。即使是现在一些地方和单位的修志，也存在着忌讳失误、含糊其词、避重就轻的问题。在多年的地方志工作中，我深知，一些地方和行业在修志工作中面临的最大的问题，就是志书单位的领导，可能出于种种考虑或者顾虑，喜欢文过饰非，在材料中作一些利弊取舍。正面的内容，歌功颂德的内容，予以保留；负面的内容，暴露问题的内容，试图删减。但是《凤凰村志》则忠实于史实，白就是白，黑就是黑，真实记载，秉笔直书，不作粉饰，体现了主编的责任担当和职业道德。特别是在第四编"村民访谈"部分，能够全面真实客观地反映民情心声，对于村民反映的问题，做到了不回避、不遮掩。例如，第576页潘冬英访谈中，谈到了"过去我在公社里是有名额的，可是等到后来公社发老干部补贴名额就不是我了，我多少也晓得里面的原因"的问题；第682页陈楚儿访谈中，谈到了"村里文体活动少"的问题；第689页乐桂兰访谈中，谈到了"店面租金涨幅难以承受"的问题。当然，这不仅体现了该志主编的严谨性，同时也体现了村领导班子旷达的胸怀和对真实性的尊重。所以，在对民情心声的原汁原味的真实记载中，充分体现了人民性。

四 在价值取向中体现人民性

以人民为中心的发展思想的内涵是发展为了人民、发展依靠人民、发展成果由人民共享,分别回答了中国特色社会主义事业发展的根本目的、根本动力和根本价值问题,体现了人民至上的价值取向,确立了人民主体性,明确了党的执政之基和力量之源。习近平总书记在党的十九届中央政治局常委同中外记者见面时的重要讲话中指出,"我们要牢记人民对美好生活的向往就是我们的奋斗目标,坚持以人民为中心的发展思想,努力抓好保障和改善民生各项工作,不断增强人民的获得感、幸福感、安全感,不断推进全体人民共同富裕。"纵观《凤凰村志》通篇,给我最深切的感受就是,凤凰村在村党委的正确领导下,坚持社会主义物质文明、精神文明、政治文明、生态文明一起抓,创建成为杭州市社会主义新农村建设标兵村、浙江省全面小康建设示范村、全国文明村,不仅仅是富了口袋,也富了头脑,不仅改变了村容村貌,也移风易俗,与时俱进。发达的村级经济、优美的人居环境、丰厚的村民福利,使村民的获得感、幸福感、安全感显著增强,甚至在外来人员的访谈中,很多人也表达了希望在此安家落户,成为一名"凤凰人"的夙愿。火车跑得快,全靠车头带。凤凰村的飞速发展,得益于有一个好的领导班子,有深怀为民情怀的致富带头人,正如第521页村党委书记胡岳法在访谈中表示,"实事求是地讲,我在凤凰当村干部,是凭着良心当,我是狠下决心的,要让老百姓富裕起来,让老百姓人人得到好处"。朴实的话语,折射出这位基层党员干部为人民谋幸福的初心使命、责任担当和价值追求,也让我们对于凤凰村为什么能取得这一系列成就,找到了答案。尤其是第 1194 页第十六编"艺文"第三章"新闻报道"第二节"新闻报道凤凰村选录",共收录了从 2009 年到 2016 年的 10 篇新闻报道,既有《人民日报》《中国纪检监察报》等国家级媒体,也有《浙江日报》《杭州日报》等省市级媒体。这些报道都通过生动的记述,告诉了我们,凤凰村为什么行,也启迪其他地方的村级组织,应该向凤凰村学什么。这充分凸显了《凤凰村志》的资政作用,"他山之石,可以攻玉",该志中记载的凤凰村党委带领全村致富的一些经验做法,对于全国其他地方脱贫攻坚工作、基层组织建设工作,都有教科书式的借鉴意义。

五 在科技运用中体现人民性

刘延东副总理指出,"地方志是历史智慧的结晶,是维系中华民族血脉亲情的重要力量。要坚持正确历史观和科学方法论,创新理念,拓展领域,完善技术","要开发利用好地方志资源,加快方志馆和地方志信息化建设,推动地方公共文化建设,使地方志更好地发挥传承历史、展现当今、启引未来的作用,成为地方的'精神名片'"。《凤凰村志》确确实实做到了"创新理念,拓展领域,完善技术",不仅成为凤凰村的"精神名片",而且打造了电子版的"精神名片"。科技的发展带动文明的进步,众所周知,现在很多读者特别是年轻人习惯于"掌上阅读",过去那种捧着一本厚书的阅读形式,逐渐改变为通过手机屏进行电子阅读。厚厚的两卷本《凤凰村志》,足有 4 公斤重,对于读者来说，携带和翻阅起来，会比较吃力。《凤凰村志》的编者应该也考虑到了这一点，因此，在全国首开先河，将电子阅读引入史志中。在《凤凰村志》的扉页上，印有"掌上凤凰村志"的二维码，让凤凰故事插上数字的翅膀，将纸质融入现代科技手段，村志从此开启随扫随读模式。想要阅读《凤凰村志》的读者，可以通过手机端轻松获取查看了解美丽凤凰村的"前世今生"。上下求索，追根溯源，村之由来，历史远矣。"越州萧山县凤仪乡"，这是凤凰村目前可以找到的最早有书面记载的名字。有凤来仪，光从名字的内涵上便可窥得凤凰村的繁华过往。有了掌上《凤凰村志》，年轻的读者可以很便捷地阅读电子书，在外的凤凰游子随时随地可以拿出手机，看看故乡过去的历史，看看可亲可敬的村民，缓解一下思乡之情。我们完全有理由相信，《凤凰村志》推出的"掌上村志"这一创举，必将在不久的将来，广泛应用于地方志编修出版工作中。

习近平总书记指出，"一切向前走，都不能忘记走过的路；走得再远、走到再光辉的未来，也不能忘记走过的过去，不能忘记为什么出发"。《凤凰村志》从资料选取到内容编修，从群众口述到社会调查，从图文设计到志书运用，每一个环节，每一项工作，每一项内容，都深刻体现了人民性，是一部浸透主编者心血、原生态呈现劳动人民智慧结晶的不可多得的高质量村志，在当前全国各地编修村志的热潮中，必将开一代风气之先，起到很好的示范作用、标杆作用和引领作用。

《凤凰村志》：一部极具创新性探索性的特色村志

施均显*

摘 要：杭州市《凤凰村志》是一部极具创新性、探索性的特色村志。首先是村志里充满"村"色，"村"意盎然，无处不见"村里村气""村人村语"，可谓志苑独秀；其次通过史与志的结合，反映出凤凰村在大时代背景下的经济社会发展的一般规律；再次运用许多灵活多变又不失志的记述手法，把最能体现村志特质和读者乐见的内容推到了前台，并对地方志如何记述未来也进行了独辟蹊径的探索，使得村志编纂具有更广阔的前景。

关键词：《凤凰村志》 创新性 探索性

因为工作的关系，最近，同事向我推荐学习浙江省杭州市萧山区的《凤凰村志》。拿到手上仔细端详，老编辑"挑刺"的职业毛病就又犯上了。然而，笔者发现自己尚未来得及"挑刺"，思维一下子就被

---

* 施均显，广西壮族自治区地方志编纂委员会办公室古籍整理部部长，副编审。

书中产生的一股磁力吸引住了。

——仅外在的装帧就包含一定的含义,如国旗红的红绸封面,代表新中国丝绸之乡;烫金的竖排文字,暗合该志维系着传承着传统文化。此书精装,分上、下册,让人过目、入手均感柔软舒适。

——当然,这不是主要的,主要的是村志里面的最能体现村志特质的创新性内容及其精心细致的探索性布局。

那么,这部书里面体现村志特质的创新性内容和探索性布局又是如何让笔者发现的呢?

一 "村"色盎然,志苑独秀

笔者认为,村志,贵在"村"字;须是带有"村里村气"(里是里甲、邻里之"里",气是乡土气息之"气")、"村人村语"者,才能一志千金。因为村志归入志书园地,无论从内容的广泛性还是专业性看,都无法与省志、州县志、山川名胜志等比,欲在志书园地里上与之争妍斗艳,须极具特色;另外,村志的读者面及发行的理论范围,本来没有上述志书那么广阔的空间,这样的客观存在,更需要我们考虑谁在读村志,谁又在用村志,笔者认为,村志的读者,简言之就是村里村外的人。也许,正是为了满足村里村外的读者的阅读需求,《凤凰村志》的设计者和编辑们在志书的前五编就调浓了"村"的色彩。

仅就篇目看,一瞥之下就可以看到"村"色满满、"村"意盎然!其开篇第一编即为"村庄",正所谓开门见山、开门见喜者,是"开卷见村"也。第二编"姓氏"、第三编"人物"、第四编"村民访谈"、

第五编"凤凰村民未来期待调查"（以上为上册），无不见到"村里村气""村人村语"。至于下册之"衙前农民运动""村政""村区建设""农业""村级经济　收益分配"（此之前两编是为村级经济打底的"工业　建筑业""商业　服务业"，此安排巧妙、暗示村级经济增长的源泉）"村民生活"，均在一级篇目现"农"见"村"，其次"教育　卫生""文化　体育""艺文""风俗""文献"各编，在有什么、记什么的前提下，亦注意在基层标题尽可能反映出其内容的农村属性。在第十七编"风俗"第一章"岁时习俗"，以春、夏、秋、冬四字各立一节名，也是村中气象，城市人对节序时令和不违家时的概念绝不似咱们农村人敏感。

至于内容，不得不说的是配图，图之"村"色，琳琅满目而又一目了然，而且是从拍摄到配合的文字编排，无不精思巧用。其中又不得不说的是第二编"姓氏"，笔者在地方志从业多年，过目的志书志稿以百千计，从未见过如此设计者，尤其是以第三节"户主与家庭成员"为独特，"村民小组"各目，每户均以一表一图反映，配图旁让其亲手写上简短的第一愿望。讲姓氏记百姓，倒也顺理成章，体现着这部村志的主题就是记录农村老百姓。接下来后面的下册各编，又进一步记录了与农村老百姓直接相关的一切，包括近几年才广泛应用的二维码（第十编"工业　建筑业"第四章"企业信息化"），因为凤凰村人现在也用上了，所以也都记录入志，可见村中也是万象更新，立在时代潮头。

再看第四、五编两篇，均主要由"村人村语"构成，正所谓"谈笑皆村语、往来唯农民"，纪实性的记述、天然去雕饰的语言风格，体现了村民们的朴实无华。如第四编第一章第二目"我当村干部20年"，下面"19岁当兵""关键是诚信,办事公正""要让老百姓得到实惠"几个标题,看似随心,其实着意,但又自然而又真实。第四编第二章第一目"从日军枪口下逃生,日子由苦过到甜",访谈户主卫松根,以"日本人毁了我的家园""从苦日子到好日子"两个标题、7幅配图(其中5幅为侵华日军在萧山的画面)构成文章,不得不佩服其妙思巧用。同编第二章第二目"共产党真是好",访九旬老人傅小虎,记述了一个原生态的、饱经沧桑的文盲农民的原话"那时的人跟蚂蚁一样,命很容易就没了""放过牛,承包过土地,对现在生活满意""共产党真是好",等等。这些农村特色使《凤凰村志》自然、实在,又处处显光明、充满正能量。还有第五编"凤凰村民未来期待调查",以第二章及本编后面的4个"附录"的内容为村味最长;第七编第四章"村务管理"附录了"和事佬协会"的情况,也都是村中特色。不多举例了,只想说,这些都属于准第一手资料,甚至村志编辑们所做的这样深入调查走访的工作,我们(广西)在第二轮修志中多数市县志编辑都没有做过,我们基本上用的是档案资料。诚然,编修村志是没有多少档案可查的,特别是新中国成立前的资料,但《凤凰村志》编辑们勤能补拙,因为是首编村志,编辑们还特地组织村里开展了姓氏源流普查,等等。这一点巴兆祥教授在该志序言中给予了充分的肯定。

笔者对比了这几年阅读过的一些村志,包括手头正在审读的村志,觉得一些村志套用或移植县区志的篇目结构、标题者居多,有的求全略异甚至忽异,形如买椟还珠,不见"村"味,鲜遇"村"色,不解唐人刘恂《岭表录异》何以用"录异"二字吸引读者。而《凤凰村志》读毕,笔者大有他乡遇故知之感,又如孙大圣之初闻祖师说道,"喜得抓耳挠腮,眉开眼笑;忍不住手之舞之,足之蹈之"。

《凤凰村志》：一部极具创新性探索性的特色村志

从整部《凤凰村志》看，它忠实地记录了凤凰人的苦难与辉煌，更以第一手资料保存了凤凰人的展望与期许，以"村里村气""村人村语"呈现了村志的真正本质。这是一部尽显现盎然"村"色的村志。

除了注意体现"村"色，《凤凰村志》还特别注意展示自身的独特自然条件，反映优秀人文禀赋。而通过体现地方特色，又能进一步加重"村"色。

村志，当然首先客观记述"其村""其人"所驻于斯、生于斯的自然环境和生活条件。然而，此村志之所以而非彼村志，更在于写出自己的特色，即古人所言"录异"者是也。否则，千村一面，无法展示"人无我有、人有我优、人优我特"的特色，这既不符合地方志"特色鲜明"的原则［见《地方志书质量规定》（中指组〔2008〕3号）］，也很难吸引读者。不能吸引读者，志书"资政、教化、存史"之功能大打折扣。为此——

《凤凰村志》通过较多的图片和相应的文字，比较完整地展示了本地的自然环境和自然条件，充分地反映了村中的文化传承与人文禀赋；说清楚了这个地方与众不同的自然存在和历史悠久、地杰人灵的社会内涵。

历史悠久，就是说清楚了这个地方源远流长、开发较早，积淀了深厚的历史文化底蕴。我们翻开《凤凰村志》，封二即见"凤凰村历史沿革"（图）的关键节点，随后，配合和呼应区块是总述及紧随其后的大事记。

地杰人灵，指这里山川秀丽，自然条件有利于经济社会发展。我们看到，地杰，《凤凰村志》充分展示了凤凰村地处长江三角洲，

"山、丘、原、河皆有",又依山抱水、水网密布,土地肥沃、物产丰盛的自然条件。人灵,指有杰出人物,禀赋山川灵秀之气,承传人物聪慧勇敢之资,在旧社会,有敢于奋起、善于斗争的李成虎、沈定一等英烈;在政策好的历史时期,人民的勤劳、智慧得到最大发挥,产生了优秀的带头人,团结一致,共同奔向美好生活。

为体现地杰人灵,《凤凰村志》卷首图照就配置"凤凰村在中国的位置""凤凰村在浙江省的位置""凤凰村在杭州市萧山区的位置""凤凰村平面示意图"四幅地图,以及凤凰村全景图和多种角度的村容村貌图。当然,加上在正文部分设计得比较前置的第三编"人物"、后面的第十六编"艺文"等涉及历史文化和社会人文方面的内容,其独特的地杰人灵的禀赋就基本记述清楚了。笔者特别要指出的是,在一般的市、县、区、村志书中,人们习惯将自然、政区和经济、政治、文化、社会部类前置,人物编多为后置,而《凤凰村志》打破常规,将"人物"排放在第一编"村庄"、第二编"姓氏"之后,正是在篇目的设计上突出了地杰人灵的本地特色和乡土情怀。

二 反映了凤凰村在大时代背景下的经济社会发展的一般规律

中华人民共和国成立以来,中国社会发生了许多重大事件,凤凰村都经历过并受到或大或小的影响,书中忠实的记录,已充分体现凤凰村过去与现在的发展,是中国近现代史的在农村的一个缩影,其中蕴藏着农村社会经济生活许多规律性的东西。至于改革开放后,凤凰村参与和融入商品化、市场化、城镇化、信息化及各项社会变革,其环节、其节奏、其规模既有同一性,也有差异性。当改革的大潮滚滚到来,顺之则昌、逆之则困;村领导班子和带头人的作用不可忽视,有时甚至就是村子发展的神经中枢、是灵魂。所有这些,笔者从《凤凰村志》中一一看到了。

习近平同志曾指出,从地方志记述中可以把握到很多规律性的内容,他说"我来宁德的第一件事……就是要看地方志,这样做,可以较快地了解到一个地方的山川地貌、乡情民俗、名流商贾、桑麻农事,可以从中把握很多带有规律性的东西"。这就是要求我们在编修地方志时要重视反映事物和社会发展的规律。笔者在30年前的《新志书资料与反映规律》① 一文中就强调地方志不是为了记录而记录,而是需要通过资料的系统编排、科学整合来反映社会发展的规律;认为志书如果不能反映规律,则其"资政、教化、存史"之功能也将被大打折扣。

相对于历史著作,方志著述反映规律要含蓄些,也就是说方志不能直接分析、说明,不通过评议、推导分析、论证来达到反映规律的目的。如果方志借用写史的一些方法——比如通过直接访谈、运用百姓口述、入户调查等这些手段得到的第一手资料,以及已经过考证的党史资料——进行志书编纂,则无伤于方志体例和"记实"的宗旨,仍属寓观点于记述之中。《凤凰村志》正是通过这样的做法找到了史与志的结合点。在第四、五编对村民的访谈、调查部分,在第六编"衙前农民运动",第十二编第二章"收益分配"等处,都运用了史志结合的办法。

---

① 载《中国地方志》1989年第4期。

那么,《凤凰村志》反映了一些怎么样的规律呢?

落后、贫困,就要挨打,国民党不能够救中国,只有共产党才能够救中国。这个历史规律,我们在村志里对老人访谈及其相关配图中看到了。看到了日军的铁蹄踏进了我们的村庄!看到了国民党军队的一些与百姓意愿相左的行为。编纂者通过精妙构思、巧用资料——运用历史老人的回忆与对比,向读者展示了这一历史规律;相信村里年青一代的读者会从中领会这一规律。至此,我们的这部村志也就起到了到教化育人、润物无声的作用。

家庭、村庄的存在状态和发展现状,是和国家的命运、国家的发展、国家的前途连在一起的,——国不强,则百姓苦;国不靖,则村民贫;国家安定,国策英明,加上有好的带头人,则村民生活稳定、富足。读毕《凤凰村志》,难道不是让我们悟到了这些道理吗?

人物的至圣至贤、山水的美轮美奂,都是经过奋斗和建设出来的。没有奋斗和建设,就没有美好生活。村志体现了:从过去的沈定一、李成虎,到当代的胡岳法等历届村委领导,他们都选择了崇高的信仰并为之奋斗,村民们也选择了对这些崇高信仰的缅怀与传承,选择了奋斗和建设,选择了相信美好和善良,就有希贤希圣之心。我们从志书中看到,越来越多的现代人、年轻人,认定和坚守了这样的规律……

总之,《凤凰村志》能够从多方面向读者展示社会发展规律,在这里,限于篇幅,笔者就不一一列举了。

三 从《凤凰村志》的创新性内容和探索性布局，我们看到村志编纂具有更广阔的前景

《凤凰村志》的创新与探索，主要表现在以下几个方面。

第一，我们从《凤凰村志》看到，编纂地方志，还有许多灵活多变但又不失志之初衷的记述手法。在地方志的体例大原则不变的前提下，村志的篇目设置、内容构建、体裁配合、材料取舍等方面可以不拘一格；与文字配合的图表在比例、配置、体现形式上也可以不拘一格；在记述形式和手段运用上可以史志结合，包括口述历史的入志，现实调查的入志。《凤凰村志》上册共5编，把最能体现村志特质和读者乐见的内容推到了前台。我认为，方志学人方亚光在《内蒙古方志》2015年第4期《一部不同寻常的村志——读〈开弦弓村志〉》的有关评价和理论观点、论据都适合投射在《凤凰村志》上，《凤凰村志》同样是一个不寻常的村（连全国闻名的华西村也曾到访凤凰村取经）在一批不寻常的人努力下编出的一部不寻常的村志。

第二，相比于其他新编地方志，《凤凰村志》加重并前置了人文方面的内容，而把经济建设与发展方面的内容放在后面。但是，经济建设与发展的内容不少已通过第四编"村民访谈"、第五编"凤凰村民未来期待调查"这两编来反映，这使得人文与经济不再是两张皮而是有了适当的结合。——人是万物的主宰，所有经济、政治、文化、社会、生态的存在状态和发展现状，都是人在其中起决定作用。村里正是有了象胡岳法书记这样一批勇于任事的带头人出来，带动带领村民

共同努力，借国家以经济建设为中心以及市场化、城镇化的改革东风，走上商品化、市场化和农业集约化的正确道路，从农业联产承包到联营办加油站，从搞综合市场到股份制企业，把抓住了中国经济发展的"牛鼻子"也搭上中国经济发展的快车。另外，村容村貌以及村民住宅的相关照片，也是人文与经济发展的一种结合反映形式。笔者认为，《凤凰村志》以上的创新和探索是成功的。

第三，关于地方志书记未来，《凤凰村志》也进行了独辟蹊径的探索。第五编"凤凰村民未来期待调查"，下设的第二章记述了凤凰村民七大未来期待"望更富、求真知、期乡美、希安稳、求和顺、愿参政、谋发展"。一般地说，地方志只记过去或已经发生的事；我们也曾允许在志书的总概述结尾处有一小段回顾过去、展望未来的议论，但从来没有也不敢在正文中写及展望、期待之类的内容。而《凤凰村志》就敢写！因为它用了调查和访问的手段；因为"村民七大未来期待"的上位篇目是"凤凰村民未来期待调查"，是调查，没错！——笔者从事修志多年，知道地方志很需要一些有说服力的调查报告，调查和访问的形式不但解决了村志不能搜集到更多的连续不断的档案资料的困难，而且还能让志书正文记载了涉及关于未来的内容。这就是《凤凰村志》编纂者的高超之处，笔者很是佩服并惊叹于这种独辟蹊径的探索。调查得到的资料，包括对村民的问答资料，都是实实在在的第一手资料，它忠实地记录了村民对物质生活、精神生活、政治生活和社会、生存环境的真实愿望。这些调查资料，对发挥地方志的资政、教化、存史功能无疑是积极的、是正方向的，只有增加而没有减少的。

第四，难能可贵的是，《凤凰村志》并非只一头扎在了创新性和探索性的内容上，而有大部分篇目和约一半的内容体现在与传统志书及大家认同的志书上。关于创新与继承，它的创新更多地体现在上册内容中；继承方面的内容，更多的体现在下册各编的设置中。上册在人物部分，它坚持了"生不立传"原则。

曾有人主张乡村志应该这样大胆"创新"：可以为当地名人，为对当地政治、经济、文化等发展有卓越贡献者留名立传！因为：目前乡村志的编纂，并非财政供养的修志机构运作，可以"以人为本""网开一面"；有的省、市、县三级地方志，都已搞所谓的"人物简介"（其实有为生人立传之嫌），村志有何不可；更有人主张，地方志要打破"生不立传"原则，入传人物不以"生""死"为论，而以入传标准为依据，等等。因此，也许有人会主张《凤凰村志》应该为胡岳法书记这样的时代领路人立传。其实，目前这样的处理更好。笔者认为，立传立碑会有几种境界。下层见物，民众往往要求实在的，摸得着看得见。中层现物，但碑与传记占地留空、无字，留待后人评说，如武则天之立无字碑。上层则无形无相，却让传记丰碑注在人心，精神境界，至高至远。

四 一点和而不同的看法

唐人刘知几《史通》里将《礼记·中庸》所言"爱而知其恶，憎而知其善"更改一字，为"爱而知其丑，憎而知其善"，指的是爱它而晓得它有缺点，憎它而晓得它有所长。这是大爱。笔者钟爱《凤凰村志》，并非因为它完美，而是它属于一部具有创新性、探索性的特色村志。正如村志中被访谈的村干代表，他们也不是神，也食人间烟火，唯所言所行均出于至诚、无假。值得笔者学习焉。因此，如果让笔者向主编提个什么意见的话，我对第五编"凤凰村民未来期待调查"有一点和而不同的看法。如第一章章名为"问题的提出"，其下又设置"研究背景及意义""个案背景及调查基本情况"2目，均从研究报告角度谋篇与行文。第三章"民之所望　施政所向"虽然是与时代脉搏相接的创新，但标题及其内容都与地方志体例体裁有些偏离。我认为，创新也好，探索也罢，是有一定风险的，也有待于时间的检验。

总的看来，《凤凰村志》不愧为一部极具创新性探索性的特色村志。同时，它也能够成为一部进行爱国爱乡教育、革命传统教育、传承优秀文化的活教材。仅此两点，就足以完成它的凤凰涅槃了。

地方志编纂转型升级的成功尝试
——杭州市萧山区《凤凰村志》读后

芙 蓉[*]

摘 要：杭州市《凤凰村志》的特点是：主编、总纂由专家担任，在遵守志书体例体裁要求的基础上，开拓创新，创新编纂体裁，采用田野调查、口述历史的方法，突出记述特色内容，资料翔实丰富，细节处理精当，学术性、逻辑性强，是地方志编纂转型升级的成功典范，值得方志界借鉴。

关键词：地方志 转型升级 典范 《凤凰村志》

金色丰收的9月，在草原都城呼和浩特欣赏江南一座美丽村庄的历史与发展——《凤凰村志》，使人心旷神怡。村庄的名称——凤凰，浪漫、传奇；志书的封面——红色，激情、火热。

凤凰村，村名源自凤凰鸟名，因村境内的山形似展翅的凤凰而得名。位于北纬30°9′56″、东经120°24′11″的交叉点上。地处钱塘江南

---

[*] 芙蓉，内蒙古自治区地方志办公室博士，副编审。

岸，萧绍平原中端。隶属浙江省杭州市萧山区衙前镇。先后被评为全国敬老模范村、全国文明村、全国民主法治示范村。

《凤凰村志》是凤凰村历史上第一部志书，上限溯至村史发端，下限断至 2016 年，有的根据需要下延至 2018 年，全面客观地记述了凤凰村的自然、政治、经济、文化等多方面的历史与发展现状。

拜读《凤凰村志》，被村庄的高速发展感动，被主编的创新理念感动，被志书成功编纂感动。笔者写下拙文，和大家分享《凤凰村志》读后感，共同感受志书的亮点，旨在为修志界提供借鉴，为地方志事业发展作贡献。

一　主编总纂由专家担任

主编、总纂在编纂志书中发挥着统领作用。一部志稿编纂成功与否，和主编、总纂有直接的关系。凤凰村委会打破村志通常由非专业人编修的惯例，聘请方志专家担任主编兼总纂。这种高瞻远瞩的做法在全国尚属罕见。《凤凰村志》的主编兼总纂莫艳梅是中共杭州市萧山区委党史和地方志编纂研究室副研究员，浙江省地方志专家，中国地方志库专家，参加过 4 部市县志编纂，在省级以上刊物发表论文 100 多篇，其中有关口述历史、社会调查论文 8 篇，专著有《莫艳梅方志文集》《萧山清官廉吏》《萧山名人家世考——从家谱出发》《莫艳梅方志探论》《富裕起来的农民在想什么——凤凰村农民访谈录》等。2010—2019 年应邀参加中国地方志学术研讨会议 10 次。曾担任湖南省江华瑶族自治县党史与地方志征集编纂办公室主任。笔者和她相识多年，敬佩她的敬业务实，欣赏她的聪慧才华。在编修《凤凰村志》的工作中，她扮演了组织协调者、总设计师、具体实施者等多重角色，有效把握了村志宏观、中观、微观调控和点面线的有机结合。

二 资料翔实丰富、特色鲜明

《凤凰村志》共设 18 编 76 章 244 节，全志 2310 千字，1700 多幅照片、778 张表格。图文并茂，资料丰富。地方志书是资料性著述，资料是地方志书根本所在。《凤凰村志》的资料非常丰富，有以下特点。

1. 资料翔实。村志没有出现记述前后矛盾、大事记与志文记述矛盾、文字与表格记述矛盾等现象。

2. 资料鲜活。资料匮乏、资料古板是长期以来困扰方志界的问题。《凤凰村志》克服困难，采用田野调查、口述历史的方法，收集到利用了很多第一手资料、独家资料、活态资料。

3. 资料时代特色鲜明。突出时代特色是地方志的重点要求之一。《凤凰村志》对上下限记述特别到位。在"风俗"编中，记述岁时习俗、生产生活习俗、婚嫁习俗、丧葬习俗、信仰习俗、时尚、方言等，展现了发展变化。其中端午习俗，记述该习俗过去情况的同时，记述到："端午的诸多习俗与驱毒避瘟有关。现时，不少旧俗已废，但端午日裹粽子、吃'五黄'、挂蒲剑插艾草等依旧。端午节后天气转暖，故民间有'吃了端午粽，寒衣远远送'之谚。"从而反映出该村端午习俗的发展脉络。

4. 资料有充分的对比性。"述而不论"是地方志体例要求之一。

志书是官书，有指导思想。志书注重以资料说话，寓观点于记述中。《凤凰村志》记述村规民约时，分别记述1999年、2006年、2011年、2017年的村规民约。通过不同时期不同村规民约的变化，反映了村庄、村民的变化发展。

5.图的类型多样。《凤凰村志》图有柱形、函数形、扇形等类型。在总述中设置5幅彩色柱形图，展现凤凰村的某些年份经济总收入与工农业收入情况、凤凰村可用资金、凤凰村与全国农村居民人均纯收入情况、凤凰村民人均分红情况等，非常直观和美观。

三 突出记述村志特色内容，创新编纂体裁

凤凰村是中国现代农民运动的发祥地。民国10年（1921），中国共产党领导的第一次有组织有纲领的农民运动——衙前农民运动在凤凰村发动。《凤凰村志》将"衙前农民运动"设置为编，编下设"衙前农民运动兴起"、"军阀镇压"、"衙前农民运动胜迹"、"衙前农民运动纪念活动"、"衙前农民运动纪念设施"、"衙前农民运动研究状况"6章，客观记述了红色热土的历史。

村落是中国传统文化的根基所在，积淀着人类发展演变的历史与文明。村落是中国乡土社会的基本单位，血缘关系、地缘关系是农民联系的主要纽带。这是村志必须记述姓氏的主要缘由。《凤凰村志》将"姓氏"单独作为编，编下设置"凤凰村姓氏""凤凰片姓氏""交通片姓氏""卫家片姓氏"4章。章下设"概述"和若干节，记述凤凰地区姓氏数量、结构、源流、户主与家庭成员。在户主与家庭成员中，

记述了全村581户的基本情况,包括每户一个基本情况表(含姓名、性别、文化程度、工作职业职务、2016年家庭收入、住房面积等要素)、每户一幅全家照、每户手写一句最想说的话。"姓氏"编是《凤凰村志》最大的篇幅。这样,弥补了凤凰村没有宗谱的空白,成功尝试了将村志与家谱的融合。

《凤凰村志》设置"村民访谈"编,编下设"现任村党委书记、村委会主任访谈""20世纪20—40年代村民访谈""20世纪50—70年代村民访谈""20世纪80年代村民访谈""外来人员访谈"5章。采访46人,采用口述形式,反映了凤凰村变迁及个人奋斗史。入志31万字,占全志书的13.4%。村志还设置"凤凰村民未来期待调查"编,下设"问题的提出""凤凰村民七大未来期待""民之所向 施政所向"3章。发放调查问卷520份,回收有效问卷501卷,专题采访26人。采用社会调查的方式,深度反映凤凰村民的未来期待,为施政提供参考依据,发挥地方志资政的作用。《凤凰村志》突出记述村民,带动村民积极参与修志,体现了以人为本、为人民服务的主旨。该志的编纂在遵守志书体例体裁要求的基础上,开拓创新,采用田野调查、口述历史的方法。专家修志和社会各界广泛参与的有机结合,这在全国编纂村级志书尚属首例。

四 学术性、逻辑性强

《凤凰村志》对不定论、有不同观点的问题,不轻易肯定或否定某个,同时记述几种观点,并注重资料来源的交代,体现了村志的学术性。例如沈定一是凤凰人，是民国时期的新闻记者、诗人、政治人物。对他遇刺身亡的原因有三种说法。《凤凰村志》客观记述了三种说法，并无议论，这体现了编者严谨的学术态度。

纵观内蒙古地区已出版志书，不论是行政区域综合志书还是专业志书，几乎没有设置参考文献，只在编纂说明里说明了数据来源。《凤凰村志》在凡例中说明资料来源的同时，在卷末设置"参考文献"，列出62种参考文献，交代了文献作者、出版社、出版年份。村志图片均注明了拍摄时间、地点、摄影者姓名。村志多处安排页下脚注，作资料内容补差，体现了村志的可信度。

在卷首设置村地图时，将"凤凰村在中国的位置""凤凰村在浙江省位置""凤凰村在杭州市萧山区的位置""凤凰村平面设计图"依次放置，体现从大到小的逻辑概念。几幅地图都配有图例、审图号、提供单位等重要因素。以上几点充分体现了《凤凰村志》的学术性和严谨性。

五　细节处理的精当

细节决定成败。《凤凰村志》特别注意细节的处理。扉页上设置了"凤凰村历史沿革"和"凤凰村当代荣誉"图示，不仅有效利用了版面，还起到了画龙点睛的作用。村志开卷放置了凤凰村徽、凤凰村全景彩图，生动展现了村貌村景。在照片中，需要进一步说明的人物标明了位次，表现了资料的严密性。

村志分上、下册，分别放置了总目录，包括编名、章名，同时又放置每册各自的目录，有编名、章名、节名、目名。另外，在编名页上，设置志书名称、编名、章名，以便读者查阅。

志首内页设置二维码，读者扫码即可查阅，时尚又方便。厚厚的村志变成了掌上志书，目前在全国方志界较罕见。此外，在第十编"工业　建筑业"第四章"企业信息化"中，设置"移动新媒体"一节，介绍企业微信公众平台二维码，丰富村志内容的同时，利用现代科技宣传了企业。

浙江是著名方志之乡，有深厚的文化底蕴。凤凰村委会高度重视修志，聘请修志专家任主编、总纂。莫艳梅主编是一名方志追梦人。她用自己的智慧和汗水，浇灌了方志界一棵参天大树。《凤凰村志》在遵守地方志体例体裁、行文要求的同时，尝试了采用田野调查的方法，利用口述史，客观记述凤凰村古老大地翻天覆地的变化发展，突出展现村民走进新时代的精神风貌。该志完整度极高，具有很强的学术性，创新使用编纂体裁，保持了鲜明的地域特色。《凤凰村志》的编纂，把握了规范与个性、传统与创新的有机结合，用实践成功探索地方志编纂如何转型升级的有效途径，是能够体现中国文化传承发展的方志学术体系中一部具有科学性和时代性的地方历史文献。

如上所述做法及经验，是《凤凰村志》能够成为一部成功之作的根源，值得修志界借鉴。

愿凤凰村的明天更美好！

愿莫艳梅主编大作频出！

愿地方志编纂转型升级的成功典范——《凤凰村志》，被更多的人所知晓、借鉴！

笃定初心做史官　兼收并蓄成佳志
——读杭州市萧山区《凤凰村志》有感

田　亮[*]

摘　要：杭州市《凤凰村志》主编，其人可钦，从篇目设计到口述访谈，从编写初稿到全志统稿，从插图修改到总纂审查、出版校对，全程深度落实，不遗余力，从实践到理论再到实践的担当实干精神，尤为值得当今修志人认真学习效仿。其志可鉴，篇目贴合村情实际，入志材料详略得当，特色记述突出恰当，是一部质量上佳的村志，适合学术研究者研读，有存史价值；适合党政干部参考，有资政价值；适合普通百姓阅读，具有教化价值。

关键词：史官　佳志　《凤凰村志》　主编

翻开《凤凰村志》，便被深深吸引，迫不及待用一个周末一口气读完，觉得意犹未尽，又花了几个晚上细细品读感兴趣的章节，既赞叹主编莫艳梅同志秉笔修志的执着、高效和坚韧，又折服于志书的资料质量和存史价值。

---

[*] 田亮，广东省人民政府地方志办公室方志资源开发处处长。

其人可钦

我与莫艳梅主编相遇于 2007 年广东省地方志理论研讨会，相知于 2012 年在南通召开的中国地方志学术年会，同为湘女，艳梅姐投入修志和研究的闯劲、干劲、韧劲，让我深深折服。她立志做最专业的修志人，不断地修志实操和理论思考，让她成果倍出，呈现给我们的《凤凰村志》，即是其中之一，也是她将多年的市县志编修经验与思考，融入村志编修的一次尝试。2017 年 1 月，她由指导者变成主编人，1 个月拿出了篇目设计、行文规范和开展口述史的方案，9 个月内和修志伙伴一道完成了村内姓氏普查、入户调研和村民访谈，初稿基本成型后，独自接手，一支笔统稿、总纂、修改，于 2018 年 10 月定稿，2019 年 5 月出版成书。其效率之高、执行力之强，真正修过志的同人都明白。如果没有莫艳梅同志的先期统筹规划，中期亲力推进，后期总纂修改，《凤凰村志》恐怕会延迟经年才能面世，志稿中也不知道会不会有如此多的引人入胜之处。莫艳梅同志自进入修志系统，不论是在湖南江华、广东佛山还是在浙江萧山，日日夜夜，全部身心精力都投入修志实践和理论探索当中。上班时，她在修志；下班后，她在修志；别人休息休闲欢聚时，她还在修志！这种忘我投入修志事业，遍寻资料，反复求证，精心打磨，努力做最能吃苦的修志人、最能学习的修志人、最专业的修志人的爱岗敬业、奋斗拼搏的执着精神，太值得我们学习了！特别是亲自动手，从篇目到访谈到初稿到统稿到插图到总纂到审查验收、出版印刷，全程深度落实、躬身修志,从实践到理论再到实践的担当实干精神,尤为值得今天的修志人认真学习效仿。

其志可鉴

《凤凰村志》篇目设计贴合村情实际,入志材料详略得当,特色记述突出恰当,可以说是一部质量上佳的村志。

一是《凤凰村志》适合于学术研究者研读,有存史价值。作为凤凰村的首部村志,一方面钩沉史实,立足当地,从地理区位、气候风土等方面搜集耙梳了村史演进、姓氏状况,客观记述了极具开创意义的衙前农民运动、村民自治、农民合作社,附载了特殊历史人物沈定一的文史资料名录等等;另一方面,用图片、数据、事例、访谈等方式,记述了凤凰村从改革开放至今,在全国轰轰烈烈的经济体制和政治体制改革大潮中,经济、政治、文化、社会等方面的发展状态,从一个小视角,解构了宏大历史的演进,对于地方史、党史、经济学、政治学、社会学的研究,提供了大量资料和鲜活案例。

二是《凤凰村志》适合于党政干部参考,有资政价值。凤凰村由一个贫困村、上访村,发展为一个党建、经济、文教、村庄建设、社会治理等各方面走在前列的模范村,到底是怎么做到的,思路是什么,举措是什么,有什么教训,获得了哪些经验,当遇到生产关系变革、拆迁与环境整治、集体经济股份制改造、外来务工人员管理服务等问题和困难时,是如何因地制宜解决的,作为富起来的村民,他们今后的期盼和愿景是什么,《凤凰村志》给出了答案,志书对村庄建设进行了全方位的解析解读，不仅有档案资料、统计数据、图片对照，还有大量个体访谈个案调研的鲜活资料，对于党政领导干部如何开展基层党建、发展农村集体经济、搞好农村社会保障福利，给予了最具体、最切实的启发指引，是一部资政辅治的佳志。

三是《凤凰村志》适合于普通百姓阅读，具有教化价值。《凤凰村志》客观记录了该村的历史和现状等多方面情况，特别是农民运动的光辉历史、改革开放的发展成果，对于青少年了解乡史乡情，接受爱国主义教育大有裨益。该志还收录了大量村民个人和家庭的访谈调研材料，见人见事，有祖辈父辈的创业奋斗的回顾感悟，有家风家教的延续传承，有青年人的学习工作成果体会……没有说教，只是记录呈现，既接地气，有可读性，更启人思考，让人受教。

全国三轮修志即将开始，镇村志的编修也迅速升温，第三轮修志怎么修，镇村志如何规范，纸上得来终觉浅，绝知此事要躬行！莫艳梅这次《凤凰村志》的实践，为三轮修志的编修提供了有益的编修探索。我为她所取得的成就感到高兴，并祝她百尺竿头再进一步，为修志事业作出新的贡献。

不要人夸好颜色,只留清气满乾坤
——杭州市萧山区《凤凰村志》读后感

段 愿[*]

摘 要:杭州市《凤凰村志》可圈可点,亮点颇多。以方志同人眼光来看,《凤凰村志》规范中注重创新,创新而又不失规范。以普通读者眼光看,《凤凰村志》"乡情"浓浓,传递着一种品位和凝聚力。值得推荐。

关键词:《凤凰村志》 创新 规范 品位

读史明智,鉴往知来。大至一国,小至一村,都有自己的历史。通过志书将历史记载下来,不仅可让文化流传,让文脉延续,也可让当下可解,让未来可期。正因为如此,2015年和2017年中办、国办先后发文,要求各地在完成省、市、县三级地方志书出版工作的同时,努力开展镇志、村志的编纂。近日,欣闻由莫艳梅主编·总纂、杭州市萧山区衙前镇凤凰村志编纂委员会编的《凤凰村志》于2019年7月正式发行,

---

[*] 段愿,浙江省人民政府地方志办公室《浙江年鉴》编辑部主任。

作为从事地方志工作的一名同行，拜读之念甚切。细读之后，感觉这部村志可圈可点，亮点颇多。故不揣谫陋，将自己的感受略谈一二。

以方志同行人眼光来看，《凤凰村志》规范中注重创新，创新而又不失规范

《凤凰村志》体例上遵循"横排门类，纵叙史实"的原则，志前设"总述""大事记""大事纪略"，分志设编、章、节、目4个层次，志末设"索引""参考文献""后记"；体裁上采用凡例、述、记、志、传、图、表、录、注、索引等，以志体为主；时段上发端和断限明确；编章内容上涵盖村庄、姓氏、人物、村政、经济、农工商业、文教卫体、生活和风俗等要素。这些都符合地方志的规范和编纂要求。

为助力全国城镇化建设和乡村振兴战略，推进乡村文化振兴，中国地方志指导小组（简称"中指组"）持续实施中国名镇志、名村志文化工程。在此推动下，乡镇村志编修风生水起。仅2018年一年，全国就出版乡镇志、村志330多部。如何在这万花丛中凸显自己的特色，以避免"千志一面"，确实是村志编纂所应考虑的问题，也符合中指组提出的地方志要"创造性转化、创新性发展"的原则。《凤凰村志》能够遵循规范又不囿于框框，着眼创新又不失于矩规，努力为大家提供一部不一样的存志，这一点难能而可贵。

例如，在"姓氏"这一编中，该志将凤凰村15个村民小组、112个姓氏、581户人家共2204人按每户一个基本情况表的形式全部收录入志，并配以每户一幅全家照片，每户写一句最想说的话。既让人耳

目一新，也体现了编纂者的良苦用心。业内人皆知修志之难！尤其是村志，若无村民的大力支持更是难上加难。足见莫艳梅主编的匠心独运，以这种方式既强化了村民的归属感，激发了他们的参与热情，又凸显了该村志的创新特色和亮点，不失为聪明之举。

  又如第五编"凤凰村民未来期待调查"，该项调研成果入志达10多万字。这又是一种创新性的尝试。地方志古称地志、地记、图经、方志等，是指全面、系统地记述本行政区域自然、政治、经济、文化、社会等方面历史与现状的资料性文献。其重点在"历史"与"现状"。而该编写的则是一种展望，突破了志书的过去时态和现在时态，而呈现一种"将来时态"。那么志书能否表现未来？如何表现未来？《凤凰村志》给了满意的答案。该编选了一个巧妙的角度：从记录村民们当下的心理状况入手，而当下村民们的心理状况当然属于一种"现状"，由"现状"带出了"未来"。通过这一编，我们不仅可以听到村民们的当前心声，共享他们对面对自己奋斗成果的自豪和喜悦，还可以从他们的愿景中预见凤凰村的未来，感受到他们对"古韵官河，凤凰山下一家亲"美丽乡村品牌的憧憬。

  2014年2月，习近平总书记在首都博物馆参观时强调，要"高度重视修史修志，让文物说话、把历史智慧告诉人们，激发我们的民族自豪感和自信心，坚定全体人民振兴中华、实现中国梦的信心和决心"。①《凤凰村志》把村民对美好生活的向往化为推动乡村振兴的动力。编纂者费尽心智，通过创新的方式努力践行习总书记的嘱托。作

---

  ① 《习近平在北京考察　就建设首善之区提五点要求》，2014年2月26日，新华网，http://www.xinhuanet.com/politics/2014-02/26/c_119519301_2.htm。

为同行，我深为感动！

顺带提一下，《凤凰村志》在形式创新上也有所作为。据悉，它是全国首部真正意义上的掌上村志，让凤凰故事插上数字的翅膀，使村志开启了随扫随读模式。读者可以通过手机轻松了解凤凰村"前世今生"的信息。这不仅是需要花气力的事情，也是需要花资金的事情。它让我们看到了凤凰村党委、村委会把修村志作为一项重要事业来办的远见卓识。

以普通读者眼光看，《凤凰村志》"乡情"浓浓，传递着一种品位和凝聚力

"维桑与梓，必恭敬止。"《凤凰村志》以饱满的热情记录了历代凤凰人在这里辛勤劳作，生息繁衍，为建设美好家园奉献着智慧和力量。他们筚路蓝缕，不竭追寻，涌现出了众多仁人志士、能工巧匠以及商贾名流。在社会主义建设时期，凤凰村人民励精图治，开拓进取，创造了令人瞩目的业绩。村志激发了村民的自豪感。阅读该志，能让人油然而生对这片热土的眷恋和热爱之情。

世界文化遗产——大运河，从西向东穿越凤凰村境内2500米，造就了衙前旧时的繁华，也记录着凤凰村的历史变革。"晚上，河面上倒映着夜航船的灯光，隐隐约约，闪闪烁烁，宛如流动的璀璨的珍珠，与天上的星星一样好看。"《凤凰村志》用诗一般的语言，情重意浓地从这条昔日的"官河"开说，缓缓地向人们展开了凤凰村厚重的历史图卷，讲述着北宋以来发生在这里的动人故事。尤其是《凤凰村志》

用了整整一编的篇幅，记录了这块红色热土的光荣历史。中国共产党领导的第一次农民运动、第一个农民协会、第一个农民革命性纲领文件、第一所农民免费教育的农村小学校都产生在这里。读了这一编内容，人们不由得对这个红色故里肃然起敬。《凤凰村志》更多篇幅记录的是凤凰村当今的发展。这个过去的穷村，通过努力使自己变得如此出众，拥有"全国文明村""全国民主法治村""全国敬老模范村""浙江省全面小康建设示范村""双强百村"等多个荣誉称号。志书平白的历史描述，记载的却是不懈的奋斗精神。正是这种精神，构成了支撑这个国家永续发展的磅礴力量。今天的幸福生活离不开凤凰村几代人不服输、勇拼搏的精神。《凤凰村志》还原历史风貌，将老一辈人的光荣业绩载入史册，留给每位凤凰子孙一份珍贵的史料，让新一代凤凰人不忘初心，继续将凤凰村打造成美丽幸福的天堂。

　　文化，大而言之是我们民族的血脉，小而言之，是一种品位、是一种凝聚力。读着《凤凰村志》，民情风俗、乡情乡貌跃然其中。我们可以明显感受到包含其中的浓浓"乡愁"。"乡愁"是一种传统文化，"乡愁"是对于故乡的爱恋之情。近年来，国家领导人多次引用"乡愁"以指导城乡建设。2013年，习近平在中央城镇化工作会议上指出：城镇建设要"让居民望得见山、看得见水、记得住乡愁"。2015年，习近平在云南考察时强调：新农村建设一定要"注重乡土味道，保留乡村风貌，留得住青山绿水，记得住乡愁"[①]。我国是一个农业大国，农村是大多数人的故乡，形成了纯厚的乡土文化。随着城乡一体化建设步伐的加快，昔日田园相望的农村景象或已消失，或已被高楼大厦替代。古老村落的

---

① 《习近平谈治国理政》，外文出版社2014年版。

秀水青山、民间逸闻、乡风乡俗等若不及时记录,将逐渐从人们的记忆中远逝。一个村庄就是一部历史,在这个乡村快速变化的时代,迫切要求我们把各个乡村的人文风情保留下来。而编纂村志已成为我们留住乡愁、牵住乡俗、拉住乡音的一项重要的乡村文化抢救工程。对村民而言,有了村志,乡愁就不仅是缥缈记忆里的乡音乡味、青砖黛瓦和阡陌桑田了,而是实实在在的文字依归。例如,《凤凰村志》"风俗"编中的"赶潮会""祭星乞巧""见三新""放脚筋""开秧门"等乡民们的生活、生产习俗;"姓氏"编中乡民们的"全家福"及蕴含的寻根意识;"衙前农民运动"编中的红色记忆和历史荣誉感;等等。这些记录留住的是"乡愁",激发的是游子和本地百姓的爱乡情怀,可以起到凝聚人心、传承和弘扬传统文化的作用。可谓功德无量!

作为同行人,深知修志之艰辛。业内流传着这样一句话:方志工作是修"四苦"(艰苦、辛苦、清苦、痛苦)全书。《凤凰村志》全体编纂人员不图酬劳,不辞辛劳,在短短两年时间就高质量地为大家奉献出了这部总计231万字、1700多幅插图、778幅表格的村志,个中心血和艰辛非局外人所能体会得到。而对于该志主编、"最美方志人"莫艳梅来说,无论面对怎样的艰难困苦,她总会说:"虽酸甜苦辣,但甘之如饴,乐之无憾!"① 因为,她对这项事业是如此的热爱。也正是出于这份热爱,莫艳梅主编和全体编纂人员坚守方志人的初心,终究编纂出了这部精品佳志。让我们把由衷的敬意献给他们,并奉以业内另一句话:修志者必得"志"。

---

① 《我是方志人——杭州市萧山区志办科长莫艳梅(口述)》,2014年2月24日,浙江地方志,http://www.zjdfz.cn/html/2014/fzxz_0224/2281.html。

"泥上偶然留指爪,鸿飞那复计东西"——这是修志人的情怀!愿《凤凰村志》能给读者带来文化上的愉悦,道德上的滋养,情感上的通融,灵魂上的升华。愿凤凰村民鉴古知今,继往开来,压茬拓展,砥砺前行,经济更加发展,生活更加美好。让凤凰村这片美丽的土地永远保持着向善向美的力量,永远蓬勃着风清气正的生命。

新时代传承弘扬中华优秀传统文化的村志模式
——杭州市萧山区《凤凰村志》读后感

南剑飞[*]

摘　要： 杭州市《凤凰村志》之所以让人眼前一亮，不仅仅是因为主编的文化自信自觉与为民修志情怀，更是其作为新时代方志文化人的初心和使命——传承弘扬中华优秀传统文化的主动担当与积极践行。从某种意义上而言，《凤凰村志》开启了新时代传承弘扬中华优秀传统文化之村志模式。

关键词：《凤凰村志》　中华优秀传统文化

文化是一个国家、一个民族的灵魂。文化兴则国运兴，文化强则民族强。没有高度的文化自信，没有文化的繁荣兴盛，就没有中华民族伟大复兴。乡村是具有自然、社会、经济特征的地域综合体，兼

---

[*] 南剑飞，教授，上海交通大学博士后，上海市习近平新时代中国特色社会主义思想研究中心研究员，西南石油大学硕士生导师，浦东行政学院党校高层次引进人才。

具生产、生活、生态、文化等多重功能，与城镇互促互进、共生共存，共同构成人类活动的主要空间。乡村兴则国家兴，乡村衰则国家衰。没有乡村的振兴，没有乡村的繁荣，就没有中华民族的伟大复兴。乡村文化是乡村的魂，振兴乡村文化事关乡村振兴的成败。荒芜的乡村可以慢慢建设，没有文化的乡村即使表面繁华，最终将是一片荒漠。

国有史，地有志，家有谱，见证和构成了五千多年博大精深而又连绵不断的中华文化的方方面面。近年来随着中国地方志事业的转型升级步伐加快，村志编修工作，日益受到社会关注。在已经公开出版的众多的村志中，《凤凰村志》，引起了我们的极大兴趣。

应当指出，《凤凰村志》，系中国地方志专家库专家、中共杭州市萧山区委党史和地方志编纂研究室副研究员——莫艳梅主编·总纂，杭州市萧山区衙前镇凤凰村志编纂委员会编。总计231万字，插图1700多幅，表格778幅，图文并茂地反映了凤凰村千百年来的发展变化。据悉，这是全国篇幅最大的村志，也是全国首部与纸质书同步发行的"掌上村志"。

有比较，才有鉴别——这本精品佳志，之所以让人眼前一亮，不仅仅是因为主编的文化自信自觉与为民修志情怀，更是其作为新时代方志文化人的初心和使命——传承弘扬中华优秀传统文化的主动担当与积极践行。从某种意义上而言，《凤凰村志》，开启了新时代传承弘扬中华优秀传统文化之村志模式。

一 传承弘扬中华优秀传统文化是新时代方志人历史使命

五千多年文明发展中孕育的中华优秀传统文化，积淀着中华民族最深沉的精神追求，代表着中华民族独特的精神标识，是中华民族生生不息、发展壮大的丰厚滋养，是中国特色社会主义植根的文化沃土，是当代中国发展的突出优势。进入新时代，我们比以往任何时候都更加迫切需要传承弘扬中华优秀传统文化，我们比以往任何时候都更加迫切需要重视和做好作为中华优秀传统文化重要载体及表现形式之一的地方志文化事业。正所谓：盛世修志，志载盛世。地方志与中华优秀传统文化既有区别，又有联系；彼此交叉，相互渗透；你中有我，我中有你，浑然一体。传承与弘扬中华优秀传统文化是新时代地方志系统内外所有利益相关者特别是方志人义不容辞的重要责任与光荣使命。村志编修出版，正是地方志传承弘扬中华优秀传统文化的历史使命的担当与兑现，而这源于主编对其重大价值的把握与坚守。

二 新时代地方志传承弘扬中华优秀传统文化的重大价值

一是贯彻党的十九大精神和习近平新时代中国特色社会主义思想特别是习总书记关于地方志工作和中国优秀传统文化方面的重要思想

和李克强总理、刘延东副总理重要批示、重要讲话精神的一项重要任务。这为新时代地方志工作提出了新要求、新任务。这是当前全国地方志系统所必须着力完成的首要政治任务。

二是贯彻《全国地方志事业发展规划纲要（2015—2020）》、全面落实"十三五"规划"加强修史修志"任务的具体措施。一方面，"加强修史修志"被写入国家"十三五"规划，特别是《国家"十三五"时期文化发展改革规划纲要》，将"完成省、市、县三级地方志书出版工作，开展旧志整理和部分有条件的镇志、村志编纂"纳入了中华文化传承工程中，进一步明确了地方志在传承弘扬中华优秀传统文化、建设社会主义文化强国中的重要作用；另一方面，《关于实施中华优秀传统文化传承发展工程的意见》中也特别提出，要"做好地方史志编纂工作"。这是又一次从国家的层面明确了地方志在建设社会主义文化强国，增强国家文化软实力，实现中华民族伟大复兴中国梦中的重要作用，对于我国全面推进地方志事业转型升级意义重大。

三是落实以人民为中心的发展思想，保护传承文化遗产、延续新时代人民群众的乡愁感，提高其自豪感、幸福感、获得感，全面提升新时代人民群众美好生活所依托的文化素养现实需要。

四是应对当前文化遗产保护危机、确保文化遗产保护安全，维护国家文化安全、筑牢国家文化安全体系、落实文化强国战略、建设"社会主义文化强国"、实现"中华民族伟大复兴中国梦"的重要举措。

五是挖掘地方地情文献资源、服务地方经济社会发展的重要抓手。出版传播《凤凰村志》，是凤凰村落实中华优秀传统文化传承发展工程，打响村落文化品牌，巩固全国文明村、全国敬老模范村和全国民主法制示范村等成果、助推乡村振兴战略、提升乡村核心竞争力和可持续发展的当务之急。

三 《凤凰村志》传承弘扬中华优秀传统文化的积极探索

一是村志编修出版工作。做好地方志日常工作，特别是史志编纂工作，就是传承弘扬中华优秀传统文化，这是《关于实施中华优秀传统文化传承发展工程的意见》等文件明确规定的要求。《凤凰村志》编纂工作历时两年多，于2018年11月定稿，经中国方志界、社科界和高校数名专家学者评审；由复旦大学历史系教授、中国地方志学会学术委员会委员巴兆祥作序，于2019年6月由中国社会科学出版社出版，分上、下册，全彩印刷，总计231万字。《凤凰村志》，资料翔实，结构科学，志在创新，尤其是其众手成志的过程，不仅让村民在参与撰稿中重拾了记忆、留住了乡愁，也让志稿中丰富的政治、经济、文化、社会史料读起来备感亲切、真实。全志设"总述"、"大事记"、"大事纪略"、第一编"村庄"、第二编"姓氏"、第三编"人物"、第四编"村民访谈"、第五编"凤凰村民未来期待调查"、第六编"衙前农民运动"、第七编"村政"、第八编"村区建设"、第九编"农业"、第十编"工业 建筑业"、第十一编"商业 服务业"、第十二编"村级经济 收益分配"、第十三编"村民生活"、第十四编"教育 卫生"、第十五编"文化 体育"、第十六编"艺文"、第十七编"风俗"、第十八编"文献"、"索引"、"参考文献"、"后记"。合计18编76章240多节500多条目,全面地反映了凤凰村自然、政治、经济、文化和社会的历史与现状。

二是为民修志守正创新。《凤凰村志》的最大特色在于切实以人民为中心、充分关注并表达村民的意愿,体现了新时代村志鲜明的人民性属性。志中篇幅最大的是"姓氏"编(408页),占全志正文篇幅(1366页)的29.9%,以每户一个基本情况表,配每户一幅全家照,每户手写一句最想说的话,反映民情民意民愿,充分体现村志的村民性。其次是"村民访谈"编(198页),再次为凤凰村民未来期待调查编(共96页,由萧山区委史志编研室与杭州师范大学政治与社会学院师生合作开展,具有很强的时代性,这在全国村志中也是首例),分别占全志正文篇幅(1366页)的14.5%、7.0%,创大规模口述史、社会调查入村志之首。这些都是在这次编志中产生的第一手资料,不仅反映了民情、民意、民愿,还深化了志书内容,提升了志书的资料性、著述性和原创性,并为志书的体例创新做了有益的尝试。特别是制作了《凤凰村志》扫描二维码,成为全国首部与纸质书同步发行的"掌上村志"。掌上《凤凰村志》,更是让凤凰故事插上数字的翅膀,将纸质融入现代科技手段,村志从此开启随扫随读模式。要阅读《凤凰村志》的市民朋友,可通过手机端轻松获取查看了解美丽凤凰村的"前世今生"。特别是第四编"村民访谈"、第五编"凤凰村民未来期待调查"等志书内容对中华优秀传统文化的传承弘扬,诸如,村民渴望良好的村风和家风,包括弘扬爱国爱党爱民爱集体的崇高风格;弘扬孝敬父母、关爱兄妹、扶危济困、尊老爱幼的传统美德;弘扬团结协作、互相帮助、以德报怨、不计前嫌的宽广胸怀;弘扬尊师重教、刻苦学习、见贤思齐见不贤内省的修身意识；弘扬教子有方、历练成才、创业有为、艰苦奋斗、勇于担当、勇于创新、勇于奉献、勤俭持家的传统美德与精神财富。

综上所述，中国传统文化的"根"和"魂"在乡村。《凤凰村志》不仅是公共文化服务工程，更是"留住乡愁"记忆工程、传统文脉延续工程以及社会大变革时代传统村落文化抢救性工程。无疑，《凤凰村志》的发行，凤凰村史馆的开馆不仅会激发凤凰人"识乡爱乡兴家乡"的热情，继续弘扬"敢为人先"的凤凰精神，也将会吸引更多的人走进凤凰，走进衙前，走进萧山，感受凤凰村、衙前镇乃至萧山区深厚历史文化底蕴，更加坚定干事创业与推动新时代凤凰村事业新发展，积极传承弘扬中华优秀传统文化，努力实现中华民族伟大复兴的中国梦。

守正出新创范式　以民为本记村情
——读杭州市萧山区《凤凰村志》

鲍永军[*]

摘　要：杭州市《凤凰村志》是一部内容丰富、体例创新的优秀村志，在村志编纂范式上具有开拓意义，足资借鉴。表现在：篇目设置合理，在传统基础上又有创新，既全面又富有特色；注重记载民生，大胆新增"姓氏""村民访谈""凤凰村民未来期待调查"诸编，既可补村志文献资料之不足，又具有时代价值；总结发展经验，具有存史、资政、育人作用，为当代村志编纂提供了范例。另有可商榷之处。

关键词：《凤凰村志》　体例创新　以民为本

2019年7月，承蒙杭州市萧山区方志办莫艳梅老师惠寄其主编的《凤凰村志》一部，打开一看，厚重两大册，竟有231万字。一部村志何以有如此巨大篇幅？篇目、内容究竟如何？带着疑问拜读之后，始恍然大悟。首先，萧山区衙前镇凤凰村历史悠久，是我国现代农民运

---

[*] 鲍永军，浙江大学历史系党支部书记兼副主任，副教授，浙江省地方志学会常务理事。

动发祥地,全国文明村,2017年村民人均纯收入高达54518元,是远近闻名的新农村建设示范村。其次,主编莫艳梅老师既有丰富的修志实践经验,又有丰硕的科研成果与深厚的理论素养,注重村志内容与形式创新,增加了大量口述史与社会调查等鲜活内容。因此,《凤凰村志》是一部内容丰富、体例创新的优秀村志,在村志编纂范式上具有开拓意义,足资借鉴。具体而言,这部村志有三个特点。

一 篇目设置合理

新村志编纂是近年来逐渐兴起的一项地方志工作,中共中央办公厅、国务院办公厅出台的文件提出,有条件的村开展志书编纂工作。总的来说,新村志编纂还处在一个探索体例、提升质量的发展阶段。《凤凰村志》篇目设置在传统基础上又有创新,既全面,又富有特色。

《凤凰村志》上册扉页右下角是村志二维码,微信扫描后就是收录在中国社会科学文库的村志全文,免费阅读,文字可以复制,方便读者读志用志。接下来是图片,均注明人、事、地及拍摄时间、拍摄者或提供单位,全志有照片1700多张(含每户手写一句最想说的话扫描图片),还有778个表,直观形象,一目了然。"总述""大事记""大事纪略"是村史纲要,叙述发展历程。专志18编,首列"村庄",记载地理位置、自然环境;次列"姓氏""人物""村民访谈""凤凰村民未来期待调查"。先地后人,逻辑清楚。下册首列"衙前农民运动",作为我党领导的首次农民运动,具有全国性影响,在村志里专设一编,突出反映重要史事、人物。其次是"村政""村区建设""农业""工业　建筑业""商业　服务业""村级经济　收益分配""村民生活""教育　卫生""文化　体育""艺文""风俗"等，全面系统地记载凤凰村政治、经济、文化、社会的历史与现状。"艺文"编第一章是"沈定一的著述"，记载重要历史资料。然后是"索引""参考文献"，正文引用资料均注明出处，符合学术规范，方便读者查阅、研究与利用。最后是"文献"，得清代方志学家章学诚"方志立三书"之意。《凤凰村志》不仅在篇目设置上精心筹划，在标题文字上也仔细斟酌，如第五编第二章"凤凰村民七大未来期待"，总结为"望更富、求真知、期乡美、希安稳、求和顺、愿参政"，用词精练。

二　注重记载民生

《凤凰村志》"凡例"第一条强调，以马克思主义、毛泽东思想、邓小平理论、"三个代表"重要思想、科学发展观、习近平新时代中国特色社会主义思想为指导，旨在存史、育人、资政。全志贯彻指导思想，高唱主旋律，弘扬正能量。人民性是马克思主义理论和实践的出发点，一切为了人民，是我党根本价值取向和初心所在。《凤凰村志》重点记载衙前农民运动事实、人物、资料，村里高度重视建设纪念馆，组织党员到李成虎烈士墓祭扫，不忘初心，牢记使命。图0046是"心系中国梦的孩子们"，立德树人，梦想未来。

村志记载民生、民情，大胆新增"姓氏""人物""村民访谈""凤凰村民未来期待调查"诸编。"姓氏"编列出全村每户家庭户主与成员情况表、全家照片，还有最想说的一句话。除了本村人，还有外来人员访谈，不忘他们的贡献。村民是村庄的主人、村史的创造者，但在历代旧志中少有记载。《凤凰村志》这样的开创性体例前所未见，真正做到以民为本。村志编纂完成后，往往被束之高阁，少有村民收藏阅读，但可以肯定，凤凰村村民会十分珍惜这部收录自己照片的村志。"村民访谈"编讲述过去的奋斗历史，忆苦思甜，"凤凰村民未来期待调查"编则结合村情，提出对未来的期盼，过去、现在、未来，一以贯之。第三章"民之所望　施政所向"，开篇就引用习近平总书记讲话："人民对美好生活的向往，就是我们的奋斗目标。""中国梦归根到底是人民的梦。"解决好老百姓关心关注的民生问题，使人民学习得更好、工作得更好、生活得更好，是人民的期盼，也是中国梦的重要组成部分。这一章记载人民对美好生活的向往，还总结出六项发展对策，具有实用价值。口述史、社会调查资料入志并不鲜见，但《凤凰村志》如此大规模使用十分罕见。这些鲜活的反映民生民情的资料，既可补村志文献资料之不足，也具有时代价值。

三　总结发展经验

《凤凰村志》第五编第一章中，记载习近平总书记的讲话："中国要强，农业必须强；中国要美，农村必须美；中国要富，农民必须富。"《凤凰村志》记载了村庄发展历史尤其是近百年历程，从"上访村"如何成为全国文明村，他们的经验值得好好总结。从村民访谈、未来期待调查、村政、创建全国文明村以及农业、工业、村级经济、村规民约等资料，可以多方面学习借鉴。

第五编第二章中，"盼村领导班子勇挑重担"，从中可以懂得凤凰村的发展，首先得益于有一个坚强的领导班子，模范带头，勇于创新，一心为民，能获得群众大力支持。其次，担任村主要领导 40 余年的胡岳法同志，是名副其实的新农村建设优秀带头人。他在访谈中说："谁给百姓最多的实惠，给老百姓最好的生活，谁就是好。好与不好，关键在于民生，在于民意。""作为第一责任人，我们要想尽一切办法，利用一切资源，把它发展好，稳定好，使老百姓得到实惠，共同富裕起来了，这就是民生。老百姓信任你了，夸你了，这就是好口碑。"可见，凤凰村主要领导人不仅有能量，有胸怀，还有高素质，任劳任怨，无私奉献，真心实意为村民谋幸福。

综上所述，《凤凰村志》篇目、内容全面，具有存史、资政、育人作用，为当代村志编纂提供了范例。

是否可以更好？笔者认为，尚有可商榷之处。例如：①彩页第 22 页，图 0049、图 0050，"浙江省新农村建设带头人金牛奖"，最好写全称——"2010 年度浙江省新农村建设带头人'金牛奖'"。正文第 35 页，图 0105，"浙江省新农村建设带头人金牛奖"，最好写全称——"2011 年度浙江省新农村建设带头人'金牛奖'"。第 497 页，表内第 11 行，"浙江省新农村建设'金牛奖'""2010 年""浙江广播电视集团主办新农村建设优秀带头人评选活动"，应分别为——"2010 年度浙江省新农村建设带头人'金牛奖'""2011 年 1 月""浙江广播电视集团"。②彩页第 30 页，图 0068，"外国人参观衙前镇凤凰村"，最好写明"亚非拉乒乓球运动员参观衙前农民运动纪念馆"。③彩页第 18 页，图 0037，"中国国庆 60 周年升旗典礼"，应为"新中国成立 60 周年国庆升旗典礼"。④目录、章名，"20 世纪 20—40 年代村民访谈""20

世纪50—70年代村民访谈""20世纪80年代村民访谈",建议改为"20世纪20—40年代出生村民访谈""20世纪50—70年代出生村民访谈""20世纪80年代出生村民访谈"。⑤第79页,正文第3行,"陆续有异性因婚嫁从外地迁入","异性"应为"异姓"。⑥个别资料尚可进一步收集补充,如乾隆年间自然灾害等。以上数条,仅供参考。

与时代同步,为人民修志

——杭州市萧山区《凤凰村志》读后感

赵丽丽[*]

摘　要：杭州市《凤凰村志》从某种程度上看,是一部具有与时代同步、为人民修志的精品佳志和新村志。主要表现在贯通古今,纵跨上千年；详今明古,突出了时代性；与时俱进,突出了中国发展的最新历史方位；其修志理念,反映了编者的人民情怀与人民思维；修志内容,处处充满村情民意与民生民心；修志过程和修志方式,体现了开门修志与村民主动参与修志；成果共享,成为当前难得的具有资政价值又有学术价值的好教材。

关键词：《凤凰村志》　时代性　人民性

时代是思想之母,实践是理论之源。"要马上了解一个地方的重要情况,就要了解它的历史。了解历史的可靠的方法就是看志,这是我的

---

[*] 赵丽丽,上海商学院酒店管理学院教工第一党支部书记、酒店管理系主任,副教授,硕士研究生导师。

一个习惯。过去，我无论走到哪里，第一件事就是要看地方志，这样做，可以较快地了解到一个地方的山川地貌、乡情民俗、名流商贾、桑麻农事，可以从中把握很多带有规律性的东西。可谓'开卷有益'……修志是一项很有意义的工作。其意义，说通俗一点，就是使我们做一个明白人，'以古为鉴，可知兴替'，对于我们，只有加深对历史的掌握和理解，才能'以古为鉴，鉴古知今'……修志是一件相当'得志'的事情，希望大家都要把它办好。你们正在为地区做一件功德无量的善政"。这段话出自1989年习近平同志任福建宁德地委书记时在全区地方志工作会议上的讲话稿，已成为习近平新时代中国特色社会主义思想重要组成内容。2014年2月，习近平总书记在首都博物馆参观北京历史文化展览时强调，搞历史博物展览，为的是见证历史、以史鉴今、启迪后人。要在展览的同时高度重视修史修志，让文物说话、把历史智慧告诉人们，激发我们的民族自豪感和自信心，坚定全体人民振兴中华、实现中国梦的信心和决心……2015年8月，实施的《全国地方志事业发展规划纲要（2015—2020年）》指出："指导有条件的乡镇（街道）、村（社区）做好志书编纂工作。"2017年1月，《关于实施中华优秀传统文化传承发展工程的意见》特别提出，要"做好地方史志编纂工作"。2017年5月，实施的《国家"十三五"时期文化发展改革规划纲要》提出："完成省、市、县三级地方志书出版工作，开展旧志整理和部分有条件的镇志、村志编纂。"2018年9月，中共中央、国务院印发了《乡村振兴战略规划（2018—2022年）》，其中第二十三章"弘扬中华优秀传统文化"第一节"保护利用乡村传统文化"提出："鼓励乡村史志修编……"这些明确了地方志包括村志在传承弘扬中华优秀传统文化，建设社会主义文化强国，增强国家文化软实力，实现中华民族伟大复兴中国梦中的重要作用。

浙江省杭州市萧山区衙前镇凤凰村因凤凰山得名，是浙北大地一颗耀眼明珠，历史悠久，文化底蕴深厚——既有中国现代农民运动的发源地之称，又拥有"全国文明村""全国民主法治村""全国敬老模范村""浙江省全面小康建设示范村""双强百村"等多项殊荣。作为一村之全史和一村之百科全书之称的《凤凰村志》，系方志之乡浙江省地方志书的重要组成部分，印证着自古至今特别是改革开放以来中国浙北大地乡村发展的历史轨迹，是十分珍贵的历史遗产。《凤凰村志》由莫艳梅主编·总纂、杭州市萧山区衙前镇凤凰村志编纂委员会编写的，于2019年6月由中国社会科学出版社出版。全书总计231万字，插图1700多幅，表格778幅，图文并茂、形象生动地反映了凤凰村千百年来的发展变化特别是改革开放和社会主义现代化进程中的伟大的历史性变革和取得的伟大的历史性成就。据悉，目前这是全国篇幅最大的村志，也是全国首部与纸质书同步发行的"掌上村志"。从某种程度上看，这是一部具有与时代同步、为人民修志的精品佳志和新村志。

与时代同步，主要表现在三个方面

一是贯通古今，纵跨上千年，上限尽量追溯至事物发端，下限一般断至2016年，有的则依据实际需要下延至2018年。

二是详今明古，特别是重点记述了2005年6月以来的凤凰村域所发生历史变化，包括行政区划变革、经济社会发展等，突出了该志书的时代性。

三是与时俱进，特别是突出了新时代这个当代中国发展的最新历史方位，突出了新时代社会矛盾——人民日益增长的美好生活需要和不平衡不充分的发展之间的矛盾，这无不在志书中的各时间段出生的村民访谈还是着眼将来的未来期待调查等内容中得以清晰而充分的体现。例如，凤凰村民未来七大期待，分别是村民望更富：盼发展农村经济，增收致富；村民求真知：盼丰富文化生活，尊知重教；村民期乡美：盼建成"三美"乡村，绿色文明；村民希安稳：盼完善保障保险，后顾无忧；村民求和顺：盼家庭安居乐业，顺其自然；村民愿参政：盼政府更民主公正，执行力强；村民谋发展：由顺从守旧走向主动追求，但仍保守惧变。对策思考——三级联动，推进三美三化建设；引导合作，推动三位一体改革；共建共享，提升公共服务水平；精准帮扶，完善社会保障制度；提高素质，加快培育现代农民；责任明晰，抓好基层组织党建。因此，该志书具有鲜明的时代性，令人心向往之。

为人民修志，主要表现在四个方面

一是修志理念，传承了志书传统的官书官修理念，同时，编者与时俱进，心系人民，坚持人民主体地位、人民中心发展思想、主动创新努力为人民修志——这是新时代背景下地方志转型升级中至关重要的一环，也是新时代地方志工作者的初心所在、使命担当，反映了编者的人民情怀与人民思维。

二是修志内容，处处充满了村情民意、民生民心。全志设"总述"、"大事记"、"大事纪略"、第一编"村庄"（下设四章，包括第一章"建置"、第二章"区位"、第三章"人口"、第四章"自然环境")。从第二编"姓氏"(下设四章,包括第一章"凤凰村姓氏"、第二章"凤凰片姓氏"、第三章"交通片姓氏"、第四章"卫家片姓氏")、第三编"人物"(下设两章,分别是第一章"人物传"、第二章"人物表")、第四编"村民访谈"(下设五章,包括第一章"现任村党委书记 村委会主任访谈"、第二章"20世纪20—40年代村民访谈"、第三章"20世纪50—70年代村民访谈"、第四章"20世纪80年代村民访谈"、第五章"外来人员访谈")、第五编"凤凰村民未来期待调查"(下设三章,包括第一章"问题的提出"、第二章"凤凰村民七大未来期待"、第三章"民之所望 施政所向")、第六编"衙前农民运动"(下设六章,包括第一章"衙前农民运动兴起"、第二章"军阀镇压"、第三章"衙前农民运动胜迹"、第四章"衙前农民运动纪念活动"、第五章"衙前农民运动纪念设施"、第六章"衙前农民运动研究状况")、第七编"村政"(下设六章,包括第一章"自治组织"、第二章"中国共产党"、第三章"群众组织"、第四章"村务管理"、第五章"民兵优抚"、第六章"创业新村社区")、第八编"村区建设"、第九编"农业"、第十编"工业 建筑业"、第十一编"商业 服务业"、第十二编"村级经济 收益分配"、第十三编"村民生活"、第十四编"教育 卫生"、第十五编"文化 体育"(下设两章,分别是第一章"文化"、第二章"体育")、第十六编"艺文"(下设三章,分别是第一章"沈定一的著述"、第二章"其他诗词楹联选录"、第三章"新闻报道")、第十七编"风俗"(下设八章,分别是第一章"岁时习俗"、第二章"生产习俗"、第三章"生活习俗"、第四章"婚嫁习俗"、第五章"丧葬习俗"、第六章"信仰习俗"、第七章"时尚"、第八章

"方言")、第十八编"文献"(包括六个方面,分别是"集体荣誉"、"组织机构及人员配置"、"村规民约"、"经济联合社章程"、"凤凰村村歌"、"衙前镇1977—2017年党政负责人名录"),以及"索引"、"参考文献"、"后记"。其中,第一编到第五编为上册,第六编到后记为下册。全书合计18编76章240多节500多条目,全面地反映了凤凰村自然、政治、经济、文化和社会的历史与现状。应当指出:除去第一编,该志书其他内容整体聚焦凤凰村民生产生活全貌。

三是修志过程和修志方式,充分走近群众、调查群众、开门修志,特别是主动让群众介入参与修志,使村民成为志书主角。例如志中篇幅最大的是"姓氏"编[408页,调查结果显示:2016年底,凤凰村有姓氏112个,其中周氏216人、傅氏207人、卫氏206人、陈氏135人、曹氏134人、王氏119人、张氏112人,分别占全村户籍人口2192人(不含户口挂靠凤凰村的非凤凰村民12人)的9.85%、9.44%、9.40%、6.16%、6.11%、5.43%、5.11%,合计占全村户籍人口的51.51%],占全志正文篇幅(1366页)的29.9%,内有每户一个基本情况表,配以每户一幅全家照,每户手写一句最想说的话,充分体现村志的村民性。通过全面、系统地分析每户人家最想说的话,不难发现:凤凰村民文化素养特别是其对五千多年来中华优秀传统文化的坚定传承与自觉弘扬。从某种意义上而言,这是一部洋溢着或闪耀着中华优秀传统文化遗产光芒的新时代村志。又如"村民访谈"编[198页,凤凰村民33人(包括20世纪20年代1人、30年代7人、40年代6人、50年代9人、60年代6人、80年代4人),外来人员4人,沈定一后代及知情人9人。访谈录音计40万字],再次为"凤凰村民未来期待调查"编(96页),分别占全志正文篇幅的14.5%、

7.0%，创大规模口述史、社会调查入村志之首。这些都是在这次编志中产生的第一手资料，不仅反映了民情、民意、民愿，还深化了志书内容，提升了志书的资料性、著述性和原创性，并为志书的体例创新做了有益的尝试。

翻阅品读《凤凰村志》，不难发现：本志书资料翔实，结构科学，志在创新，尤其是其众手成志的过程，不仅让村民在参与撰稿中重拾了记忆、留住了乡愁，也让志稿中丰富的政治、经济、文化、社会史料读起来倍感亲切、真实。

四是成果共享。该志书虽然是地方志工作者近6年心血结晶，但成果属于村民，可供村、镇、区、市四级政府决策参考，也可供高校党校、科研院所研究借鉴。当然，借助志书，我们可以清楚了解凤凰村是如何从一个一穷二白的落后村，到闻名遐迩的经济强村，并把广大农民对美好生活的向往，化为推动乡村振兴的动力，不断实现华丽蜕变。应当指出：村志发行当天，不少凤凰村民便迫不及待地翻看这本承载了故乡千百年来大小记事的书册，了解过往岁月，憧憬未来时光。据了解，凤凰村委将给每一户村民分发一册《凤凰村志》，旨在让村民了解故乡，不忘发展初心，牢记发展使命。从某种意义上而言，这也应当成为当前"不忘初心、牢记使命"主题教育实践活动中全党、县处级领导干部学习党史、新中国史（尤其是村史）一本难得的、非常接地气的教材。无疑，凤凰村、衙前镇党员、领导干部将获益良多。

有道是："文章合为时而著，歌诗合为事而作。"无疑，《凤凰村志》就是一部为新时代而著，更为百姓事而作的精品佳志。这对于增强新时代的凤凰村民文化自信、夯实乡村振兴文化根基、承续优秀乡土文化、激发凤凰村民干事创业新动能无疑具有广泛而深远的影响。

乡村兴则国家兴，乡村衰则国家衰。但是，乡村振兴的灵魂在于文化，没有乡村文化振兴，就没有中华民族的伟大复兴。我们深信：随着《凤凰村志》出版、发行、传播，必将会有越来越多的人读志、用志，必将激发凤凰村民新时代奋斗新动能、必将奏响凤凰村民新时代奋进新篇章。

忠厚传家久　诗书继世长
——论杭州市萧山区《凤凰村志》中的文化自信

郑　江[*]

摘　要：杭州市《凤凰村志》中洋溢着浓厚的文化气息，体现着坚定的文化自信，突出表现在"志"、"图"、"诗"、"表"、"话"、"俗"中。这一特点，在村志编修中独树一帜，独领风骚，具有标杆价值和引领作用。其在村志编修中的一系列创新举措及良好效果，对于全国其他地方的村志编修工作，具有非常宝贵、重要的借鉴意义。

关键词：《凤凰村志》　文化自信　引领作用

习近平总书记指出，"我们说要坚定中国特色社会主义道路自信、理论自信、制度自信，说到底是要坚定文化自信。文化自信是更基本、更深沉、更持久的力量"，"坚定文化自信，离不开对中华民族历史的认知和运用。历史是一面镜子，从历史中，我们能够更好看清世界、参透生活、认识自己；历史也是一位智者，同历史对话，我们能够更

---

[*] 郑江，新疆维吾尔自治区教育厅办公室四级调研员。

好认识过去、把握当下、面向未来"。

"国有史，郡有志，家有谱"。地方志是中国传统文化宝库中的一朵奇葩，是一种独具中国特色的历史地理文献，是中华民族文化遗产的重要组成部分。地方志作为传承中华文化的重要载体，全面系统地记载一定区域内自然、政治、经济、文化和社会的历史与现状。在历经两千多年、绵延不断的方志编修中，培育形成的方志文化更是博大精深、历久弥新、独具特色、灿烂辉煌。可以说，方志文化表现了中华文化的本质特征和根本属性，是中华文化的重要代表，是中华文化的丰富滋养。清代著名学者章学诚称："方志乃一方全史。"方志之名，最早见于《周礼》。《周礼·春官》记载，"小史掌邦国之志，外史掌四方之志"；《周礼·地官》记载，"诵训：掌道方志，以诏观事"。东汉正式产生了中国古代第一部志书——袁康、吴平撰写的《越绝书》。该书共二十五卷，现存十五卷，记载了春秋战国时期吴越两国争霸的历史，并详细记述了吴越两国的山川、地理、物产等，因此被一些学者尊为"中国地方志之鼻祖"。

令人惊喜的是，在"中国地方志之鼻祖"《越绝书》所记载的吴越之地，在新时代，又诞生了一部在全国村志编修领域开一代风气之先、好评如潮的村志——《凤凰村志》。杭州市萧山区衙前镇凤凰村是杭州市社会主义新农村建设标兵村、浙江省全面小康建设示范村、全国文明村，有着悠久的历史、深厚的文化底蕴和尊知重教的光荣传统。上下求索，追根溯源，村之由来，历史远矣，"越州萧山县凤仪乡"，这是凤凰村目前可以找到的最早有书面记载的名字。有凤来仪，光从名字的内涵上便可窥得凤凰村的繁华过往和文化内涵。众所周知，凤凰村经济发达，村民生活富裕，物质条件很好，但是，从《凤凰村志》

中，更多地让我们感受到，该村党委班子，不仅抓经济建设，更抓了文化建设，所以，《凤凰村志》中洋溢着浓厚的文化气息，体现着坚定的文化自信，这一特点，在村志编修中独树一帜，独领风骚，具有标杆价值和引领作用。

一 文化自信在"志"中

有人说，省有省志，市有市志，区有区志，甚至镇也有镇志，然而，耗费大量的人力、物力、财力，编修村志，意义到底大不大，价值到底高不高？其实，这个问题问得好，解答了这个问题，我们就更能透彻地认识和理解编修《凤凰村志》的重要意义，同时对于全国其他地方编修村志也能起到很好的激励作用和示范作用。中华民族地域辽阔，历史悠久，各地域形成了独具特色的地域文化传统，每个地区都有其特点，有自然环境、风俗习惯、开发时间、文化教育、经济发展、社会面貌等诸多不同。方志最大的优点就在于能够分门别类、全面系统地加以记载，从而反映出这些不同。凤凰村作为一个千年聚落，又处于中国近千年来的经济文化发达地区，不仅积累了大量地方史料，还由境内的遗址遗物和口耳相传保留了很多未见于其他记载的资料。因此，某些在全国、全省、全区、全镇未必能有详细记录的事物，在《凤凰村志》中却因其在本地所占的重要地位、所起的关键作用、所产生的重大影响而得到最大篇幅的记载，留下最详尽的资料。正如复旦大学历史系教授、博士生导师、中国地方志学会学术委员会委员巴兆祥先生在《凤凰村志》序言中所写的那样，"在中国传统村落数量锐减的今天,看到又一部留存乡村记忆、抢救乡村历史文化的村志问世,是一件值得庆幸的事"。同时,我还认为,《凤凰村志》编修的另一重大意义在于,凤凰村的经济实力很强,村民的福利待遇很好,但是,仅仅有物质上的丰厚还不够,还必须追求精神上的丰富,追求文化上的自信,"仓廪实而知礼节,衣食足而知荣辱",只有如此,才能"忠厚传家久,诗书继世长",才能真正树立起文化自信。

二 文化自信在"图"中

《凤凰村志》全彩印制,装帧精美,质地优良,可以说,比一些省志、市志、县志都更有档次,充分体现了主编的大手笔、大气魄。全志1700多幅图照(含村民最想说的一句话手写体扫描图片),不仅色泽清晰,而且处处皆有文化。根据一般的阅读习惯,读者拿上志书后,最先浏览的往往是图片。而《凤凰村志》中的这些图片,不是简单的历史记录,而是有深厚的文化内涵蕴藏其中。比如,图0001"凤凰村村徽",所展示的村徽构造精巧,寓意深刻,如凤凰飞翔,背衬蓝天,中有国旗,不需要有任何注解说明,却已将其文化内涵淋漓尽致地呈现,可谓"不着一字,尽得风流"。又如,图0007"运河边的老街"、图0008"运河边的老屋"、图0009"运河边的古桥",将江南水乡的美景生动展示出来,让人联想到"一方水土养一方人",如此秀丽风光,怎不孕育出勤劳善良智慧的凤凰人?又如,图0036—0037,凤凰村每年表彰优秀学生,凤凰村在美国的留学生,体现了该村对优秀学子的重视和培养。又如,图0038—0042,凤凰村民参加运动会、跳广场舞、打腰鼓，喜气洋洋的笑容、大红大绿的服饰、欢天喜地的场景，很有生活气息。又如，图 0057—0067，展示的是历史古迹，具有深厚的历史纵深感。又如，图 0130 "官河风光"，一池静水，一叶扁舟，一方斗笠，一身蓑衣，让人情不自禁想起一句古诗——"孤舟蓑笠翁，独钓寒江雪"，诗情画意，尽在其中。

三 文化自信在"诗"中

党的十九大报告对中国文化作出重要阐述："文化是一个国家、一个民族的灵魂。文化兴国运兴，文化强民族强。没有高度的文化自信，没有文化的繁荣兴盛，就没有中华民族伟大复兴。"文化自信，唤起国人对既往传统的回望。诗词是中国传统文化的重要组成部分，它的美深隐于我们的文化基因之中，是中国传统文化蓬勃兴盛的精神动力。《凤凰村志》第十六编"艺文"第一章"沈定一的著述"和第二章"其他诗词楹联选录"，收录了大量的诗词、文章、楹联、论著等。有的作品虽距今久远，但细细品读，仍颇有意境。比如第 1162 页的诗歌《读大白的〈对镜〉》原载于 1920 年 9 月 20 日《民国日报》副刊《觉悟》，"镜中一个我，镜外一个我。打破了这镜，我不见了我。破镜碎粉粉，生出纷纷我。我把我打破，一切镜无我。我把我打破，还有破的我。破的我也破，不知多少我"。这首小诗，看似简短，实则精妙，虽只有短短六句，且常用字仅有"镜""我""破"三个字，反复出现，但细细品读，不仅朗朗上口，而且寓意深刻，从诗的本义上看，反映了物理学镜面反射的光学原理，从引申义上看，具有哲学辩证法的意味，同时，在当时的历史条件和社会环境下,这也表达了本诗作者、中国共产党的早期党员沈定一的家国情怀和斗争精神,值得流传至今,影响后人。

四 文化自信在"表"中

习近平总书记指出,"教育是民族振兴、社会进步的重要基石,是功在当代、利在千秋的德政工程,对提高人民综合素质、促进人的全面发展、增强中华民族创新创造活力、实现中华民族伟大复兴具有决定性意义。教育是国之大计、党之大计"。十年树木,百年树人。一个村的文化自信,必须体现在对教育的尊重、对人才的尊重、对知识的尊重上。凤凰村在村党委的领导下,形成了"尊重知识、重视教育"的良好氛围。《凤凰村志》第三编"人物"第二章"人物表"中,第499页表0588"2008—2016年凤凰村硕士生名录",表0589"1945—2016年凤凰村大学本科生名录",将全村本科以上大学生名单都收录其中,包括姓名、性别、就读时间、学校名称、工作单位等。这个表设计得很有意义,将村里的大学生写入村志,载入史册,享受"名垂青史"的荣光,是引领尊知重教的良好社会风尚。这就如同在古代,一个村里如果有人科举考试金榜题名,村里就会敲锣打鼓报送喜讯,会让金榜题名者披挂红花、骑上高头大马游街。所有,我们可以想到,当村里每个家庭,拿着这部《凤凰村志》教育家中的孩子,"你看,某某某,考上大学了,都写到村志里面了",这对孩子认真求学的正向激励是很大的,让孩子们从小就懂得学习的重要性,也会向往这种学有所成、考上大学、载入村志的荣耀。又如,表0598"2017年凤凰村村民教育观念分析表",通过一组数据反映出村民的教育观念。如,"尽可能让子女接受更好的教育"项占75.6%,"读书是最好的出路,多读书才能多赚钱"项占45.5%,而"只要能赚钱,不必多读书"项仅占5.2%,这些数据,也能够说明凤凰村民对教育的重视。所以,一个村的发展的考量标准,不仅仅是让村民富了"口袋",更重要的是富了"脑袋",不仅兜里有钱,更要胸中有墨。

五 文化自信在"话"中

《凤凰村志》的一大创新,就是设计了"村民访谈"编和"凤凰村民未来期待调查"编。在中国古代封建社会,"防民之口,甚于防川",普通老百姓没有话语权,更没有口述历史的权利。在人民当家做主的今天,《凤凰村志》让老百姓口述历史,记录乡音、乡俗、乡情、乡愁,积累鲜活而生动的第一手资料,也体现了对普通劳动人民的尊重。村民调查问卷全面深入地了解了凤凰村富裕起来的村民在想什么,反映了民之所想,民之所盼,既是民声的真实记录,也可供资政之用。特别是关于文化的有关问答,体现了村民的文化自信,以及对更高层次、更丰富的文化的需求。比如,在凤凰村民未来期待调查的访谈记录中,设计的第四个问题就是:"您知道传统文化吗?您会让您的子女学习传统文化吗?您觉得孩子们学习传统文化有什么意义?"这个问题设计得很好,而村民们的回答则更为直接,更为精彩,更为真切。如,第759页翁洪霞的访谈记录中,讲道:"我的大女儿在幼儿园,她已经能背诵几段《三字经》了,她们还学了葫芦丝,另外,我们周末还给她报了一个画画班。"第760页傅玉刚的访谈记录中，讲道："会让孩子学一些古筝、《三字经》等，但是更加注重孩子跳舞、钢琴方面的培养。"第768页傅关潮的访谈记录中，讲道："我们从小书读得很少，成绩很差，我的子女读书也不太好的，但我也同我的孩子们讲，让他再去读点书，读得进也好，读不进也好，学一点也是好的。"第772页沈云海的访谈记录中，讲道："我文化程度不高，但是我喜欢传统文化，我给儿子说，传统文化不能丢，我觉得中国的传统文化一代接一代传下去，学习传统文化也是为了下一代。"这些话语，都是那么朴实无华，但言为心声，都是老百姓的心里话。

六 文化自信在"俗"中

这个"俗"，是民俗、风俗的"俗"。民俗文化，又称为传统文化，是对民间民众的风俗生活文化的统称，也泛指一个国家、民族、地区中集居的民众所创造、共享、传承的风俗生活习惯，是在普通人民群众的生产生活过程中所形成的一系列非物质的东西，民俗及民众的日常生活。民俗既是社会意识形态之一，又是一种历史悠久的文化遗产。早在《汉书·王吉传》一书中就有"百里不同风，千里不同俗"的记载。在《凤凰村志》第十七编"风俗"中，所收录当地的各类习俗，以及方言，包括民间词汇、谚语、歇后语等，都是散发着浓浓乡土气息的传统文化。"越是民族的，越是世界的"，越是这些乡土味重的习俗文化、方言俚语，越能体现出其独有的文化价值。美国哈佛燕京图书馆馆长郑炯文曾这样介绍："对于中国现在编修的各种新志，特别是对一些小型志敞开收藏,'不管什么志书都收','见一本买一本,不管它是什么内容',不管是定稿还是未定稿,都要注意收藏保存,特别是未定稿,很多是用金钱无法购买得到的。"可以说,方志文化是典型的具有民族性的文化,是能够代表中华文化走向世界的文化。《凤凰村志》第十七编"风俗"收录的内容,用一个字来形象说,就是"土",但正是这种"土",恰恰是文化领域的地方"土特产",所以,"土"得有味道,"土"得有文化,"土"得有自信,"土"得有价值。比如,第1247页的谚语"弗吃过量酒,弗贪意外财",既有养生文化,劝人饮酒节制,也有修身文化,劝人向善勿贪。又如,第1249页的歇后语"清水田里捉田螺——十拿九稳",来源于实实在在的农耕活动中,非常形象生动,一语道破。习近平总书记指出,"文化是一个国家、一个民族的灵魂。历史和现实都表明,一个抛弃了或者背叛了自己历史文化的民族,不仅不可能发展起来,而且很可能上演一幕幕历史悲剧"。因此,《凤凰村志》的一个非常重大的贡献就在于,通过对沿袭千年的民俗文化的搜集、整理、记载,及时抢救了许多可能为后人所忽略、所淡忘的民俗文化,让后来者知历史、知民俗,否则,新成长起来的新一代凤凰人,就会失去对村史的了解,失去对民俗的传承,就会成为无源之水、无本之木。

习近平总书记指出,"站立在960万平方公里的广袤土地上,吸吮着中华民族漫长奋斗积累的文化养分,拥有13亿中国人民聚合的磅礴之力,我们走自己的路,具有无比广阔的舞台,具有无比深厚的历史底蕴,具有无比强大的前进定力。"200余万字的《凤凰村志》,让我们看到了凤凰村的文化底蕴,看到了凤凰人的文化自信,同时,其在村志编修工作中具有一系列的创新举措及良好效果,对于全国其他地方的村志编修工作,具有非常宝贵、非常重要的借鉴意义。

一部学术品位较高的资料性文献
——读杭州市萧山区《凤凰村志》札记

沈永清[*]

摘　要：村志是客观记载一村风土人情、因革变故的重要载体。杭州市萧山区《凤凰村志》编修体制科学具有可操作性，体例规范富有创新，资料翔实系统可信可用价值取向多元，所彰显的编修特色可为乡镇村志编修借鉴。从整体上考察，《凤凰村志》是一部学术品位较高的资料性文献。

关键词：《凤凰村志》　编修体制　体例　资料　价值

村志是地方志书的重要组成部分，是客观记载一村之风土人情、因革变故的重要载体，具有省、市、县三级志书不可替代的文献价值。它可以为人们认识和研究各地农村变迁提供翔实、系统的人文资料，为政府制定和实施乡村振兴战略提供重要的决策依据，为各

---

[*] 沈永清，上海市闵行区地方志办公室编辑。

地保存文化记忆、提升文化软实力作出贡献,具有其他书籍不可比拟的历史价值、文化价值和学术研究价值。① 随着城市化的不断推进以及村落的逐渐消失,村落时代沿袭的优良传统文化、风土人情等将被淡忘。通过编修村志,抢救历史资料,保存文化遗产,记录村民的创业史,展现村落的演变、发展脉络,是当代方志人的应尽之责。

拜读由浙江省杭州市萧山区衙前镇凤凰村志编纂委员会编、莫艳梅主编·总纂的《凤凰村志》后,笔者认为,其志编修体制科学,具有可操作性,体例规范富有创新,资料翔实系统可信可用价值取向多元,彰显的编修特色可为乡镇村志编修借鉴,对其缺失应进行学术讨论。从整体上考察《凤凰村志》全方位记载凤凰村域自然、政治、经济、人文和社会之历史与现状,是一部学术品位较高的资料性文献。

一 编修体制科学具有可操作性

在省、市、县三级新方志编修中,形成了党委领导、政府主持、地方志工作机构组织实施的编修体制。当代乡镇村级组织无专门地方志工作机构,无专业修志人员,大多为自发修志,聘请退离休人员和乡贤编纂,有的没有经过业务培训指导,有的没有邀请专家评议审查,村志质量参差不齐。

---

① 参阅黄建安《论"村落终结"时代的村志编纂》,《中国地方志》2019年第2期。

凤凰村委会专门发文（凤委〔2017〕3号）聘请杭州市萧山区政府地方志办公室莫艳梅副研究员担任村志主编·总纂，由村志编纂委员会办公室配合村志编辑部收集资料，萧山区政府地方志办公室支持资助做好凤凰村口述历史、社会课题调查工作，邀请相关专家、学者对志稿进行评审，这是一种村志编修的科学体制。国务院2006年颁发的《地方志工作条例》规定："编纂地方志应当吸收有关方面的专家、学者参加。"选好主编，专家学者参与修志，是提升地方志质量的有力保证。2015年8月国务院办公厅印发的《全国地方志事业发展规划纲要（2015—2020年）》提出："指导有条件的乡镇（街道）、村（社区）做好志书编纂工作……"《凤凰村志》科学的编修体制为其质量提升打下厚实的基础。主编·总纂莫艳梅不图酬劳，奉献修志事业，仅用两年时间就奉献出这部231万字（版面字数，下同）的资料翔实、系统、可信、可用、具有多元价值的资料性文献，是具有可操作性的编修体制。

二　体例规范富有创新

（一）框架结构

其志为16开本，231万字，分上、下册，计1366页，其中上册1—802页，下册803—1366页。全志以图照开篇，计36页，其中照片集32页、照片78帧（幅），地图4页、地图4幅，后依次为《凤凰村志》编纂委员会、编纂办公室、编辑部名录，序——中国地方志学会学术委员会委员巴兆祥撰，阐明其志之地方特色、编修体制、体例创新之处，凡例8条，编纂说明13条，凡例与编纂说明从指导思想、记载时空、体例、章法、行文等诸方面作了规范；总目均标明编、章2个层次，上下册目录分别标明编、章、节、目4个层次。

卷首有"总述"，以"凤凰村，因凤凰山而名"开篇，后简述其自然地理环境、历史沿革，"至2016年，凤凰村有2.44平方千米，西曹、傅家、童墅、卫家、新屋5个自然村，15个村民小组，另有一个创业新村社区，户籍人口581户2204人，外来人口10573人"；特别指明"这是一片具有革命历史的红色热土，是中国现代农民运动的发祥地"；重点则综述"改革开放后，凤凰涅槃，浴火重生，由穷村变成萧山区经济强村"之历史过程，展示其演变发展脉络，村民安居乐业，老年人"笑口常开"之幸福情景；同时阐明凤凰村亦是"和谐温馨的外来人口家园"。总述以"凤凰村正按照'提前建成高水平全国小康社会'目标，建设'美丽文明'新凤凰"收结，文末配有4幅数据图："1978—2018年凤凰村经济总收入、工农业收入情况"，"2005—2018年几个年份凤凰村可用资金情况"，"1978—2018年几个年份凤凰村与全国农村居民人均纯收入情况"，"2005—2018年几个年份凤凰村民人均分红股金情况"。总述为全志记载内容之纲，收纲举目张之效。

"大事记"起自"西晋永嘉元年（307）会稽内史贺循（260—319）主持凿通会稽郡城西郭至萧山西兴之运河，运河经过凤凰地区2500米左右"，截至2017年底，"萧山区421个村级组织，凤凰村集体经营性收入4408.06万元，村级可用资金4536万元，村民人均收入54578元，均位居榜首"。

"大事记"记录发生在村域内自然与社会的人、事、物相关大事

437条，其中西晋永嘉元年（307）至民国38年（1949）5月5日萧山解放，建立人民政权，共记大事86条；中华人民共和国成立后（1949.10—2017.12）为351条。大事记贯通古今，详今明古，再现凤凰村域1710年之简史，为全志之经，清晰呈现凤凰村域之发展演变脉络。

"大事纪略"由"凤凰山抗击战""创建全国文明村""凤凰村与台湾南投县鹿谷乡两村结对交流"3篇记事本末体式大事组成，为"大事记"之扩展。笔者读"总述""大事记""大事纪略"后，对凤凰村域之村情特色、时代特征与改革开放硕果已大致清晰。

其志遵循"横排门类，纵叙史实"的志规，分志设编、章、节、目4个层次，共18编76章244节。

志末设"索引""参考文献""后记"。"后记"由主编·总纂莫艳梅撰，阐明其志编纂过程与编纂特色。"后记"与"序"相互补充，为全志之导读。

由上可见，《凤凰村志》框架结构科学，具有以下特点：（1）志首照片集形象展示村情村貌，4幅地图明确凤凰村在中国、浙江、杭州市萧山区和衙前镇的区位与记载范围；（2）以"凡例"、"编纂说明"规范全志编纂事项；（3）"总述"为全志之纲，"大事记"为全志之经，"大事纪略"为大事记之扩展凸现其村情特色；（4）专家作"序"，主编撰"后记"，使之成为读者读志之导读。

（二）篇目设置

一部志书质量的高下，首先取决于体例尤其是篇目设置是否科学合理。正如方志学家傅振伦所言："修志之首，先严体例，义不先立，例无由起,故志家必以凡例冠之。"①《凤凰村志·凡例》曰:"分志设编、章、节、目4个层次,共18编,依次为'村庄''姓氏''人物''村民访谈''凤凰村民未来期待调查''衙前农民运动''村政''村区建设''农业''工业 建筑业''商业 服务业''村级经济 收益分配''村民生活''教育 卫生''文化 体育''艺文''风俗''文献'编。"其篇目设置具有如下特点。(1)排列顺序,先为"村庄""姓氏""人物""村民访谈""凤凰村民未来期待调查"5编,计129.4万字,为全志231万字的56.0%,旨在突现村民村情。(2)设第六编"衙前农民运动",下设"衙前农民运动兴起""军阀镇压""衙前农民运动胜迹""衙前农民运动纪念活动""衙前农民运动纪念设施""衙前农民运动研究状况",计6章18节24目,记述量5.4万字,为全志231万字的2.4%,旨在"突出在全国具有重要影响的历史事件与历史人物"。②(3)然后按政治——"村政",经济——"村区建设""农业""工业 建筑业""商业 服务业""村级经济 收益与分配",文化——"教育 卫生""文化 体育""艺文""文献",社会——"村民生活""风俗",为记载凤凰村的政治、经济、文化、社会提供平台,体现横分门类之全。由此亦可进一步理解民国时期方志人李泰棻所言:"纂志之道固多,而门目标题则为首要"③的宗旨。

(三)体裁运用

其志凡例指出:"采用述、记、志、传、图、表、录、注、索引等

---

① 傅振伦:《中国方志学通论》,北京燕山出版社1988年版。
② 《凤凰村志·编纂说明》。
③ 李泰棻:《方志学》,商务印书馆1935年版。

体裁，以志为主。"

1. 述体。述体由卷首综述、除第五编"凤凰村民未来期待调查"外的17编之概述和章之概况3个层次的述体构成。记述量17万字，为全志231万字的7.4%。其中综述（总述）为全志之纲，记述量5100字，为述体17万字的3%。编之概述，述编之基本情况。例，第一编"村庄"概述，用不足千字，述其区位、沿革与2016年之现状"衙前镇凤凰村区域面积2.44平方千米，辖15个村民小组，1个创业新村社区、农村居民581户2204人。先后被评为杭州市萧山区生态村、森林村庄、美丽乡村、精品村、美丽乡村示范村等"。17编概述，记述量2.9万字，为述体17万字的17.1%。章之概况，述章之基本情况。例，"村庄自然环境"章之概况，以200余字，概记其地貌、山水、气候，突现"凤凰山森林公园为萧山区5个森林公园之一。沈定一故居内的罗汉松为杭州市十大名木之一"的自然生态人文环境。概况记述量12.9万字，为述体17万字的75.9%。编之概述、章之概况，实为编章基本情况的提要，为编章之导读。

2. 记体。记体由卷首"大事记"和"大事纪略"构成，为全志之经，明凤凰村1710年的历史发展脉络。记述量5.4万字，为全志231万字的2.3%。其中"大事记"5.1万字，为记体5.4万字的94.4%；"大事纪略"3400字，为记体5.4万字的6.3%。

3. 志体。由除第三编"人物"之外的其余17编74章244节构成。记述量75万字，为全志231万字的32.5%，为全志之主体。

4. 传体。传体为第三编"人物"之第一章"人物传"。"此章传记10人……按卒年排序，其中民国时期去世的5人，新中国成立后去世的5人"。记述量1.5万字，为全志231万字的0.7%。每个传主，人均记述量1500字，记载传主的生卒年月、字号、性别、村籍、简历与业绩。

5. 图体。图体由卷首照片地图集和随文照片构成。全志收录图照1203帧，"如果每户一句最想说的话扫描图片单独排序，则全志有1700多幅图照"。① 图照记述量57.8万字，为全志231万字的25.0%。其中卷首照片地图集36页、照片78帧，分别为图体记述量的10.5%和图照1700幅的4.6%。卷首照片以十六开版"凤凰村徽"开篇，后为八开版"凤凰村全景"，之后则为村落、村貌之人文环境、工农商、文体活动、村委活动、村民生活、人文景观和获奖照片，78帧照片形象生动地展现了凤凰村自然与社会之历史与现状，照片集后为十六开版的凤凰村在中国、浙江省、杭州市萧山区的位置各一幅，以"凤凰村平面示意图"收结，旨在明其地理区位与记载空间。1700多帧彩色随文照片，具有生动、直观、形象的再现村情村貌的审美效果，补志文记述的不足，丰富村情村民内容，美化版面，收到"如见其形，如闻其声"的非语言文字所能比拟的艺术效果。图照是村志的资料，又是精美的艺术作品，富有夺人情感的魅力，浏览1700帧照片后能唤起读者对凤凰村情美好回忆。

6. 表体。全志设有"秦汉至2016年凤凰村域隶属沿革情况""户主沃岳炎家庭人员情况""2005—2017年凤凰村获得衙前镇荣誉情况"等表格778张，记述量60万字，为全志231万字的25.97%。其志通过表体化繁为简、聚零为整、纵横比较、概括综合等方法，将大量村情信息资料进行处置，使之系统化，不仅精简版面，而且收到文表相

---

① 莫艳梅：《凤凰村志·后记》。

辅、文丰事约之效。

7. 录体。卷末参考文献和随文附录构成。记述量5.4万字，为全志231万字的2.3%。其中参考文献有中国地方指导小组办公室《关于印发〈中国名村志文化工程实施方案〉的通知》（中指组办字〔2016〕209号）、《衙前镇志》编纂委员会编《衙前镇志》、刘小萌著《中国知青口述史》等62部（篇）相关文献，从中透视《凤凰村志》编修者的学术水平。参考文献记述量5400字，为录体5.4万字的10%。随文附录由"萧山区衙前镇凤凰村民未来期待调查问卷""衙前农村小学校宣言""衙前村自治会章程""凤凰村美丽家庭评选实施办法""杭州市新农村建设示范村考核评价""传统捕鱼工具和方法""凤凰生产大队的工分制度"等29篇一次文献，记述量4.9万字，为录体5.4万字的90.7%。录体为入志资料来源与准确性提供佐证，突现其志具有较高的学术品位。

8. 注体。即是"引用资料注明出处"。例，总述记有"这是一片具有革命历史的红色热土，是中国现代农民运动的发祥地"。此判断用页末注："资料来源：成汉昌《中国现代农民运动最早发生何时何地?》，《教学与研究》1980年第4期。杨福茂：《中国现代农民运动的先声——浙江萧山衙前农民斗争概述》，《杭州大学学报（哲学社会科学版）》1980年第4期。中共中央党史研究室：《中国共产党历史》第一卷（1921—1949）上册，中共党史出版社2002年9月版，第95—96页。"① 其志在第六编"衙前农民运动"，注明资料出处多处，以明其志入志资料的可信性。注体在新方志编纂中运用不多，因此其资料可

---

① 《凤凰村志》，第3页。

信受到学界的质疑。上海历史学者熊月之认为："志书中，无论是沿革、景观、人物，还是艺文、杂志，均注明出处……我参加新编《清史》工作，他们明确规定，不能引用新编方志。究其原因，不是说新编方志没有根据，而是找不到出处，不敢相信，不敢用。我们写文章，也会用新方志资料，但通常都要去核对原始资料，有时候很难找到，这就不敢用了。如果都注明出处，就方便多了。"[①]《凤凰村志》注体运用规范，为其志可信可用奠定学术基础。

9. 索引。其志卷末设有图照索引和表格索引，记述量9.2万字，为全志231万字的3.98%。卷前目录3.6万字，为全志231万字的1.6%。索引与目录构成全志的检索系统，记述量12.8万字，为全志231万字的5.5%，索引与目录比为2.5∶1。科学的检索系统为读者读志、用志、研志提供分便，亦提升其志的学术品位。

由上可见，其志述、记、志、传、图、表、录、注、索引九体并用，以志为主，为全面系统记录凤凰村情村貌、人文历史与景观提供村志编纂的科学载体。

三 资料翔实系统可信可用价值取向多元

资料性为地方志的本质属性。志属信史，它要求编纂者对一方历史事实必须作直观的记录和复制，对其在时间、空间记录上有严格的

[①] 熊月之：《言必有据，可信可用——在〈云翔寺志〉学术研讨会上的讲话》，《立信求实的探索〈云翔寺志〉论文集》，上海辞书出版社2010年版，第6页。

规定，对历史人物的记述不能有任何的虚构和塑造，志书所记内容必须存真求实，信实有据，尊重历史，尊重事实，实事求是地记载一方之自然与社会的历史与现状。

《凤凰村志》版面文字231万字，图片1700多幅，以此记录村域2.44平方千米、户籍人口2204人、外来人口10573人之村貌村情。平均每平方千米记载量为94.7万字，在籍人口每人记述量为1048字，总人口每人平均为181字，可谓文字资料密集型村志。为确保入志资料的可信可用，其志体裁运用注体，重要资料均注明出处。卷末参考文献收录文件、著作、论文、地情书籍62部（篇），文内随文附录收录一次文献，以确保入志资料的真实可信。

为增强志书的资料性、著述性和原创性、可读性，其志编纂者开展口述历史与社会调查活动。"撰写'姓氏''户主与家庭成员'时，特地开展了村内姓氏源流普查、户主身世及家庭人员普查，让村民寻根问祖，厘清自己的来历，增强实实在在的根源感，存在感和归属感""使用社会调查的方法，广泛开展社会调查，调查成果成编入志""注重口述历史的方法，对文献资料起补充、印证和鉴别作用，口述历史成果独立成编入志"。① 为观察民情、民意、民愿提供了系统、翔实、可信、可用的村情资料。其志1700多帧图片，均注明人、事、地及拍摄时间，并署拍摄者或照片提供单位名称。例1："图0107　凤凰村全貌（2018年4月，傅学展摄）"；例2："图0878　创业新村社区健身图（2007年7月，傅学展摄）"；例3："图1195　村民拿到赠送的春联心欢喜（2010年2月，凤凰村委会提供）"；例4："图1201　2017

---

① 参阅《凤凰村志》"编纂说明"。

年前衙镇凤凰村新一届领导班子成员（叶萍萍摄）"。由此说明1700余帧随文图片，形象资料，真实可信可用。第二编"姓氏"，第四编"村民访谈"，第六编"凤凰村民未来期待调查"，其资料尤为翔实系统。其志通过村民的口述历史，记录乡音、乡俗、乡情、乡愁，是鲜活而生动的第一手资料，由此深化村志的内容，增强了志书的资料性、著述性与原创性，还对新方志的体例创新做有益的尝试。

由此可知，其志资料翔实系统，并多方考辨核实，是一部资料翔实系统可信可用的资料性文献、具有多元价值取向。

（一）存史价值

地方志是记录地情的资料性著述，是地情资料性文献，地方志应该向社会各类人员提供别处得不到或难以得到的一地完整有价值的资料，提供翔实系统的地情资料是地方志的首要任务。资料性是地方志与类似著述相区别的本质特征，是地方志价值之所在，从地方志的本质属性考察，资料性应是地方志的本质属性，存史为第一要义。

《凤凰村志·凡例》指出："资料来源于档案、图书、报刊、实地调查、口述历史、部门资料等，均经核实准确后载入……所需历史数据、采用村档案、企业单位档案保存的数据。"由此可见，其志资料来源多元，口述历史与社会调查真实可信，文献资料、档案资料具有权威性。以此真实、可信、民情、民意、民愿资料与文献资料按类横排为18编76章244节，在节、目层次上纵记各事项的演变脉络，辅以1700多帧图片、778张各类表格与志文互为补充，全面记录村情、村貌与民情民意民愿，综述与编之概述、章之概况构成述体系，再现凤凰村与其下各事类、事项的发展脉络，"大事记"统合古今，纵向记录其 1710 年的演变发展脉络，辅以"大事纪略"深化村内重大事件。231 万字的文献资料可为今人后人查阅备考，随机选用，存史价值随着时间的推移，将会逐渐彰显。

（二）资政价值

第五编"凤凰村民未来期待调查"，下设"问题的提出""凤凰村民七大未来期待""民之所望施政所向"3 章。其中，村民七大期待是：（1）村民望更富：盼发展农村经济，增收致富；（2）村民求真知：盼丰富文化生活、尊知重教；（3）村民期乡美：盼建成"三美"乡村，绿色文明；（4）村民希安稳：盼完善保障保险，后顾无忧；（5）村民求和顺：盼家庭安居乐业，顺其自然；（6）村民愿参政：盼政府更民主公正，执行力强；（7）村民谋发展：由顺从守旧走向追求民主，但仍保守惧变。[1] 民之所望施政所向有两个方面：（1）村民对美好生活的向往，主要有医疗、住房、交通、文化、收入等诸方面有所改善、提高，过得更幸福。（2）对策思考：一是三级联动，推进"三美三化"建设；二是引导合作，推进"三位一体"改革；三是共建共享，提升公共服务水平；四是精准扶贫，完善社会保障制度；五是提高素质，加快培育现代农民；六是责任明晰，抓好基层组织党建。[2] 此调查报告由萧山区人民政府地方志办公室与杭州师范大学政治与社会学院的师生合作开展，经过调查问卷几易其稿，共 10 多万字。富裕起来的村民在想什么？该调查报告反映了农民之所想，农民之所盼，完全可供当政者资政参考，是资

---

[1] 详见《凤凰村志》，第 712—746 页。
[2] 详见《凤凰村志》，第 747—801 页。

政价值的具体内容的展示。

（三）教化价值

第三编"人物"之"人物传"，所记沈定一等 10 位传主传记，记其简历与事迹。① 例一，传主沈定一，是中共早期党员，中国现代农民运动的发轫者，兴办第一所免费的农民子弟学校，浙江省第一个信用合作社，由此折射其爱乡爱土之情。例二，传主李成虎，衙前农民运动的牺牲烈士，平生爱打抱不平，乐于助人，民国 10 年（1921）12 月 27 日，李成虎被军阀逮捕后，大义凛然，坚贞不屈，民国 11 年（1922）1 月 24 日李成虎被凌虐惨死狱中。例三，传主杨之华，是中国妇女活动家，民国 10 年（1921）10 月，在怀孕期间还参与衙前农民运动早期的宣传鼓动工作，凸显其革命精神。例四，传主傅金洋，关心企业文化，关心职工生活，从平凡的业绩中折射其爱乡爱土精神。读人物传，沈定一等 10 名传主的事迹渗入笔者心灵，教化价值突现。

第六编"衙前农民运动"，下设"衙前农民运动兴起""军阀镇压""衙前农民运动胜迹""衙前农民运动纪念活动""衙前农民运动纪念设施""衙前农民运动研究状况"6 章。记录衙前农民运动全过程，弘扬红色文化。衙前农民运动纪念馆、红色衙前展览馆为杭州市红色旅游景点，浙江省爱国主义教育基地、浙江省廉政文化教育基地。2016 年参观众人数近 2 万人次。② 其志将其作了完整、翔实的记录，让人们牢记红色文化中的爱国爱乡爱土之情。

---

① 详见《凤凰村志》，第 486—495 页。
② 详见《凤凰村志》，第 803—834 页。

第十八编"文献"之"集体荣誉"以表体收载1954—2005年凤凰村、交通村、卫家村获萧山县（市）级以上荣誉情况，2006—2011年凤凰村获国家级荣誉情况，2005—2016年凤凰村获浙江省级荣誉情况，2005—2015年凤凰村获杭州市级荣誉情况，2006—2016年凤凰村获萧山区级荣誉情况，2005—2017年凤凰村获衙前镇荣誉情况，[①]即收录凤凰村获国家、省、市、区、镇所获荣誉情况，以此激励村民的集体主义精神。

上述编章所记丰富、生动、形象资料，对于弘扬红色文化、发扬爱国爱乡爱土的人文精神，具有深层次的多元教化价值。

（四）学术价值

志书是记载一地自然、政治、经济、文化、社会的历史与现状的资料性文献，是资料性著述，应具有较高的学术品位。《凤凰村志》框架结构科学，篇目设置突出村情，体裁运用强化注体，资料密集翔实系统可信可用，是一部学术品位较高的资料性文献。

《凤凰村志》出版面世，为方志人研究如何提升志书学术品位，具有学术研究价值。其志在编纂过程中开展大规模的社会课题调查和口述史活动，获得了鲜活的第一手资料。富裕起来的村民在想什么？此调研成果达十多万字。村民口述史达30多万字，这不仅深化了志书内容，还增强了志书的著述性和原创性，为提升志书的学术质量提供操作的范本，是学术价值之所在。从客观上证实了村志编修"资料收集应以社会调查，口述为主，文献资料为辅"[②]的学术见解。

---

① 详见《凤凰村志》，第1253—1257页。
② 沈永清：《村志编修拾题》，《内蒙古方志》2016年第4期。

"引用资料注明出处"是提升志书学术品位的必经之路。其志第六编"衙前农民运动",所记载的是民国10年(1921)9月,中共早期党员沈定一在家乡衙前发动组织衙前农民运动,成立以衙前贫苦农民李成虎等为委员的衙前农民协会,掀起了一场声势浩大的抗租减租斗争,使衙前农民运动呈星火燎原之势,成为当今红色文化爱国主义、爱乡爱土教育的基地。"至2016年底,国内公开出版研究衙前农民运动、沈定一的专著计9部,公开发表研究衙前农民运动、沈定一的论文累计100多篇"。[①] 上述均为学界学术研究的成果,注明资料来源,是其学术价值之所在。其编附录一"衙前农村小学校宣言",附录二"衙前农民协会宣言",附录三"衙前农民协会章程",附录四"萧山南沙组织农民团体宣言",[②] 均为当时的一次文献,具有很高的学术研究价值。其编第828—834页附录"沈定一与衙前农民运动再认识"是作者对沈定一这一历史人物的学术研究论文,资料全面系统,对沈定一前期"开中国共产党领导农民革命运动之先河"之绩进行全面论述,对沈定一"1923年参加旨在反共的西山会议,并最终成为顽固的反共右派,但我们不能因为沈定一政治身份的转变,从而否定他在衙前农民运动中所付出的努力和他所领导的衙前农民运动"。此文与第489—492页的人物传中的传主沈定一传记为互补关系,二文均具有很高学术性,人物传中对李成虎、陈晋生等革命烈士,杨之华等历史名人均具有学术研究价值。

第十六编"艺文"有三多:一是村人沈定一的著作多;二是学术

---

① 《凤凰村志》,第804页。
② 《凤凰村志》,第808—811页。

界研究沈定一和衙前农民运动的著述多;三是媒体报道凤凰村的文章多。其中一、二均是学术论著,对于研究衙前农民运动和历史人物沈定一具有很高学术研究价值。

上文所言,均是其志学术价值、研究价值之所在。

(五) 审美价值

《凤凰村志》版式鲜艳,装帧精美,卷首图片集和1700多帧随文图片为全彩印。以现代语体文字为主,行文流畅,述而精作,注重事实,实事求是反映村情民意和历史事件历史人物,秉笔直书。体裁以志为主,辅以述、记、图、传、表、录、索引和注体;以编章目横排纵写,层次分明,呈现文本的形式美。内容全面翔实,突现村情特色与时代风貌,收思想性、资料性、学术性完美融合之效,彰显的是凤凰村自然景观和社会人文内容之美,展现衙前红色文化,弘扬村民爱国爱乡爱土的情怀,是一部审美价值较高的村志。

由此可知,《凤凰村志》是一部资料翔实系统,可信可用,具有存史、资政、教育、学术、审美等多元价值取向的村志。

四 彰显的编修特色可为乡镇村志编修所借鉴

《凤凰村志》是一部编修特色鲜明的新编村志,所彰显的下述编修特色可为村志乡镇志乃至区县志书编修所借鉴。

（一）科学的编修体制（见上文编修体制科学）

村党委、村委会主持，聘请有一定修纂经验的方志人为主编或总纂，发动乡贤、村民参与，志稿形成后聘请相关部门、学者专家审定后，经主编修正后方可出版。

（二）篇目突现村情与时代特色

首先遵循"横排纵述"的志规，然后按村情与时代特色设置门类，为记载一村自然与社会的历史与现状提供可操作平台（见上文篇目设置）。

（三）注重社会调查与口述资料

修纂志书之难不在编辑，而在于资料搜集。其志一是使用社会调查的方法，广泛开展社会调查，调查成果独立成编入志，二是注重口述历史的方法，对文献资料起补充、印证和鉴别作用，口述历史成果独立成编入志。即为第一编"村庄"，第二编"姓氏"，第四编"村民访谈"，第五编"凤凰村民未来期待调查"，旨在全面翔实展示凤凰村貌村情民意，突现改革开放成果，镇村志入志资料当以"社会调查、口述资料为主，文献资料为辅"，唯有如此，乡镇村志才可成为一方之资料性文献。

（四）存真求实，注重事实

"注"成为其志的体裁之一，对历史人物、历史事件以一次文献与学术研究成果为主，对其功过是非作客观记载，以资料为据，真实可信（见上文学术价值），成一方可信可用的学术性著述。

（五）图文相辅，图文并茂

其志注重图片资料的存史、审美价值。1700帧图片均注明人、事、地与拍摄时间，并署拍摄者或照片提供名单，旨在求其形象资料的真实可信，并收图文并茂之审美效果。

综上所述，《凤凰村志》编修体制科学具有可操作性，体例规范富于创新，资料翔实系统可信可用价值取向多元，编修特色鲜明可为乡镇村志编修所借鉴。从整体考察，是一部学术品位较高的资料性文献。

讲求方志资料的代表性、权威性与独特性

——评杭州市萧山区《凤凰村志》

毛东武[*]

摘 要：以代表性资料体现政治高度，以权威性资料体现历史深度，以独特性资料体现生活厚度，此是莫艳梅《凤凰村志》所创见的资料特征所在，也是最佳志书的突出标志。

关键词：《凤凰村志》 资料 代表性 权威性 独特性

方志资料是地方志书编纂的基础，也是地方志书质量高低的决定因素，没有哪一部志书可以离开方志资料，就像美丽花环不能离开花朵而存在一样。阅读莫艳梅主编的浙江省杭州市萧山区衙前镇《凤凰村志》，给我最深最好的印象是，村志资料搜集得特别全面系统，特别新颖有个性。全书18编76章244节231万字，分两册装订，红绸封

---

[*] 毛东武，浙江省衢州市江山市地方志办公室原副主任，《衢州市志》副主编，《白沙村志》主编。

面，内容精粹新异，可称为村志中的上品。而资料中的别具他志的代表性资料、权威性资料、独特性资料，更让村志像展翅凤凰那样，醒目耀彩而令人惊叹。

代表性资料，作出示范

231万字的《凤凰村志》，所搜集的资料，可能要达到千万字或者几千万字。按方志资料搜集提纲的要求，自然、政治、经济、文化、社会，包括建置、区位、人口、姓氏、人物、村政、党派、工业、农业、商业、金融、教育、卫生、风俗，皆一一搜集到，并进行了认真考证。然而，此志不仅仅注意到面上资料的全面系统搜集与撰写，更重要的是在此基础上，运用概括和深入分析的方法，注重代表性资料的搜集与撰写。

凤凰村20世纪60年代开始创办石料厂、粮食饲料加工厂。70年代创办五金塑料厂、涤纶针织厂。1982年，境内开始以铁木机纺织涤纶丝被面。90年代，境内集体和个体纺织企业达到20家。进入21世纪，境内轻纺工业加快发展。至2016年，境内轻纺企业发展至48家，五金机械企业20家。村志编辑部抓住这个带全局性轻纺企业的资料，进行搜集和撰写，发现在48家轻纺工业中，以浙江恒逸集团有限公司最有代表性。

此公司1974年在凤凰村为涤纶针织厂，生产涤纶袜和化纤坯布。1993年采用老厂办新厂、与北京隆兴经贸公司共同出资，组建恒逸化纤公司。以后又组建印染公司，形成化纤、织造、印染一条龙生产经营体系。未几，引进意大利剑杆织机、日本喷水织机，招聘美国、加拿大和国内技术人才，扩建聚酯化纤生产项目。2006年成立控股企业有限公司。聚酯装置获国家科技进步二等奖。2014年，恒逸集团有限公司已成为从事化纤与化纤原料生产现代大型民营企业，拥有员工6637人，营业收入791亿元，年利润96亿元，入库税收1.59亿元，成为中国民营企业500强中第28位。①

志书抓住恒逸公司这个代表性企业，搜集代表性资料。之后用4个页码篇幅集中撰写。这很有道理，因为生产力的发展，是要靠生产资料、生产工具（机械）的发展，加上劳动者经验素养和生产关系的改变而发展。人们的社会生活，归根结底，要由社会所拥有生产力度来决定的。凤凰村村民比较富裕，生活收益水平比较高，主要来源于生产力发展比较快。一个在村的公司，年利润就有96亿元，职工大多为当地村民，哪有不富之理？

《凤凰村志》除紧紧抓住代表性企业资料进行撰写外，对代表性人物资料搜集也非常到位。沈定一（1883—1928）为民国时期凤凰村人。18岁中秀才，21岁被授予云南广通县知县，24岁任云南武定知州。他去云南工作、办学校和从事革命活动，耗去十多万元家产。后留学日本，还加入中国同盟会。1911年，在上海成立民国学生军团，为团长。1920年，与陈独秀、李达、陈望道、沈雁冰在上海发起组织马克思主义研究会，8月参加上海共产党早期组织。1923年参加孙逸仙博士代表团，同蒋介石等4人赴苏联考察，回国后加入国民党。次年参加国

---

① 莫艳梅主编：《凤凰村志》"工业"，中国社会科学出版社2019年版，第975—985页。

民党第一次全国代表大会,被选为中央执行委员会候补委员。1925年国共合作,出席中国共产党第四次代表大会。沈定一,早年便在家乡建立名叫"任社"的革命团体,并独资创办家乡衙前农村小学,又组织农民在东岳庙隆重集会,宣告衙前农民协会正式成立。以后,又建立东乡自治会,创办浙江省第一个信用合作社。1928年遇刺身亡。显然,他是民国时期从事革命活动的先导人物。①

在此,值得一提的还有一位当今的中共凤凰村党委书记胡岳法。他1949年生,年轻时曾任生产队会计、生产队长、生产大队大队长、村委会主任,1992年起任凤凰村支部书记和党委书记。他先期搞土地集约化,将全村土地集中起来,引进插秧机、收割机进行种植、收割,免费将粮食送给每一户农户,并且办起全省第一个联营加油站,每年能为村赚40万元。接着投资1600万元创办综合大市场,从第四年起,每年有好几百万元收入。继而,组建股份制纺织公司,最初有70多户参股,最多的时候分红是1:1.3,投入10万元,一年可收回13万元。2014年,全村有5000多万元分红效益。接着深化改革,建立三大保障:老人生活保障,每人每年2万元保障金;医疗保障,村里人医病大致都由村里出;还有每天早晨实行免费早餐。② 这个村能够迅速富起来,与这个书记的有能量,有胸怀,有很大关系。

《凤凰村志》代表性资料抓得牢,抓得准。抓住一个代表性企业,两个代表性人物。代表性企业,搞大型纺织有限公司,这个公司与浙

---

① 莫艳梅主编:《凤凰村志》"人物",中国社会科学出版社2019年版,第489—492页。
② 莫艳梅主编:《凤凰村志》"村民访谈",中国社会科学出版社2019年版,第513—525页。

江恒逸集团公司联成一体，为国家创造财富，也与租赁在凤凰村的集体与村民创造财富。经济是基础，没有这个公司创造如此巨大财富，先靠村集体村民本身，发展也没有这么有能量，其他事业的发展包括文化、史志和生活服务业的发展，也没有这么快。代表性的人物，一个是早期的沈定一，一个是当今的党委书记。这个村历史上就有光荣传统，就有开放意识，他们早期就走在时代前列；村志抓住这几个代表性资料，联系起来，进行研讨撰写，从经济基础到人物活动，作出开创性努力，作出示范性榜样，很有意义。

权威性资料，独树一帜

权威性资料是指具有令人信从的力量和威望的资料。这种资料是由影响比较大、比较深远而且有一定威望的事物所形成的。应该说，志书记载的范围不同、时限不同，这种权威性资料影响和威望也会有不同。村志比起县市志、乡镇志来说，记载范围较小，时限也不一定会太长。但就其影响和威望来说，也不一定会最小。反之，有的甚至比县市志、乡镇志更广泛、更长久。

《凤凰村志》所记载的衙前农民运动，是民国10年（1921）9月在凤凰村地界形成的。其时，该村中共早期党员沈定一，在家乡发动和组织了此农民运动，成立以贫苦农民李成虎为委员的衙前农民协会。有近千人参与这个协会成立大会，公布《衙前农民协会宣言》和《衙前农民协会章程》，掀起一场声势浩大的抗租减租斗争。萧绍平原数十个村庄的农民纷纷响应，建立起82个农会组织。至12月底，衙前农民运动在官府武力镇压下失败。但它却是中共领导下的第一次有组织有纲领的农民运动,是中国现代农民运动的开端,在中国革命历史上具有重要地位。其旧址、纪念馆,现已成为当代爱国主义教育基地。从20世纪90年代以来,中国中共党史学会、中共浙江省委党史研究室、中央杭州市委党史研究室以及萧山区委、区政府多次联合举办这个农民运动纪念活动。至2016年底,国内公开出版研究衙前农民运动、研究沈定一的专著累计9部,公开出版研究论文累计100多篇。①

应该说,这是一个伟大运动,所出现的资料是权威性资料。因它有巨大的信从力量和巨大的威望,它不仅是指一地,而且有80多个地方都响应,不仅是指一段时间,至今已将百年,也在参观学习,也在研究宣传,而且全国的《中国共产党历史》,在创建初期的记载,就将沈定一领导的衙前农民运动当作首例资料出现,其次才是广东海陆丰农民运动。②可见此资料的权威性程度极高,影响力极大。

凤凰村还有获得全国文明村的资料,也极具权威性。2005—2010年,此村在获得浙江省文明村、浙江省全面小康建设示范村的基础上,决定创造国家文明村。他们成立创造领导小组,投入5620万元,完善公共设施建设、提升村民基本生活,形成生活、养老、医疗三大保障。村党委、村委会干部党员团结一致,忘我工作。145名中共党员一心为集体,经常重温入党誓词,祭扫烈士墓,个人行为廉洁规范,集体行为为公便民。截至2011年底,全村用于村民开支经费1350万元,年

---

① 莫艳梅主编:《凤凰村志》"衙前农民运动",中国社会科学出版社2019年版,第803—821页。
② 莫艳梅主编:《凤凰村志》"衙前农民运动",中国社会科学出版社2019年版,第803—821页。

底人均收入30316元,村里建有健身公园7个,篮球场1个,老年活动中心2个,还有腰鼓队、舞扇队、戏迷队、太极拳队。2011年12月20日,在全国精神文明建设工作表彰大会上,凤凰村被授予"全国文明村镇"称号。在杭州市、浙江省乃至全国都成为榜样。①

  一个村能成为全省全国榜样,一个村的历史功绩能记入全国大型书籍中,由此形成的资料是权威性资料。权威,不是自封的,是在历史发展中公认的,是民众共同公认的。这个村,既有全国性所公认,也有全国历史书籍所记载。一般村,一般乡镇,要选择几件影响比较大的事例,也可能做到,要选择全国有影响的资料,或者全国有重大历史记载的资料,就比较不容易。而这一切,在萧山凤凰村是做到了,而且做得有声有色。《凤凰村志》是独树一帜撰写权威性资料的模范。

独特性资料,明晰超前

  一部上乘的志书,除有代表性资料、权威性资料外,还应当有独特性资料。独特性资料,是指一地所发生区别于他地他志的所独有所突出的资料。这种资料,有时地方称独家资料,有时地方称特点特色资料,有的地方则称典型前沿资料。没有特点资料,一切皆平平常常、平庸无奇,就唤不起人们的注意,就缺少供人们借鉴、使用的需要。

---

① 莫艳梅主编:《凤凰村志》"村区建设",中国社会科学出版社2019年版,第913—917页。

讲求方志资料的代表性、权威性与独特性

按矛盾普遍性观点看问题，世界上一切事物皆有特殊性，世间没有两种事物是完完全全相同的。但方志在这里所指的独特性资料，不仅仅是指微观的特殊性，更注重宏观的特殊性资料。

凤凰村地处钱塘江南岸，萧绍平原中段。春秋战国时期为越国地，秦汉时期属会稽郡余暨县。萧绍运河经过此村。此运河是京杭大运河钱塘江以南延伸地段。萧绍运河长78.5千米，经过凤凰村有2.5千米。河面宽30米，水深2.3—2.9米。在此村有一段40米的运河古纤道，至今仍保存较好。历来这里舟舻相续，车水马龙。1982年，104国道穿境而过，有公路干线6条；21世纪初，距村东8千米，建成萧山国际机场；杭州火车南站距村10千米。① 水路、铁路、公路、航空等交通运输均十分发达。特别是萧绍运河成"丁"字形穿境而过，气候温和，昔日船车连接，今日树荣花香，既宜工宜商，又宜居宜游。此种区位优势，非常独特，因有此优势，故自古至今，工商业一直比较发达，居住人口一直比较稠密，如今更是蜂拥而至。

凤凰村资料的独特，还有村民访谈和未来期待调查。江山市《白沙村志》，创造了在籍户与外伸户的户籍身世，和兴旺家庭记载已很独特，《凤凰村志》采用访谈与未来期待调查，则更加独特。村志主编和编辑上门访谈了该村村民33人，外来人员4人，还走访该村名人沈定一后代和知情人9人。② 编纂人员走村串户，口问手写，录音拍照，极其潜心致力。民众认真配合，有说从日军枪口下逃生，从苦日子到好

---

① 莫艳梅主编：《凤凰村志》"村庄"，中国社会科学出版社2019年版，第45—59页。
② 莫艳梅主编：《凤凰村志》"村民访谈"，中国社会科学出版社2019年版，第509—712页。

日子的；有说过去人的生命如蚂蚁，现在人的日子如凤凰展翅；有说过去企业不稳定，现在的社会如天堂；有说以前树皮草根都吃，现在大米食油免费拿；有说那时候欠学费要被拒门外，现在交学费只要写一句话；有说现在干部学走三步棋，村里就有三大保障；等等。他们皆期望村民更富，获真知，村庄更美；期望生活更安稳，更和顺，期望办事更民主公正，村庄更发达兴旺。这些资料，是旧志他志未曾看到过，也未曾听到过的。

还有更新更独特的资料，是凤凰村建立外来人口创业新村社区。这个外来人口集聚区2010年1月成立，在凤凰村西南部，占地面积23000平方米，至2016年有3个居民小组，518户2018人，与凤凰村本身人口相当。建有16幢民工公寓楼、2幢综合楼，可供3000人居住。社区内有法制教育基地、职工培训学校、职工俱乐部和蓝领驿站等。

当初，多家企业在凤凰村落地生根，外来人口骤增。住宅拥挤、脏乱差严重，社会治安混乱，凤凰村派出4名干部到那里管理，扩建房屋，建立各种组织，2011年建立创业新村社区居民委员会。5名委员有3名为外来职工，后来外来人口又建立党支部。现2000多人在这里创业，在这里结婚建家，在这里愉快轻松赚钱。① 此社区由萧山区人民政府发文批准建立，是改革开放的新生事物，也是我们方志所获得的独特资料。

独特资料，是他地他处所没有的资料。村民访谈资料、村民七大

---

① 莫艳梅主编：《凤凰村志》"创业新村社区"，中国社会科学出版社2019年版，第885—889页。

期望资料，和一个行政村只有581户2204人，还另外建立一个518户2018人的创业新村社区的资料，都是他村他地没有的资料，也是超前的历史资料。社会发展的巨大动力，改革开放的巨大动力，在这个村明显看到了。这种独特资料，是一般人难以想象的，而在这里却看到了。《凤凰村志》在我们面前执起了明亮的火炬。

"三性"资料，最佳志书的标志

代表性资料、权威性资料、独特性资料，都是指比较新型比较突出的资料。地球自始至终在旋转，社会总是永无停息地在发展。反映和记载社会历史和现状的方志事业，也总是在永无停息的发展。发展总是伴随着新事物的诞生和新事物的成长。方志资料非但要全面系统，还要新型，有代表性；非但要准确齐全，还要真实，有权威性的；非但要素不缺项，还要典型有独特性的。唯其如此，这种资料方百尺竿头，有政治的高度；方别具一格，有历史的深度；方鲜活合拍，有生活的厚度，而且不落入平庸、低能、琐碎的旧窝。

一些志书，平庸的资料比较多。记载生产建设，皆是某年某月，办成何种厂，投资多少，每年产值多少，有的一连记至七八个十几个厂；记载科技发展皆是何种名称，何种过程，每年数量等，有时一连要记十几种。这些产品和项目应该记，时间、地点、发展过程也应该记载清楚，但不能平庸拉杂。所有事物，在发展过程中，不可能完全一样，应在种类繁多事物中，通过比较分析，或再调查，再搜集，找出代表性事物来，或是性质特殊，或是功能不同，或是操持者特别，总有不同的事物。《凤凰村志》在改革开放诸多事物和人物中，找出自己村庄轻纺的发展和两个人物，这就很有代表性。《扬州市志》续志记载山羊连续细胞核移植的科研项目，就很有代表性。此科研由中国科学院发育动物学研究所和扬州大学农学院共同承担，是将细胞核移植后发育的胚胎本身，作为供核细胞再重复进行核移植，连续继代，从而扩繁出大量具备优良性状且遗传性一致的个体成果。1994年8月，经国家十多名专家学者鉴定，成为世界首创。①从大量科研资料中选出此种代表性资料，一方面说明代表性资料总能选取出来，另一方面道明中国人并不呆笨，中国人有智慧，能创造出世界一流的东西来。这里就含有明显的政治高度，存有强烈的民族自豪感。

一些志书，低能的资料比较多。记载历史发展，只是泛泛写一段段过程，抓不住关键事物，抓不住要领。写历史事件，也只是一件件普排，一件件介绍，选不出能带动全局且有影响的资料。《凤凰村志》记载衙前农民运动，选取军阀镇压，再加上斗争的资料，内容有地主与军阀勾结，农民协会会员被捕，农民领袖李成虎牺牲，沈定一出钱安葬及救济全家，这里就有浪花，有高潮，有影响力。《黄山市志》记载万安罗盘制作的历史与技艺，不光有始于元末明初的资料，发展于明代鼎盛于清代中期的资料，更载有民国4年（1915）万安"吴鲁衡毓记"产品在巴拿马万国博览会得金奖的资料。非但有一般制坯、车圆、磨光、分格、清盘、书写、上油、安装磁针的资料，更有分格划分涉及数字、天文学、地理学、环境学、哲学、易学、建筑学等多学

---

① 《扬州市志（1988—2005）》，方志出版社2014年版，第2265页。

科知识运用的资料。① 这就有历史深度和技艺的深度。作为方志资料，没有历史深度、技术深度的资料，不是一种有影响力和权威性的资料。

有些志书，零碎的资料比较多。记载生产，稻麦菽稷零零碎碎，记载生活，吃穿游赏也零零碎碎。生产生活本身是零零碎碎的，但志书不是生产生活的完全复制品，而是全面系统地记述政治、经济、文化的资料性文献。作为文献是应该有选择的、有重点的。尤其要注意选择那些有地方特点时代特点的资料，经加工而成文献。《凤凰村志》写村民生活，有商品供应粮油分配。2005年，全村大米、面粉、（菜）菜油免费供应。2014年，每人每季发（即供应）大米30千克，食用油3千克，天然气补贴45元，农户出租房屋1712间，年收入513万元。这种农民生活资料就很有特点，所记载也很有厚度。江山市坂头自然村村民就业有"五帮"，以前有撑船帮、铁路帮，以后有养蜂帮、消防器材帮、食用菌买卖帮，皆活跃在南昌、杭州、上海、北京这一条交通大动脉线路上。② 这种资料记载也颇有生产生活特点，颇有农村向外开放气息，同时体现了农民生产生活的新特点。

由此可见，以代表性资料、权威性资料、独特性资料所体现出政治高度、历史深度和生活厚度，正是《凤凰村志》所创见的资料特征所在，同时，也体现新时代志书对方志资料提出的新期盼和新追求。

---

① 《黄山市志（？—2006）》第27卷"传统手工技艺"，黄山书社2010年版，第1783页。

② 江山市《坂头村志》"行帮"，方志出版社2018年版，第71—76页。

杭州市萧山区《凤凰村志》重大事件的记载及思考

褚半农[*]

摘 要： 当前村志编纂在记述重大事件方面不尽如人意，有的甚至严重缺失。杭州市《凤凰村志》对重大事件有比较实际的记载，特别是对土地改革和农业合作化的记载，起讫时间明确，重点突出，要素详列，用资料说话，比较准确地记述了凤凰村开展土地改革和农业合作化的全过程，基本反映了这两件重大事件的概况和历史进程，达到了存史的目的。但是高级社的内容较少，如有更多资料入志更好。

关键词： 村志　重大事件　记载

莫艳梅寄来厚厚的《凤凰村志》上、下册，我收到后马上拜读。凤凰村是浙江省杭州市萧山区衙前镇下属一个行政村，《凤凰村志》是该村的百科全书，由莫艳梅任主编并总纂，志首设"总述""大事记""大事纪略"，另有专志18编，计231万字，是我见到的体量最大的村志，没有之一。

---

[*] 褚半农，上海市闵行区地方志办公室，《东吴志》主编，《褚家塘志》主编。

对《凤凰村志》的评论，可从各方面进行，我比较关心的是村志如何记述重大事件，因为这几年中我一直关注着这个问题，还将它作为研究课题。从我了解到的当前编纂实际状况看，村志在记述重大事件方面不尽如人意，或者说，很不尽如人意。《中国地方志》2018年第2期曾发表过安徽省地方志办公室王晖先生《乡镇村志编纂存在的问题与对策》一文，专门谈了目前全国村志编纂中的七个问题，其中第四个问题专谈村志中"重大历史事件缺失"，文中有段文字是这样的："笔者在中国名村志丛书编纂研讨会上就呼吁过，至少在大事纪略中设置条目反映，可到目前为止，尚未见到乡镇村志能够正确记述，有的只字不提，割断历史，导致乡愁缺失。"

重大事件是指国内在某一个时期发生并对国民经济和社会发展产生过重大作用、有过重大影响、具有某种标志性意义的大事件，进而成为直接影响到全村生产活动、家庭生活、乡风民俗、人际关系的大事。用这个标准界定，中华人民共和国成立以后，就农村来说，就有诸多重大事件，以时间程序排列，有土地改革、农业合作化、人民公社化、"四清"（又名社会主义教育运动）、"农业学大寨"、知识青年插队落户、家庭联产承包（分田到户）、撤社改乡、城市化等。

莫艳梅主编对村志的定位是，"记述一村之村情村史村貌的资料性文献……是反映我国千百年来农村、农业、农民问题的重要载体"[①]。从这个认识出发，村志记载本村内的重大事件是其职责所在，对比其他村志，《凤凰村志》对重大事件比较重视，志书中也确有比较实际的

[①] 《村志编纂如何突出地方性》，载《莫艳梅地方志探论》，方志出版社2018年版，第176页。

记载，本文仅就土地改革和农业合作化这两件重大事件作些介绍和分析。

关于土地改革

20世纪50年代初的土地改革运动，可说是中华人民共和国成立后最重大的事件。一是时间上，它是新中国一成立就开展的第一件头等大事，二是其重要性体现在，中国共产党领导开展的土地制度改革斗争，是彻底铲除封建土地制度的一场社会革命。这种革命不仅因为它在中国历史上从未出现过，还由此完全改变了中国农村乃至中国的政治格局及其走向。也是因为有了这第一件大事，才有紧接后面的两件重大事件：农业合作化运动和人民公社化，直至20世纪80年代出现的家庭联产承包责任制，都跟这件重大事件有关。因此，土地改革运动不是一般重大事件，而是特别重大事件。这类事件是地方志首选记载的重点内容，体现在纲目上，必然突出安排，以显示其重要性，在具体内容记载上，也必有准确而详细的事实和数据。各地县志应是这样处理，乡镇志和村志中更应得到充分反映。

《凤凰村志》将"土地改革"这第一重大事件，安排在第九编"农业"第一章"生产关系变革"第一节"土地改革前"，第二节"土地改革"。

在第一节里，村志要表达的重要内容有两项，一是当年土地占有情况："自土地由私人占有后，土地可以租赁、买卖和典当，土地大量向地主、富农和中农阶层集中，使占人口极少数的地主拥有大量土地。

地主通过土地的租赁、典押、雇佣等手段剥削无地农民。由于地主的欺诈与掠夺，加上频繁的水灾、旱灾、蝗灾，多数村民生计无着，温饱问题难以解决。"二是高额地租情况："民国初期，土地的租赁方式有分租制、定租制和预租制，地租一般为正产全收量的50%，高的达70%。"因农业歉收断粮，致使某年饿死100余人（第925页）。

在第二节中，记述了土改开展的宣传教育、划分阶级、没收地主土地和财产、分配土地和财产等四个阶段。在详细分述各个阶段进行的具体工作和实施结果的同时，注意突出了两个重点：一是划分家庭阶级成分，二是没收地主土地和分配土地。在第一阶段记述了土改工作队进村后宣传国家法规，发动群众诉苦，鼓励贫农、雇农站起来与地主作斗争等。第二阶段划分阶级（划分家庭阶级成分）是土改中的重点，此项工作结束，表明各个家庭就此划分为各种阶级成分，有的成为依靠对象（贫农、雇农），有的成为团结对象（中农），有的成为打击对象（地主、富农），这也为日后长期展开的阶级斗争提供了依据和对象。家庭阶级成分关系到每户家庭和每个家庭成员，自土改开始，此项政策在全国先后实行了20多年，还在20世纪60年代中期"大四清"运动中第二次划分家庭阶级成分，直到1979年才正式取消家庭成分。凤凰村根据《中华人民共和国土地改革法》和政务院颁发的《关于划分农村阶级成分的决定》要求着手划分阶级成分，并按照依靠贫农、雇农，团结中农，中立富农的原则，分清界限，找出典型户，民主讨论评定成分。村志记载，"时交通乡989户，其中划定地主12户、半地主式富农2户、富农28户、中农325户、贫农538户、雇农76户，小土地出租者1户、工商业资本家1户、工人6户。西曹自然村评定地主2户、富农1户"。第三、第四阶段也是土改重点，将地主的土地和财产没收后，分配给缺地或少地的农民，由此彻底改变了土地所有制性质，而后"各农户领到由萧山县人民政府颁发的土地所有权证"（第927页）。这一点很重要，村志必须要记载，因为颁发土地证是土地改革历史的见证和载体，也是土地产权的确认，即土地所有者或者土地使用者享有土地所有权或者使用权的法律依据。"土地改革"这一节后，还附有交通乡、凤凰乡土地改革前后各阶层土地占有情况的表格，意在前后对比，说明土改后扭转了地主、富农大量占有土地的情况，改变了贫苦农民缺土少地的面貌。

这两节内容，村志记叙时间明确，重点突出，要素详列，用资料说话，比较完整地记录了凤凰村开展土地改革的全过程，基本反映了这件重大事件概况和历史进程，达到了存史的目的。

关于农业合作化

在各地农村实行农业合作化，是土地改革后着手进行的第二件全国性的重大事件，这件大事按中央指示，分两步实施，第一步是组织农业互助组。

土改以后，分得土地、耕畜和农具的广大贫苦农民，虽然表现出很高的积极性，但由于个体劳动者占有生产资料分散的形式，不能满足迅速发展生产的需要，很多农民在经营中发生严重困难，尤其是占很大比例的贫雇农，生产和生活仍然存在严重问题，因此他们希望通过互助合作的方式发展生产。1951年2月15日，中共中央颁布《关于农业生产互助合作的决议》，要求有条件的地方设办互助组，此后，互助组在全国发展迅速，各自然村内均成立临时互助组或常年互助组，组内成员自愿组合，互相帮工干农活、有偿借用耕牛等大型农具，解决了这一部分农民的实际困难。凤凰地区情况同中央文件中的要求相一致，村志记载了1952年春耕时，为发展农业生产，根据萧山县委提出的坚持"自愿互利，典型示范"的原则，"交通乡建立农业互助组35个，凤凰乡建立农业互助组54个"。"是年，凤凰乡有常年农业互助组3个，季节性农业互助组51个"（第928页）。

第二步是实现农业合作化，成立农业生产合作社。按照中央指示精神，这又分两步进行。一是先成立初级农业生产合作社。1953年12月，《中共中央关于发展农业生产合作社的决议》正式公布，要求"在群众有比较丰富的互助经验，而又有比较坚强的领导骨干的地区，应当有领导地同时又是有重点地发展第三种形式，即土地入股的农业生产合作社"，这种农业生产合作社也称初级农业生产合作社（简称"初级社"）。凤凰村地区自然积极响应号召，农民开始组织起来走合作化之路。《凤凰村志》中记载："1954年2月，交通乡试办胜利农业初级社。至年底，经多次组织动员，几经反复管理重组，交通乡建立农业初级社12个。"（第928页）《凤凰村志》在1955年12月的"大事记"也记述到："衙前境内初级农业社已达81个，其中交通乡25个，凤凰乡19个。傅家自然村为胜利初级农业合作社，西曹自然村为胜健初级农业合作社。"（第16页）村志还记载到交通乡胜利社还被评为萧山县农业生产一等模范（第928页）。

从互助组到初级社，组织形式、分配形式全然不同。于是，《凤凰村志》又记载："初级农业合作社社员土地入股，集体耕种，秋后按股分红；大型农具折旧，分期偿还……年底按工分获取劳动报酬，多劳多得。"（第 928 页）其中"土地入股"和"按股分红"是初级社年终分配的原则和最大特点，《凤凰村志》作了记录，准确地反映了那段历史。

农业合作化的第二步是在初级农业生产合作社的基础上，成立高级农业生产合作社（简称"高级社"），时间在 1956 年。这年 10 月中共中央七届六中全会通过《关于农业合作化问题的决议》后，各地贯彻执行，"交通乡分片成立中心高级社 3 个"。"高级社成立后，土地归集体所有，由集体统一经营管理，社员实行按劳分配。"（第 929 页）《凤凰村志》记载到，高级农业社成立后把全社划分为几个生产小队，这生产小队就是生产队的前身（20 世纪 80 年代撤社建乡后即为村民小组），它是独立的生产经营单位。高级社成立后，全队统一耕种土地、统一安排劳力、统一使用大中型农具，统一实施种植计划，统一出工收工时间。经济上自负盈亏，社员参加集体生产劳动，按劳动等级评工记分，年终以工分形式按劳取酬。高级社与初级社的年终分配，不同之处是取消了初级社时的入股土地报酬，即以劳动工分参加分配，获得报酬，这在村志都有记载和反映："年终按各农户总工分和土肥投资等各项总和分红。"（第 929 页）

思考和建议

200 多万字的《凤凰村志》皇皇巨著，应该为土地改革提供更多的篇幅。上海闵行区梅陇镇陇西村志《陇西志》（文汇出版社 2006 年 12 月第 1 版），第二章"土地、房屋"记载全村土改前后情况，既有文字，又有"本地区土地改革后人口、成分、土地情况统计表"，栏目设户主、家庭人员、房子（间数）、国有（土地，丘数、亩数）、私有（土地，丘数、亩数）、合计等。21张总表、分表反映全村共有土地若干亩，其中私有土地人均1.416亩，国有土地人均0.62亩等。表格还表明，私有土地占70.9%，全村仅7户家庭无私有土地，因表中有"贫农155户"，可得知占4.516%。家庭成分中全村有地主1户，富农8户，中农152户，贫农155户。全村23个自然村316户家庭，每户入志，共计21页，占村志468页总数的4.49%。

  农业合作化中成立初级农业合作社，并不是全部农户参加的，还有大量的农户未参加，政策也允许他们在合作社外单干。而成立高级农业合作社是个转折点，土地和大型农具等生产资料全归集体所有，取消初级社的土地分红。并以生产队为核算单位，全部实行评工记分、多劳多得、按劳分配的管理制度。高级社事实上也为1958年秋季"一大二公"的人民公社成立做好了准备。《凤凰村志》高级社的内容较少，其实是可以记载更多更有价值的资料的。

《凤凰村志》运用社会调查和口述历史方法述评

钱道本[*]

摘 要：杭州市《凤凰村志》编纂者通过社会调查和口述历史方法形成了大量资料，其中入志的占全志篇幅一半以上，其做法完全可取，入志的形式即集中与分散相结合亦非常可行。方志界对社会调查和口述历史的讨论已经持续多年，然而在修志实践中的运用并不尽如人意。莫艳梅付诸行动，以其运用社会调查和口述历史方法的实践，积累了经验，做出了表率，值得推广和借鉴。

关键词：《凤凰村志》 社会调查 口述历史 方法

杭州市萧山区衙前镇《凤凰村志》，2019年6月由中国社会科学出版社出版，主编·总纂莫艳梅，总计231万字，分上、下两册，全彩印刷，上册包括"村庄""姓氏""人物""村民访谈""凤凰村民未来期待调查"等编，下册包括"衙前农民运动""村政"

---

[*] 钱道本，浙江省衢州市档案馆方志编纂处副处长。

"村区建设""农业""工业　建筑业""商业　服务业""村级经济收益分配""村民生活""教育　卫生""文化　体育""风俗"等编。统览全志，资料翔实，内容丰富，结构合理，体例完备，制作精良，堪称当今村志中的上乘之作。最为突出的是该志对社会调查和口述历史方法的运用，值得加以探讨。

一　关于定位

二轮修志以来，萧山区方志同人对社会调查和口述历史，在理论和实践中均做出了可贵的探索。如《萧山市志》设置了"社会课题调查"和"口述历史"专册单行本出版，获得高度评价，"是《萧山市志》在学术上的第一个创新和突破……增强了具体内容，记述有骨有肉、经络分明，纵横交织，赋予市志贴近大众、亲近社会的综合著述形象，更具有社会文献价值的功能"[①]。《凤凰村志》主编·总纂莫艳梅亦撰有理论文章探索总结这个问题，所以，该志编纂者对于社会调查和口述历史方法的运用是相当自觉的，定位非常明确，即社会调查和口述历史资料已不再是对传统入志资料的简单补充，而是重要组成部分。其"编纂说明"第三条规定："村内没有姓氏宗谱，撰写姓氏户主与家庭成员时，特地开展了村内姓氏源流普查、户主身世及家庭成员普查"，第四条规定："使用社会调查的方法，广泛开展社会调查，调查

---

① 王熹：《〈萧山市志〉：新修方志在学术上的两大突破》，《光明日报》2015年7月28日。

成果独立成编入志。"第五条规定:"注重口述历史的方法,对文献资料起补充、印证和鉴别作用,口述历史成果独立成编入志",以上三部分通过社会调查和口述历史形成的入志资料占全书一半以上的篇幅,这些资料与其他资料融合为一个整体,将凤凰村的方方面面呈现了出来,达到宏观历史和微观历史的有机统一。

二 关于选题

　　社会调查和口述历史方法,早已超越社会学和历史学学科范畴,成为各门人文社会科学普遍采用的收集资料的手段。这就涉及到这两种手段与不同学科结合的问题。地方志书的首要目的是记录一地自然、政治、经济、文化、社会等各方面的历史与现状,万变不离其宗,志书编纂所采取的所有方法和手段都要服务于这个目的。具体到《凤凰村志》,第二编"姓氏"中的姓氏、户主与家庭等资料,是村志的必载资料,因为该村无家谱,所以必须开展这项社会调查;第四编"村民访谈",通过对不同对象的访谈,记录翔实的个人史,呈现了受访者记忆中历史细节;第五编"凤凰村民未来期待调查",切入村民的日常和心理,是对宏观历史强有力的补充。以上3项均记录和丰富了该村的历史与现状,具有独特价值。

　　当然,《凤凰村志》在社会调查和口述历史的选题及其访谈质量方面也并非十全十美。如部分访谈略显程式化,还有更曲折的细节和细腻的感受尚未被挖掘出来。笔者以为,包括《凤凰村志》在内的萧山志书对社会调查和口述历史方法的运用走在全国前列,可以参照更高的标准,取得更高的成就。

三　关于篇幅

《凤凰村志》编纂者在社会调查和口述历史方面下了很大功夫，仅从"后记"对受访者情况的记录就可见一斑。"共访谈46人，其中凤凰村民33人（20世纪20年代1人，30年代7人，40年代6人，50年代9人，60年代6人，80年代4人），外来人员4人，沈定一的后代及知情人9人。凤凰村民中，有村领导2人，大学生村官2人，集体企业管理人员2人，私营企业家、个体户5人，过去的大队长、生产队长2人，生产队会计、仓库保管员2人，民兵连长1人，妇女主任1人，赤脚医生2人，今村民小组长2人，凤凰村股份经济联合社1人，股东代表1人，市场管理人员2人，教师2人，见多识广的老人3人，农村妇女1人，东岳庙管理人员1人，基督教教徒1人。外来人员中，有办厂的1人，经商的2人，社区管理人员1人。沈定一的后代及知情人中，衙前镇4人，瓜沥镇1人，萧山城区1人，杭州市区1人，江苏省2人。"通过社会调查和口述历史方法形成了大量资料，其中入志的占全志篇幅一半以上。

从近年来方志理论界的讨论看，要求在志书中增加社会调查和口述历史资料的呼声越来越高。那么到底多少比例合适，则无一定之规，既要考虑具体内容和记叙的需要，还要考虑不同志种的实际。如村志一般没有承编单位提供资料，主要依赖编纂者自行寻找档案文献资料和采集口碑资料，并且村级档案文献远不及乡镇及以上行政区划丰富完善，因此，社会调查和口述历史资料可以占更大的比例。《凤凰村志》中占全志篇幅一半以上比例的做法完全可取。

四　关于入志形式

社会调查和口述历史资料入志，主要有三种形式，一种是集中单独设置篇章，一种是分散在不同篇章之中，三是集中与分散相结合。三种方式各有所长，笔者比较赞同第三种。入志形式与选题密切相关，如《凤凰村志》所选课题，很难分散到全志，适合集中设置篇章。实际上，志书所设篇目，村区建设、农业、工业、商业、村民生活等，除依据传统档案文献资料进行编纂外，都可根据实际需要酌情选择主题进行调查或访谈，以补充前者不足，更好反映历史进程，记录官方资料所缺的历史细节。这样的内容，则可以置于不同篇章之中，或作为篇章的附录处理。如此，对于整个区域的记载无疑将更为全面系统。

五　余论

方志理论界对社会调查和口述历史的讨论已经持续多年，然而，在修志实践中，对这两种方法的运用状况并不尽如人意。有的志书编纂者要么不关注理论探讨，不了解理论前沿问题，要么因为遇到现实操作层面的问题而放弃。笔者认为，对于理论界讨论的热点问题，各地要敢于在修志实践中有所回应，将比较成熟的观点付诸修志实践，力求实现理论与实践的结合与促进。再完美的修志理论，若无法落实于具体实践,其意义将大打折扣,亦很难检验其正确与否。相较之下,《凤凰村志》主编莫艳梅以其运用社会调查和口述历史方法的实践,积累了经验,做出了表率,值得推广和借鉴。

留存文化根脉 服务乡村振兴的典范之作
——杭州市萧山区《凤凰村志》简评

包柱红[*]

摘　要：杭州市《凤凰村志》记载了凤凰村独特的文化和内涵，勾勒了村庄的变迁轨迹，留存了历史记忆。由于主编的大胆尝试，该志具有鲜明的特色，表现在亲民性、学术性、创新性方面，达到了精英的历史和平民的历史的有机统一，必将成为一代佳志而流传后世，也为乡村振兴提供了文化支撑，同时为萧山区乃至浙江省村志修编提供了有益经验和范本。

关键词：《凤凰村志》　文化根脉　乡村振兴

杭州市萧山区衙前镇凤凰村是杭州市社会主义新农村建设标兵村，浙江省全面小康建设示范村，全国文明村，是远近闻名的富裕村，在萧山区的乡村振兴战略中，干在实处，走在前列，处于领头雁的位置，

---

[*] 包柱红，浙江省宁波市鄞州区人民政府地方志编研室副研究员。

扮演着引领乡村发展的角色。近年来的美丽乡村建设，成效显著，让人"望得见山，看得见水，记得住乡愁"，自然生态与人文积淀有机结合的生动景象引起普遍共鸣。党的十九大提出了乡村振兴战略，概括为5句话20个字："产业兴旺，生态宜居，乡风文明，治理有效，生活富裕。"其中乡风文明折射出的主要是精神文化内涵。乡风文明是乡村社会得以延续的核心，而这块恰好是当前乡村建设的短板。要实现乡村振兴，最重要的是文化振兴，留住人们记忆的根脉，留住乡愁。乡愁就是在这里生活过的人们对过去生活的记忆，对这里一草一木的留念。而记忆得以一代一代地流传，一般通过口耳相传和文献流传两种方式。口耳相传不会持久也容易失真，使得很多珍贵的记忆最后消失在历史的长河中，导致"古今多少事，都付笑谈中"。而修编村志，将村落的过去进行全面系统的梳理，留住集体的记忆，将对乡村振兴有着深远的意义。令人欣慰的是，为了把村庄历史文化记录下来，并且传承下去，也为了增强村民创造历史的光荣感和自豪感，激励后人自强不息，凤凰村党委、村委会决定创修村志、创建村史馆，这无疑是明智之举，可以说，功在当代，利在千秋。领导班子高瞻远瞩，精心谋划，聘请贤才，经过近两年的努力，修编出这样一部鸿篇巨制。

要评价这一部具有创新性并带有探路性质的村志，不得不提这部村志的主编。志书是官修书，由政府主办，召集专家编写，具有权威性，是得到社会信任的。古代县官主要管三件事：一是收钱粮（田赋），二是断讼案（处理诉讼官司），三是修县志。志书是很受社会各界重视的，历来强调志书"存史、资政、教化"的三大功能。为了修出高质量的志书，大凡修志，一般一县之长亲自挂帅，遴选地方学界名流，组成编写班子，署名为修，意为行政上组织；受聘操刀的人确定纲目，收集资料，经加工筛选，总纂而成志书，署名为纂，意为采撷众人而统为一志。现存萧山最早志书为明《嘉靖萧山县志》，由张烛所纂，其为进士，官至南京刑部郎中，曾参与编纂《正德萧山县志》，可惜此志未流传下来。《万历萧山县志》由贡生戴文明纂，他曾任南陵教谕。《萧山县志刊误》著者毛奇龄，曾任翰林院检讨、国史馆纂修等职，参与纂修《明史》，为清初著名学者、经学家、文学家。此后，直至民国佳志很多，有一个重要原因，就是编写的人员都具有较高的学术水平，将其学识应用于修志，或创新体例或增加内容或重考据，各有所长。莫艳梅同志是浙江省地方志系统人才之翘楚，我有幸与之同乡，时常在一些会议上碰面，交流心得。其对地方志的酷爱和深情，早已深深地融入其血脉之中。据她本人讲，她参加编纂过多部志书，又出了几部个人专著，一直期待能再主编·总纂一部新志，把自己已有的修志经验和理论研究付诸其中。这部村志虽说充当了"小白鼠"的作用，但确实是十分成功的，可以毫不夸张地说，达到了预期的效果。

《凤凰村志》总计231万字，图文并茂地反映了凤凰村千百年来的发展变化。是全国篇幅最大的村志，全国首部与纸质书同步发行的"掌上村志"。全志合计18编76章240多节500多条目，全面地反映了凤凰村自然、政治、经济、文化和社会的历史与现状。《凤凰村志》的出版正是顺应其时，对于推动农村精神文明建设有着非凡的意义。

第一，存史意义。村志是一村之百科全书，记载着一村的自然、社会、经济、历史和风俗，充满乡土气息和时代韵味。其存史的真实价值和基础作用很大。

第二，文化意义。随着城市化进程的进一步加快，在广大的农村地区，传统的农业耕作方式正在被快速淘汰，与此同时，传统村落因各种人为或自然的原因，正以惊人的速度消失。如何在原有旧的村庄消亡后，让优秀的村落文化得到传承弘扬？及时启动村志编纂工作，在这个乡村快速变化的时代，全方位记录乡村状况以及乡村变化，已成为一种挽救村落文明的一大方式。

第三，情感意义。村志以最基层行政单位为记述对象，汇集乡村文化资源，展现地域文化特色，贴近群众生产生活，乡土气息浓郁，弘扬社会主旋律，宣传时代精神，为社会主义服务和为广大群众服务，有利于乡村人们继承优良的历史文化传统，不忘过往，励精图治。编史工作激发了村民抢救村落历史文化的热情，不仅让乡村的历史文化、风情人物、变迁演进得到延续性保存，还能引导广大群众崇德向善、勤奋上进，提高群众的归属感和社会责任感。

总之，《凤凰村志》的出版，为凤凰村的百姓记住乡愁，继承传统教育，传承优秀文化传统，了解家乡、热爱家乡、建设家乡提供了宝贵的文化、精神财富。同时也为萧山区乃至浙江省村志修编提供了有益经验和范本。

《凤凰村志》为村存史，以志为证，既保存了记忆，留住了文化，也将会使得凤凰村声名鹊起。这部志书是一部历史，记载了凤凰村独特的文化和内涵，勾勒了村庄的变迁轨迹，由于编者的大胆尝试，具有鲜明的特色。

第一，亲民性。手捧这本村志，一股清新风气扑面而来。它的亲民性、大众性，令人感叹。同省志、市志、县志、镇志比起来，村志应该是最接地气的一种志书。因为它记载的内容离普通老百姓的生活最近。但从以往的多数村志来看，仍然受了官方性的影响，同其他种类的志书一样，修成了一个官方性的文献，记载的还是官方的历史，重点还是在村三委会的活动。而这部村志大胆创新，跳出固定框架，突破窠臼，采用最新的公众史学理念，编出了一部老百姓自己的村志。它的记载涵盖了普通老百姓的生产生活以及家庭，与每一个老百姓息息相关，也记载了每一个老百姓自己的历史，把个人的历史记忆有机融合到书中，真正体现了开门修志全民修志的新理念。该志用了相当篇幅记述平民百姓的生活。志中篇幅最大的是"姓氏"编（408页），占全志正文篇幅（1366页）的29.9%，内有每户一个基本情况表，配以每户一幅全家照，每户手写一句最想说的话，从第87页开始直到第483页，挨家挨户登载家庭成员的详细情况，并留下了珍贵的照片，充分体现村志的村民性，无疑是该志最大的亮点，真正使书走进了千家万户。其次是"村民访谈"编（共198页），再次为"凤凰村民未来期待调查"编（共96页），分别占全志正文篇幅的14.5%、7%。创新设计村民访谈，从第509页到第705页，老百姓讲述自己的经历，述说自己的故事。凤凰村民未来期待调查，采用实地调查的形式，通过大量的田野调查问卷调查，获得数据，具有很强的现实性，对于当政者施政也有很大的借鉴意义，充分体现了地方志的"资政"功能。

第二，学术性。注重学术性是地方志修编的一个优良传统。现在流传下来的方志典籍，多数具有很好的学术性。对于学术研究者研究本地的历史文化、风俗习惯、政治经济、社会变迁诸方面都有很好的查考价值。然而新修编的方志，由于参与人员良莠不齐，很不注重学术规范，重要资料既不注明来源，也不加以考证，导致很多学术研究者不敢运用方志资料进行学术研究，造成地方志修成后社会利用的空白。而《凤凰村志》，从一开始就十分注重学术规范，重要资料都有来源和考证。考证全面细致，多方收集关于凤凰村的各类文献，参考书目达到62种，涉及方志、舆地、党史、论文多种文献。更重要的是采用田野调查和口述访谈资料来弥补官方记述的不足。凡此种种，使该志不仅是凤凰村的资料性文献，也是一本研究该村的学术著作。

第三，创新性。古往今来，每一代修志人都把当时流行的学术传统，应用到方志修编中去，突破原来的框架束缚，进行体例、内容的创新，以契合当时的时代要求。从地方志诞生以来，每个时期都有突破，都有创新，才使得方志得以永葆青春，长盛不衰。清朝康乾时期的地方志注重考据，民国时期的地方志注重社会调查。《凤凰村志》的修编，吸收了以往各类志书的优点。在编纂村志的过程中，除了通过书证物证进行考证外，还通过各种形式的研讨会、评议会、恳谈会、座谈会，组织记述者和被记述者集中发表意见，广泛听取村民意见。这些都是在这次编志中产生的第一手资料，不仅反映了民情、民意、民愿，还深化了志书内容，提升了志书的资料性、著述性和原创性，为志书的体例创新做了有益的尝试。正是由于这种创新，使得这本志书达到了精英的历史和平民的历史的有机统一，必将成为一代佳志而流传后世并为后人广泛利用。

凤凰歌鸣　家国春秋
——读杭州市萧山区《凤凰村志》有感

蒋庆波[*]

摘　要：杭州市《凤凰村志》不同凡响，亮点纷呈，甫一出版发行，便赢得业界的一片赞誉，在全国激发较大反响。它为观察中国农村历史变迁打开了一扇窗户，为走好乡村振兴之路提供了一个借鉴样本，为研究中国农村社会撷取了一手鲜活资料，为创新方志编纂与传播方式开辟了新的途径。

关键词：《凤凰村志》　价值　意义

品读厚重的《凤凰村志》，惊喜、感动、钦佩之情油然而生。

《凤凰村志》主编莫艳梅是方志界兼具理论造诣和实践经验的大才女。她大学刚一毕业便巧遇"盛世修志"嘉年华，有幸参加中华人民共和国成立后第一轮地方志《江华瑶族自治县志》的编修；当新中国

---

[*] 蒋庆波，湖南省江华瑶族自治县移民开发局主任，经济师，《江华瑶族自治县志》副总纂、《江华瑶族自治县军事志》主编。

第二轮地方志编修工作全面启动时，已成为《江华瑶族自治县志（1990—2003）》编纂工作的业务骨干和组织领导者，并应广东省佛山市特邀参加《佛山市志》的编纂；浙江省杭州市萧山区经全面考察，将她作为急需特殊人才引进，承担了《萧山市志》的资料采编和统稿把关重任。出于对史志事业初心的执着坚守、深耕细作、自我赋能，或许是沿海城市开放的环境、宽广的舞台，任凭她在史志的天地里恣意驰骋，凤凰涅槃，硕果累累，在省级以上刊物发表地方志论文100多篇，10次应邀参加中国方志学术研讨会议，个人专著《莫艳梅方志文集》《萧山清官廉吏》《萧山历史名人家世考——从家谱出发》《莫艳梅方志探论》《富裕起来的农民在想什么——凤凰村农民访谈录》相继问世，逐步成长为浙江省地方志专家、中国地方志专家库专家。

  凤凰人是有眼光格局的，也是幸运幸福的。在致力于经济发展、生活富裕、社会和谐的同时，不忘守护精神家园，精制文化大餐，聘请方志专家莫艳梅担任《凤凰村志》主编，统筹谋划村志修编。莫艳梅不负众望，全程亲力亲为，既采又编，审核把关资料采集入志、课题定位调研、篇章结构设计、体例内容创新、语言文字表述、图照征集编排、版面格式印制等各个环节，既保证了编纂质量效率，又彰显了特色创意，乡愁、村史、家风得以铭记传承。《凤凰村志》价值不凡，亮点纷呈，甫一出版发行，便赢得业界的一片赞誉，在全国激发较大反响，引起中宣部及有关领导的关注，凤凰村再次成为关注的热点。

  《凤凰村志》为观察中国农村历史变迁打开了一扇窗户。志书不仅全面、系统、鲜活地记录了凤凰村自然、政治、经济、文化、社会的历史与现状，还重点勾勒出由贫穷落后村到经济强村、全国文明村的演变轨迹，充分反映了农村面貌、村民命运与国家兴衰之间的内在联系，是中国农村历史变迁的一个缩影，彰显了志书的存史价值。正如中国社会科学院当代中国研究所社会史研究室主任李文研究员所评价的："通过摄取凤凰村历史，让我们从小见大，从一个村庄看到中国的农村，从一个个农民看到农民的中国，从一个个小人物看到当代的中国。"

《凤凰村志》为走好乡村振兴之路提供了一个借鉴样本。志书通过"村民访谈"编、"凤凰村民未来期待调查"编展现了凤凰村"两委"班子带领全体村民解放思想，不断进取，努力拼搏，发挥自然地理位置优势和禀赋，亲手绘就产业兴旺、生态宜居、乡风文明、治理有效、生活富裕的乡村振兴宏图，其经验做法值得各地学习借鉴，彰显了志书的资政功能。同时志书展现的奋斗精神、优良品格和光辉业绩，必将激发凤凰人在新的历史起点上开拓进取，再创辉煌，充分发挥其教化育人之功效。

《凤凰村志》为研究中国农村社会撷取了一手鲜活资料。村志编委会针对"姓氏"编资料残缺不全的情形，特地开展全村姓氏源流普查、户主身世及家庭成员普查，在厘清姓氏源流和家庭基本情况的基础上，将每户一幅全家照、每户一句最想说的话录入志中。"村民访谈"编通过选取36个不同年代、不同行业、不同身份的凤凰村居民口述资料，不仅还原了凤凰村的发展史，还真实地记述了村民个体的成长环境、奋斗历程、家庭生活、兴趣爱好和所思所盼，为研究中国农村社会、家庭、居民生产生活的历史演变、现实状况和发展趋势提供了鲜活的第一手资料和案例。

《凤凰村志》为创新方志编纂与传播方式开辟了新的途径。村志在资料采集方式、体例内容创新、篇章结构编排等方面做了大胆有益的尝试,突出志书的资料性、原创性、著述性和可读性,放大了志书的功能价值。主编还与出版社协商制作《凤凰村志》扫描二维码,成为全国首部与纸质书同步发行的"掌上村志",不仅让凤凰村的传奇故事插上了数字化的"翅膀",更让古老传统的中国地方志与时俱进,获得新的传播方式与力量,焕发出勃勃生机。

一部充满乡情、乡愁和乡思的富村志
——杭州市萧山区《凤凰村志》阅后感

钱志祥[*]

摘　要：萧山区《凤凰村志》可贵的特色是创新。据说为了拍"全家福"入村志，许多在外工作、就学的凤凰村人，闻讯回到老家参加拍摄，有的分了家，单独立了户，也合在一起拍"全家福"，脸上挂满幸福的笑容。每户手写"最想说的一句话"也入村志，反映出村民的处世发展理念和真、善、美思想。《凤凰村志》用700页计110万字的版面篇幅，记录村民的姓氏及家庭世系、村民访谈和村民对未来的期待，充满了浓浓的乡情、乡愁和乡思。这也是广大村民热心支持编撰村志的因素。

关键词：《凤凰村志》　乡愁记忆

有幸较早地阅读了由莫艳梅主编，冯蓬年、金雄波副主编，莫艳梅总纂的萧山区《凤凰村志》，这是继《航民村志》之后萧山的又一

---

[*] 钱志祥，浙江省杭州市萧山区原《萧山市志》副主编。

部富村志。阅后感到这部志书不仅政治观点正确，体例设置完备，资料丰富翔实，内容生动可读，而且可贵的特色是创新。

一是专设"村民访谈"编，请36名村民以"亲历、亲为、亲见"的身份，谈凤凰村的历史地理沿变、经济快速发展、生活不断改善、村容村貌一新、幸福感指数提高的现实，也对凤凰村的持续发展提出新的要求。参加访谈的，有凤凰村籍的村干部、工人、农民、学生，也有外来打工者，亦即新凤凰村人；有出生于20世纪20—40年代的村民，有出生于中华人民共和国成立后至70年代的村民，有改革开放后至志书下限时的凤凰村人和外来的新凤凰村人。因此富有代表性。

二是单设"凤凰村民未来期待调查"编，记述了凤凰村民对未来的七大期待，即村民望更富：盼发展农村经济，增收致富；村民求真知：盼丰富文化生活，尊知重教；村民期乡美：盼建成"三美"乡村，绿色文明；村民希安稳：盼完善保障保险，后顾无忧；村民求和顺：盼家庭安居乐业，顺其自然；村民愿参政：盼政府更民主公正，执行力强；村民谋发展：由顺从守旧走向主动追求，但仍保守惧变。对村民的期待和美好生活的向往，村志中记述六条对策思考：即三级联动，推进"三美三化"① 建设；引导合作，推动"三位一体"② 改革；共建共享，提升公共服务水平；精准帮扶，完善社会保障制度；提高素质，加快培育现代农民；责任明晰，抓好基层组织党建。可说富有时代特色。

三是单设凤凰村"姓氏"编。笔者多年前曾任农村生产队（村民

---

① 即在"农业绿化、农村美化、农民转化"上下更大功夫，全力打造"生产美、生态美、生活美"的城乡一体化浙江样板和"三农发展标杆"。
② 即构建生产、供销、信用"三位一体"的农民合作经济组织体系。

小组）、生产大队（行政村）会计，从长期与社员（村民）打交道中知道，当时社员最为关心的是自家的劳动工分、土杂肥投入数和能分配数。还有是大队里的户口簿，记录着每户家庭的人员基本情况。已出版的村（社区）志也设"姓氏"编，但《凤凰村志》又有创新。首先是除一般村志记有每户村民家庭的成员姓名、性别、家庭关系、文化程度、出生年月日、工作（职业）职务外，《凤凰村志》还记有这户家庭已故祖、父辈的姓名、生卒年、职业和志书下限时这户家庭的住房建筑面积。再是在每户村民的"家庭情况"表格右边，摄有一幅在自家楼房前和客厅里或公共场地的彩色"全家福"。据说为拍这幅能入村志的全家福，许多在外工作、就学的凤凰村人，包括在国外留学的凤凰村学子，都闻讯回到老家参加拍摄。这样的"全家福"，有二代同堂的，有三代同堂的，有四代同堂的，有的分了家，单独立了户，也合在一起拍"全家福"，每幅"全家福"内的人员，无不脸上挂满美满幸福的笑容。还有在"全家福"左边，由村民户主或其他家庭成员手写的"最想说的一句话"，有560户写出了"最想说的一句话"，有16户虽然没有写上一句话，但签上了户主自己的姓名。在手写的"最想说的一句话"中，可以说每一户家庭都显示了真、善、美思想，每一句都显示出时代的"正能量"，客观上反映了凤凰村民的处世发展理念。其中，认为"家和万事兴，齐力共断金""处世以谦让为贵，做人以诚信为本""与人为善，与邻为友，严己宽人，既往不咎""婆媳和、夫妻亲，子孙孝、家业兴""重孝重道，互敬互爱，不贪不懒，健康平安"等传统美德的有186户。励志类如"不拼不搏人生白活，不苦不累人生无味""奋力自强，崛起梦想""勤为本、德为先，和为贵、学在前""人生只有走出来的美丽，没有等出来的辉煌""和睦友善，勤俭节约，科技致富，读书为先""和善家风贵，苦寒品格高""知识改变命运，奋斗成就未来"等的有85户。"感谢国家的好政策""愿祖国富强，百姓生活一天比一天好""盼凤凰村越来越好，希望生活越来越好""感谢村给村民多种福利和超前的进步"等的有100户。认为应"遵纪守法永牢记，与时俱进兴人生""爱护公物，遵纪守法，造福子民，服务社会""认认真真做事，堂堂正正做人""做传统美德之人，尽造福百姓之责""与人为善，与邻为友，严己宽人，既往不咎"等的有82户。希望孩子"长大后有所成就""大学毕业后能找到工作""能考上公务员"等的有42户。希望"家里老人能长寿"等的有24户。"想建有三间地基的新房""想再买一辆汽车"的有14户。认为"不求万贯家财，但求健康平安""做个普通人，做好每件事；平等对待每个人，过普通人的日子"等的有21户。要求"村干部办事公正"的有3户。宗教性质的有3户。当然这是大致分类，体现了民心民愿，非常的真挚、纯朴。

村志不同于省志、市志、县志，也不同于镇志、街道志，村落是中国乡土社会的基本单位，血缘关系、地缘关系是农民之间联系的主要纽带。《凤凰村志》用700页的篇幅，记载了村民的姓氏及家庭世系、村民的访谈、村民对未来的期待。村志也因此变得有温度，不仅有历史的温度，留存着代代赓续的记忆，还有血亲的温度，传递着浓浓的乡情、乡愁和乡思。这是广大村民热心支持编撰村志的因素。从志体文字和图表中，从村民的访谈、村民的期待、村民"最想说的一句话"中使读者知道：凤凰是萧山的一个富村，也是萧山第一个全国文明村，全国敬老模范村，全国民主法治示范村。2016年，凤凰村经济总收入达到50.40亿元；村级可用资金4423.93万元，人均可用资金20072.28元；村民人均纯收入49555元。村级经营性收入、村可用资金、村民人均纯收入均为萧山区各村（社区）第一。依靠快速发展的村级经济，凤凰村实现村民生活、医疗、养老三大村级保障，即免费向村民供应米、油、天然气；村民就医可报销72%的门诊费和95%的住院费；50—59周岁的女性由村集体发放助养金，对全村60周岁以上的老人每月发放1660—1910元的养老金。

  完全可以说，凤凰村志是一部充满乡情、乡思和乡愁的富村志，是一部真实性强、可读性强，具有资政、育人、存史的佳志。

一个方志人的星辰与大海

——莫艳梅印象记

叶 梓[*]

摘 要：莫艳梅是一个对地方史志怀有痴狂之爱的人，曾在编纂《萧山市志》中发挥了重要的采编和统稿把关作用。别人偶尔加班，她是偶尔不加班，而且加班不言苦，乐在其中。洋洋231万字的《凤凰村志》是她的又一部代表作。且不说她花去了多少心血，至少，在乡村振兴的时代大背景下，她抓取这样一个在苏浙沪一带极具代表性的村子作为自己方志学体系建构的一个标本，彰显了她作为一个方志人的高瞻远瞩。而她在《凤凰村志》中采取的"群众口述、专家记录、全民参与"的撰写方式，更是赢得业内的一片赞誉。一个凤凰村，经由莫艳梅出现在我们面前，下一个"凤凰"又在哪里呢？让我们拭目以待吧。

关键词：莫艳梅 方志人 代表作

---

[*] 叶梓（即王玉国），江苏省苏州市吴中区文化馆副研究馆员，国家二级作家。

我和莫艳梅算是老朋友了。

2012年，我在《萧山日报》工作时，我们就认识了。好像是有一次，她投来一篇关于萧山建县历史的考证文章，我初看下来，觉得写得扎实，观点新颖，有理有据，惜乎没有相关版面，稿子就搁置下来。再后来，偶有联系，慢慢地也就熟络起来了，才发现她是一个对地方史志怀有痴狂之爱的人。她本湘女，作为特殊人才引进到萧山后，既低调内敛，又勤勉尽责，给萧山史志做了不少特殊贡献，在编纂《萧山市志》中发挥了重要的采编和统稿把关作用。这些需要长年坐冷板凳的事，一般人是没有耐心去做的。别人偶尔加班，她是偶尔不加班，而且加班不言苦，乐在其中。这种精神，感动了我，我就特意写了一篇文章，算是人物通讯吧，在《萧山日报》对她做了一个整版予以宣介。

其实，一直以来，我对方志人是存有敬意的。当然，我所说的方志人，是指那些真正沉浸于古籍旧书里不计名利、不问世事的人，而不是那些靠着各类关系在图书馆、地方志等清水衙门里混饭吃的人。奇怪的是，在中国，恰好是这两种截然不同的人全部聚集在这些部门。如果扯得更远一些的话，我对方志人的好感来自天水的刘雁翔。他在天水的地方志部门虽身居要职，却潜心于史志之钻研。后来，干脆放弃大家一直看好的仕途，去天水师范学院从事地方史志的研究——他的华丽转身，在我的家乡留下一段佳话。

而莫艳梅，也是这样一个潜心于方志事业且卓有成效的人。

2015年，我在苏州的一家文化单位谋了份差事，就离开了萧山，但和她一直保持联系，时有问候，关心着彼此的事业。我也常常能收到她寄来的方志专著，短短几年，竟然有《莫艳梅方志文集》《萧山清官廉吏》《萧山历史名人家世考——从家谱出发》《莫艳梅方志探论》《富裕起来的农民在想什么——凤凰村农民访谈录》等大作问世。我了解萧山的风土人情，这些需要花功夫、赚不到钱的事，估计只有莫艳梅这样的执着者才会去做。应该说，这几年，她的方志理论写作达到了一个井喷式的高潮，而这一切又源于她多年来积淀下来的扎实的理论基础和丰富的修志实践。她大学毕业就投入地方志事业，至今参加过三省四部市县志的编纂。古人说过，"人生难修两回志"，因为古代通常60年左右修一次志，当代20年左右修一次志。她还在盛年，再过若干年，她可能就是三轮修志的元老级了。于2007年开始发表第一篇方志论文，她迄今在省级及省级以上刊物发表论文100多篇，其中2篇列入《〈中国地方志〉优秀论文选编（1981～2011）》，是中国方志界为数不多既有丰富修志实践经验又有丰硕理论研究成果的女将。

2019年的盛夏，我读到她担任主编和总纂的《凤凰村志》，更是大吃一惊，该书分为上、下两册，全彩印刷的《凤凰村志》，皇皇230多万字，插图1700多幅，表格778幅，专志18编76章240多节500多条目，这样一部全面反映了凤凰村自然、政治、经济、文化和社会的历史与现状的"百科全书"，莫艳梅这个看起来有点柔弱的女子，是如何完成的呢？

真让人不敢相信！

但是，就是这样一套封面火红的《凤凰村志》，真切地摆在我的案头。凤凰村所在衙前镇是萧山很特别的一个地方，早在1921年，中国共产党成立不久，那里的"衙前农民运动"开创了中共历史上第一次党领导的农民运动、第一个农民协会、第一个农民革命性纲领文件和第一所农民免费教育的农村小学校。彼时的衙前，就是今天的衙前镇。

现在的凤凰村，就是衙前镇最大的一个村子，也是改革开放以来萧山发展最快也最富裕的一个村子。莫艳梅近水楼台先得月，担任《凤凰村志》的主编和总纂，且不说她花去了多少心血，至少，在乡村振兴的时代大背景下，她抓取这样一个在苏浙沪一带极具代表性的村子作为自己方志学体系建构的一个标本，彰显了一个方志人的高瞻远瞩的眼光与阔大的格局。也更具有挑战性。而莫艳梅不负众望，她在《凤凰村志》中采取的"群众口述、专家记录、全民参与"的撰写方式，赢得业内的一片赞誉。其中，"凤凰村民未来期待调查"编，别有新意，可以说在全国村志中也尚属首例吧——至少我至今还没有在别的方志里见到过；而"村民访谈"编共30多万字，创大规模口述史记入村志之最；颇有意思的是，《凤凰村志》上还印有二维码，成为全国首部与纸质书同步发行的"掌上村志"，这一小小的有心之举，不仅让凤凰村的传奇故事插上了数字化的"翅膀"，更让方志这一有着古老传统的事业在新时代里有了新的传播方式与力量，确实值得同行借鉴和吸取。

作为《凤凰村志》的"副产品"，《富裕起来的农民在想什么——凤凰村农民访谈录》，2019年6月由中国社会科学出版社出版发行，可读性极强。我先睹为快，认真而一字不落地读完了。全书选取了36个来自不同行业、不同身份的人进行深度采访，通过他们的讲述，既还原了凤凰村的发展史，又真实再现了当代凤凰村人的所思所想。正如中国社会科学院当代中国研究所社会史研究室主任李文先生在该书序言里所说的，"通过摄取凤凰村历史，让我们从小见大，从一个村庄看到中国的农村，从一个个农民看到农民的中国，从一个个小人物看到当代的中国社会"。可以说，这是当代中国乡村的一个生活切片，折射的是当代中国乡村最真实的现状。尤为一提的是，在这本史料性与可读性兼而有之的书里，社会课题调查和口述史是其最大的亮点。此书甫一出版，因其生动地讲述了乡村振兴下的中国故事，在全国引起较大反响，并得到了中宣部及有关领导的高度关注。这样的轰动，也让我想起了几年前出版的《萧山市志》。当时的《萧山市志》就打破了固有的方志写作模式，融入了口述史与社会调查，让好多人眼前一亮。据我所知，这与莫艳梅的身体力行不无关系。无论是文学创作，还是编纂方志，都需要在固有的传统面前进行不懈的创新与摸索，而莫艳梅就是这样一个有热情、有激情、更有能力的方志人。

　　一个凤凰村，经由莫艳梅出现在我们面前，下一个"凤凰"又在哪里呢？也许，在她笃定的心中，已经有了方向与选择，那就让我们拭目以待吧。因为，她是一个在方志路上不停奔跑的人，她的目之所及，有星辰，有大海，也有露水般纯洁的梦想之光。

领 导 讲 话

《凤凰村志》发行暨凤凰村史馆开馆仪式欢迎词

施海勇[*]

尊敬的各位领导、各位来宾：

大家上午好！

凤凰山下，农运馆里。很高兴，能够在这个仲夏时节，与在座的各位共同见证衙前镇凤凰村村志的发行和凤凰村史馆的开馆。在此，我谨代表衙前镇党委政府，向莅临本次活动的领导和朋友们，表示热烈的欢迎和衷心的感谢！

文化是一个地方的根与魂，承载着发展的记忆，决定着发展的厚度。红色衙前、创业沃土。这里曾爆发了中国共产党领导的第一个农民运动，开创了中共历史上的四个第一。这里民营经济发达，拥有工业企业 650 余家，用全区 1/70 的土地，创造了全区 1/8 强的工业总量。

无论是历史也好，经济也好，衙前的发展都与我们每一个村的发

---

[*] 施海勇，杭州市萧山区衙前镇党委书记。

展息息相关、密不可分。特别是我们的凤凰村作为衙前红色传统的发源地，一直是我们村级各项事业发展的先行者，多年来已荣获"全国文明村""全国民主法治村""全国敬老模范村""浙江省全面小康建设示范村"等一系列的国家、省区市荣誉。

乡村振兴，文化要先行。今天，我们在这里隆重举行《凤凰村志》发布和凤凰村史馆开馆仪式，就是在实施乡村振兴战略过程中，坚定地走着文化兴盛之路。我们认为，作为农运圣地，衙前人民要在延续历史文脉中当好"薪火传人"，加大对外传播交流能力的提升，在推进村史馆建设、撰写村志的过程中放大文化名镇效应，让衙前更有人文情怀、更具文化底蕴。

凤凰是凤凰人的凤凰。希望凤凰村能够再接再厉，在打造文化精品、传承文化历史中讲好"凤凰故事"，向社会各界充分展示好别样精彩独特的风土人情，不断增强文化软实力。同样，凤凰也是全衙前的凤凰。希望我们各村也要进一步解放思想，学习先进，增进交流，丰富自身乡村文化内涵，让乡土文化温润乡村"精气神"，把文化兴盛作为乡村振兴一大重要内容，让红色衙前的影响力、凝聚力、感召力在萧然大地上更加充分地展示出来。

最后，祝本次活动圆满成功。祝我们的凤凰村越来越好！

谢谢大家！

《凤凰村志》与凤凰村史馆工作情况汇报

胡岳法[*]

尊敬的各位领导、专家,同志们:

今天,是凤凰村历史上非常有意义的一天。各位领导、专家的光临让我们备感荣光。在这里,我谨代表凤凰村全体村民热烈欢迎和感谢大家的光临指导。

凤凰村历史光荣,境内有重要历史文物、名胜古迹。20 世纪 20 年代初,凤凰区域一度成为浙江和东南地区的革命活动中心,"衙前农民运动"以开天辟地的光辉载入《中国共产党历史》。改革开放以来,凤凰实现 41 年持续发展,"集体经济、个私经济"两条腿走路,民富村强;实行村民基本生活、老龄人助养和医疗三大集体保障,充分体现社会主义优越性;大胆尝试"政经分离"等系列改革,不断激发内生活力。现在是"全国文明村""全国民主法治示范村"。

凤凰的历史证明,凤凰的实践符合国情民意,也留下宝贵的精神

---

[*] 胡岳法,杭州市萧山区衙前镇凤凰村党委书记。

文化财富。为激发凤凰人"识乡爱乡兴家乡"热情，继续弘扬"敢为人先"的凤凰精神，把家乡建设得更加美好，村党委经过周密考虑，决定编纂《凤凰村志》、建设凤凰村史馆。

工作启动实施后，得到中国社科院、省、市地方志办公室有关领导和专家的无私帮助，得到萧山区委区政府和衙前镇党委政府的高度重视和支持；得到萧山区委史志编研室的鼎力支持。在这里，我代表凤凰村，一并对各级领导、各位专家，以及所有参与者的奉献，表示最由衷的感谢。

《凤凰村志》编纂工作历时两年多，于2018年11月定稿，经中国方志界、社科界和高校数名专家学者评审；由复旦大学历史系教授、中国地方志学会学术委员会委员巴兆祥作序，2019年6月由中国社会科学出版社出版，分上、下册，全彩印刷，总计231万字。

村志编写工作始终运用辩证唯物主义和历史唯物主义观点、方法；遵循实事求是思想路线，鲜活、全面反映凤凰自然、政治、经济、文化和社会的历史与现状。为全国篇幅最大、资料性和著述性最强的村志，将充分发挥存史、资政和育人的价值。

坚持专家修志、质量第一。莫艳梅主编是萧山区委史志编研室的副研究员，浙江省地方志专家，中国地方志专家库专家，修志经验丰富。她不惧辛劳，一人承担了60%的编写工作，她一支笔统稿、总纂，插图，加班加点，参加编写的同志严谨认真、求精求新，数易其稿，三审三校长达半年，为村志出色出彩立下汗马功劳。

坚持继承性和创新性统一。采取了"群众口述、专家记录、全民参与"的方式。其中村志"村民访谈"编数十万字，创造大规模口述史记入村志之最；村志"姓氏"编，以每户一个基本情况表，配每户一幅全家照，每户手写一句最想说的话，反映民情民意民愿。"凤凰村民未来期待调查"编，由萧山区委史志编研室与杭州师范大学政治与社会学院师生合作开展，具有很强的时代性，这在全国村志中也是首例。并制作了《凤凰村志》扫描二维码，成为全国首部与纸质书同步发行的"掌上村志"。

凤凰村史馆共2层楼，建筑面积435平方米，布展面积395平方米，采用了图文、影像、实物和场景模拟等表现形式，重在宣传和弘扬优秀传统文化。

同志们，《凤凰村志》发行、凤凰村史馆开馆，一定会增强凤凰人的自豪和归属感。我们一定充分利用好成果，进一步凝心聚力，以更加饱满的激情，实施乡村振兴战略，建设"美丽凤凰"。

再次衷心地谢谢大家。

我们走在乡村振兴的路上
——在《凤凰村志》发行暨凤凰村史馆开馆仪式上的讲话

顾春晓[*]

尊敬的各位领导、专家、同志们：

火热的7月，我们怀着火热的心情，在红色衙前隆重举行《凤凰村志》发行暨凤凰村史馆开馆仪式。有幸迎来了国家、省、市部门领导的莅临以及火热般的关怀，我们备感荣幸，备感振奋。

在此，我谨代表萧山区委、萧山区人民政府，对《凤凰村志》的发行和凤凰村史馆的开馆，表示热烈的祝贺！对关心、支持史志工作、拨冗莅临会场的各位领导、来宾、专家学者，表示衷心的感谢！

村志、村史，是很好的乡土教材，是乡土文化的集大成者。它承载了丰厚的乡土文化资源，留下了隽永的乡村记忆，也留下了挥之不去的浓浓的乡愁，也就留住文化的根、文化的魂，我们的乡土文化因此更加蒂固根深，叶茂花繁，散发独特的魅力。

---

[*] 顾春晓，杭州市萧山区委常委、常务副区长。

我们庆幸，衙前修成了一部很好的村志，建成了一座很好的村史馆，还有一部享有盛誉的访谈录（《富裕起来的农民在想什么——凤凰村农民访谈录》）。

掌上《凤凰村志》，更是让凤凰故事插上数字的翅膀。人们不用出门，不用跑路，只要轻轻一点，就可知古今，可以随时随地轻松地享受乡土文化大餐。

"互联网+村志"，走出了数字乡村别样精彩之路！

今天的时代，是大数据的时代，数据成为国家基础性的战略资源。谁能下好大数据这盘棋，谁就有可能在未来竞争中抢占先机。

但是，数据从哪来，数据谁来用？

村志可以提供最基础、最丰富的村情、村史、村貌数据，而且真实、系统，没有水分、虚构，值得采集和运用。

掌上《凤凰村志》以及电子光盘，引领了数字村志的方向。

衙前镇和凤凰村要认真落实好刚才几位领导和专家的重要讲话精神，进一步利用好村志和村史馆，大力弘扬乡村优秀传统文化。通过赠书、展览、网络传播，开展读志、用志、宣传活动等，传承和开发乡村优秀传统文化资源，助力乡村振兴，为萧山区提供衙前榜样。

一花独放不是春，百花齐放春满园。我希望，萧山各地出现更多的村志、村史馆，共筑美好的精神家园。在乡村振兴的道路上，经济和文化齐头并进，勇立潮头唱大风！

最后，再次感谢各位领导和专家的莅临指导，祝大家身体健康。

谢谢大家！

弘扬优秀传统文化
推动乡村文化振兴
——在《凤凰村志》发行暨凤凰村史馆开馆仪式上的讲话

蒋文欢[*]

尊敬的潘捷军主任、顾春晓副区长、李文主任，同志们：

上午好！

很高兴来到我们党领导农民运动的发祥地、衙前农民运动领导人李成虎烈士的家乡，参加《凤凰村志》的发行会和凤凰村史馆的开馆仪式。首先，我谨代表杭州市人民政府地方志办公室，向萧山区、向衙前镇、向凤凰村表示热烈的祝贺！

今天，这个村志发行会非常隆重、热烈！萧山区顾区长，衙前镇领导班子，镇内各机关、各机构负责人和各村、社区书记全部到场；中国社会科学院当代中国研究所李文主任专程从北京赶来莅临仪式；还有浙江省方志办的潘主任、杭州市志办以及萧山区志办等各文化

---

[*] 蒋文欢，杭州市人民政府办公厅党组成员、杭州市人民政府地方志办公室主任。

单位的领导和同志们，一起相聚在这里，共同见证这一盛事，实属难得。

举办这么一个隆重的仪式，充分显示了萧山区委、区政府领导高度重视修史修志工作，重视优秀传统文化的传承与传播。村志和村史馆，是弘扬和传承乡村优秀传统文化、推动和促进乡村文化振兴的有效平台。我们宣传村志、宣传村史馆，就是弘扬优秀传统文化，就是推动乡村文化振兴。因此，这是一次乡村文化的盛会。

举办这么一个隆重的仪式，充分肯定了《凤凰村志》的编纂成果。这部村志，不仅篇幅量大、资料性强，还开发出了国内首部掌上村志，更形成了副产品《富裕起来的农民在想什么——凤凰村农民访谈录》。这部村志，由全省地方志专家莫艳梅同志任主编和总纂，萧山区志办也给予了大力的支持，是专家学者参与修志而取得的优异成果。

举办这么一个隆重的仪式，充分表明了凤凰村村民发自内心的文化自觉。文化自觉是文化自信的前提和基础，我们鼓励编写乡村志、建设村史馆，正是要通过增强文化自觉来坚定文化自信。目前，我市编写村志的为数不少，但建成村史馆的还不多。凤凰村村志编纂与村史馆建设成果花开并蒂，必将成为村民们留住乡愁记忆、开展爱国爱乡教育的有效载体。

地方志讲的是地方故事，乡村志讲的就是乡土故事。当前，"鼓励乡村史志编修"已被写入国家《乡村振兴战略规划（2018—2022年）》。下一步，要充分开展读史、用志活动，进一步讲好中国乡土故事，传播好乡村振兴故事。

我相信，《凤凰村志》与凤凰村史馆将成为凤凰村的两只翅膀，承载着全体村民对美好生活的向往，承载着全体村民爱国爱乡的热情，朝着乡村进一步振兴的高空展翅飞翔！

  我也相信，在各级各部门的高度重视和全社会的大力支持下，特别是在广大地方志工作者的共同努力下，萧山的地方志工作一定会再出佳绩，地方志事业一定会再创辉煌！

凤凰村一志一馆见证腾飞的足迹
——在《凤凰村志》发行暨凤凰村史馆揭牌仪式上的讲话

李　文*

2017年3月，我在莫艳梅同志的陪同下来到凤凰村调研，目睹了凤凰村改革开放以来的巨大变化和骄人业绩，也听到了许许多多动人的事迹。在与凤凰村领导班子座谈时，了解到他们正在组织编写村志，我提出了同时建设一个村史馆的意见，名字就叫"腾飞的足迹"，得到了大家的赞同。随后我与萧山区方志办沈迪云主任就此也交换过意见并形成共识。

当时我的想法是，第二年就是改革开放40周年，凤凰村正是沐浴着改革开放的春风踏上了腾飞的轨道，是改革开放后农村工业化、城镇化、市场化和实现村民共同富裕的生动典型，立足凤凰村的历史编写一部村志、建设一个村史馆是对改革开放40周年的最好的纪念。未曾料到，凤凰村的领导一出手就是大手笔，他们获得了镇领导、区领

---

* 李文，中国社会科学院当代中国研究所社会史研究室主任、研究员，博士生导师。

导的大力支持,与区方志办建立了紧密的合作关系,并在后者的直接主持下编写完成这样一部质量一流的大部头村志,并以此为基础建设了这样一座内容丰富的村史馆。

今年同样是重要的纪念之年、大庆之年,我们刚刚度过改革开放40周年,即将迎来中华人民共和国成立70周年,我们这部村志的出版发行、这座村史馆的落成揭牌,就是献给新中国七十华诞的最好礼物,我向胡岳法同志和凤凰村的全体干部群众,向《凤凰村志》的主编·总纂莫艳梅同志,向关心和支持凤凰村发展的各级领导同志、专家学者,表示衷心的祝贺!

当前,根据中央的部署,正在全党开展"不忘初心,牢记使命"主题教育活动,凤凰村可以为我们提供极好的课堂,因为这里曾是一片红色热土,著名的"衙前农民运动"就发生于此地,由此开创了中国共产党历史上的四个第一:党领导的第一次农民运动,第一个农民协会,第一个农民革命性纲领文件,第一所农民免费教育的农村小学校,留下了不少革命遗迹,是浙江省爱国主义教育基地;因为这里是一方创新创业、奋发向上的金色沃土,改革开放以来,凤凰村在以胡岳法为代表的一群共产党人的带领下,抓住机遇,开拓创新,艰苦创业,抓市场抓工业,逐步将一个贫穷的农业村引向了一条通往工业化和城镇化的共同致富之路,成了远近闻名的富裕村,先后获得全国文明村、全国敬老模范村、浙江省全面小康建设示范村,以及浙江省民主法治村、"双强百村"等多种荣誉。

当年党领导的"衙前农民运动"喊出的是抗租减租的口号,目的是让农民免除封建剥削、过上比较宽松的日子。新中国成立特别是改革开放以来,凤凰村的领导班子很好地践行了当年我党的诺言,带领全村人民通过艰苦奋斗提前实现了全面小康,正在向十九大确定的基本现代化、全面现代化的目标迈进。正像习近平总书记讲的:"纵观历史,我们党干革命、搞建设、抓改革,都是为人民谋利益,让人民过上好日子。"

什么叫"不忘初心,牢记使命",凤凰村的共产党人给出了一张优秀的答卷,凤凰村的村志记录了这方面丰富的材料,凤凰村的村史馆真实、生动地记载了每一步的发展足迹,志存史,馆展史,二者互为依托,相得益彰。

祝凤凰村的发展更上层楼!祝全中国涌现出越来越多的凤凰村!

从研究需要上讲,也希望看到出版更多像《凤凰村志》这样的高水平、高质量的村志、镇志!

主 编 思 考

村志编纂如何突出地方性*

莫艳梅

摘　要：村志是诸多志书的一种。志书有许多特性，如地方性、时代性、资料性、系统性、叙述性、官修性、可靠性等，但最大的特性、首要属性是地方性。村志编纂要突出地方性，一是篇目突出村情，不宜套用市县志篇目；二是记述越境不书，以当代资料和微观资料为主；三是图照突出地方性，无地方性的不入志；四是表格设计规范美观，表题也要有地域要素。

关键词：村志　编纂　地方性

一　前言

村志，就是记述一村之村情村史村貌的资料性文献，是激励村民

---

* 原载《广西地方志》2016年第6期，又载《莫艳梅方志探论》，方志出版社2018年版。

自强不息、传扬村落文化的乡土教材,是反映我国千百年来农村、农业、农民"三农"问题的重要载体,也是我国地方志书的组成部分。

村志编纂,古来有之,清代的安徽《杏花村志》还被收入《钦定四库全书总目》。新时期修志,省、市、县三级志书列入我国的方志编纂规划,镇村志虽然没有列入编纂规划,但不少地方自发编纂村志,成效喜人。如浙江省首部《白沙村志》1991年由学林出版社出版,2012年由方志出版社出版又一部新《白沙村志》,20年间村民自发两修村志,创造了一个奇迹。2003—2015年广州市天河区先后出版村志20部,全区仅剩5个村未出版村志。全国范围内出现不少高质量的村志。2016年10月,中国地方志指导小组启动中国名村志文化工程,更是促进了村志的健康有效发展。

因村志编纂多是自觉行为,一般由本土的秀才担任总纂,创意修志,激情写作,洋洋洒洒,达数十万字,但有的没有经过业务培训指导,有的评审验收程序简化,难免出现与志书体例及其规范相违背的地方。

笔者最近接触萧山的一部80万字的村志初稿(以下简称该村志稿),应邀评议志稿,发现诸多突出问题,最重要的是该村志没有突出地方性。笔者认为有必要就此问题做进一步的探讨,以就教于方家。

二 村志的最大特性是地方性

村志是诸多志书的一种。志书有许多特性,如地方性、时代性、资料性、系统性、叙述性、官修性、可靠性等,但最大的特性、首要属性是地方性。知道了志书的这一特性，才知道村志重在记什么，不该记什么。

（一）志书的首要属性是地方性，不越境而书

志书的全称叫地方志书，"地方"二字很关键，这是对志书内容在空间上的限定。

这一特性，决定了志书以特定的地域为记载范围，所记内容均以与本地是否有关为依据，与本地无关的一律不记，这就是"不越境而书"。如省志记一省之人事物，市志记一市之人事物，县志记一县之人事物，镇志记一镇之人事物，村志记一村之人事物，自古至今都是如此。或许随着时代的变迁，地方志书的体例、形式有新的变化，但"地方性"这一首要特性、最大的特性是不会变的，地方志书不会离开地方之人、事、物而书。

但在笔者审阅的该村志稿里，有许多无涉该村的内容，就是里面没有该村的人物、事件、桥名、组名、山川名等，而是放之四海而皆准的网络知识，这不仅大大增加了村志的篇幅，也使村志的地方性、资料性大打折扣：别人要看那些网络知识，何必要去看你的村志，网上查阅来得更快、更丰富全面！因此，建议各编章大段大段的缺乏地方性的内容，全部删去。

例如，"民间信仰"节，下设"佛教信仰""道教信仰""基督教信仰""相关链接：《心经》译文""宗教活动场所管理制度""天地君亲师""龙凤崇拜""村民学堂：迷信与邪教的本质区别"，合计8个条目18900字左右，而笔者看到的有关该村地方性的内容仅1800字左右，其余的都不是我想要看到的，也不是学者们读志、用志所需要的该村的有价值的内容，真正有价值的内容只有这 1800 字左右，其余的 17000 多字是可以删除的。

又如，"祠堂家谱"章，下设第一节"祠堂"、第二节"家谱""村民学堂：《朱伯庐治家格言》"，合计 9300 字左右的内容，而朱伯庐不是本省本村人，是江苏昆山人，其治家格言作为附录列入该村志，完全没有意义。到底如何写？写什么？如"家谱"节正文 5600 多字，有关该村地方性的内容没有多少字，建议全部删掉，重新写，主要写该村有多少姓氏家谱、各家谱（堂号）的编修时间、册数、保存地（人）、主要内容等，有名气、有内涵的家谱序文还可以附录在正文的后面。

（二）志书是一方之系统资料的百科全书，不是一切基本知识的百科全书

根据 2006 年国务院《地方志工作条例》，地方志书，是指全面系统地记述本行政区域自然、政治、经济、文化和社会的历史与现状的资料性文献。有人形象地比喻地方志书是地方百科全书，这是对地方志书横涉百科的一种面上的现象性概括及补充，不是对志书本质的定义。

于是，有的地方立意要把志书编成百科全书式的志书，但有的在认识上产生了误区。

如该村志稿各篇章中设有大量的"村民学堂"，合计 89 条目 93500 多字，以为是一大创新，其用意，是想编成百科全书式的村志，并在《凡例》中说明："为深化扩展文章内容，补充资料性知识性、提高趣味性可读性；同时顾及政策性前瞻性，有关章节外延拓展'村

民学堂',有知识卡片、新闻链接、参考消息、文件摘编、故事联接等多种相关成分。为便于搜索查找,目录后列有'村民学堂'页码索引,望读者能体味编者苦心。"

笔者认为这是不可取的。

1. 修志者想把村志编成百科全书式的志书,这无可厚非,但在认识上有误区。志书虽然内容涉及各行、各业、百科,也可以说是百科全书,但必须是地方百科全书,是汇集一方(一村)基本知识和系统资料的地方百科全书,而不是一切基本知识的百科全书。"地方"二字不可忽视,否则,地方志书就不是地方志书,该村志也不是该村志了。

如"村民学堂"之"雾霾天开车要注意些什么?""慎用电热毯""冰箱并非食物保险箱""迷信与邪教的本质区别""如何防治H7N9禽流感病毒""暴雨的四种预警信号""古人的名字号""百家姓""家庭理财五定律""家庭建档指南""中国居民膳食指南""办理户口迁移所需的证明材料""政策咨询——注册公司需要哪些手续""抵制危险驾驶和路怒症""天然气安全技术说明""冬季燃气安全使用注意事项""学生出行交通安全宝典""个人健康行为的四勤六不三带和六要""办理出入境证件流程"等条目,就是放之四海而皆准的基本知识,没有该村之地方知识信息,没有必要录入村志。

2. 修志者想提升志书的资料性、知识性、趣味性、可读性,这也无可厚非,但拓展延伸的内容应该是本村管辖内的内容而不是村以外的内容。自古以来,志书承担了"存史、资政、教化"三大功能,即发挥地方志书在促进经济社会发展中的作用,服务地方经济与文化,这是修志的目的或者说是功能,但志书不承担一切基本知识科普的功能。

如"村民学堂·防湿除湿梅雨季"介绍:"梅雨时节,气温回升,降雨增多,空气湿度明显增大,很多人都会受到湿邪的困扰,感觉头重如裹、身困无力、四肢酸楚,整个人都无精打采,很不舒服。长时间让人觉得湿热难熬、苦不堪言。如何判断自己是不是中了湿邪?有什么方法可以有效防湿除湿?且听中医专家详细讲解……"很明显,这是中医专家的讲课内容,网上也可以查阅到诸如此类的知识,没有必要录入志书。志书没有传播一切基本知识、阐述科学道理的义务,志书重在传播地方性知识信息,对于该村志来说,就是传播该村内的各行各业各学科的知识信息。

3. 修志者要深化记述内容,提高志书的可读性与学术品位,可在社会调查和口述历史方面下功夫。这是增加第一手资料、增强原创性与鲜活性、著述性的行之有效的方法,即围绕热点、焦点、难点问题开展社会调查,选择代表性人物作为口述历史采访对象,所获取的社会调查资料、口述历史资料,可以作为附录入志,其体裁与内容,与志书中的志体及内容,是点与面、深与广、人与物、精与粗的有机结合。

实践证明,第一手资料入志比例越大,志书的独有性、可引用性就越高,存史价值、使用价值就越大。反之,大家都有的而不是你独有的,尤其是网络科普知识入志,就没有多大引用价值,志书的著述性、资料性也大打折扣。

因此,建议将全志的"村民学堂"中与本村无关的条目及其内容共计89条目93500多字全部删掉,有关本村的信息内容,可写入章节正文中,也可附录在章节之后。

三 村志编纂如何突出地方性

村志对于本村特有的或者比较突出的事物，可着重加以反映，详独略同。可以通过篇目结构反映村情特色，如篇目前置或升格，增加类目，特设专记等。也可以通过内容记述反映特色，如概述揭示法、专志浓墨重彩法、篇幅增加法等。还可以用图表直观形象地反映，以达到图文并茂之效果。诸如此类，方法多种，因村而异，因志而异。

（一）篇目突出村情，不宜套用市县志篇目

市县志可以互相参照的好篇目有许多，但不一定适用村志。

1. 村志架构可灵活些，不宜套用市县志的篇目，毕竟一村的地域、人口、行业门类少，有的难以单独设章立节，勉强套上去，也是大而空，即帽子比头大，架不住。

村志框架不宜大而空，也不宜小而全，只要横不缺大项，突出地方特色、时代特色，就可以了。

2. 笔者认为，村志可以采用章节体，也可以试用纲目体结构，设类目、分目、条目三个层次，如此不受编、章、节的限制，层次不强求平衡，条目可多可少，多则多记，少则少记，无则不记，相对灵活。

3. 对于篇目标题的制作，《地方志书质量规定》要求：志书的篇目要求科学合理，结构严谨，标题简明准确，题文相符，同一门类各级标题不重复。

而村志稿里，往往出现若干问题：

（1）标题不简明。如该村志稿中的"互联网的崛起""计划生育的成效""办公场所的变迁"等标题，可精简为"互联网""计划生育""办公场所"。

志书篇目的标题，一般用名词，或用主谓结构的词组，不必添加形容词、定语和状语，要简单明了，不拖泥带水。如上述的"崛起""成效""变迁"的内容，在记述中一定会记到，但不必在标题上标出。

（2）标题不符合志体。例如，志稿中的"倒戈响应北伐""老年村民养生知识""谨防电信网络诈骗""群体活动全员参与""小村建起大游泳池""运动健身热火朝天""精神文化消费支出增长迅猛""建立村级三大保障""发挥三大优势""创建最清洁村庄""推进旧村改造""聚焦三农，激励创新发展""村民收入，稳健增长""居住环境，逐年改善""出行条件，大幅提高""消费结构，悄然变化""生活水平，质的提升"的节、目标题，都不符合志书篇目标题的要求，应予修改。

志书的各级标题，忌用史书体、文学体、新闻体、应用文体等诸类标题，即志书篇目的标题，要与史话、文学作品、新闻报道、论文著作、工作总结、标语口号、广告宣传等严加区别开来，要简明，一般用名词，或用主谓结构的词组。

（3）套用市县志篇目，村情特色不突出。主要表现为没有亮点编章，没有特色编章，比较有特色的内容分散在有关章节中。

4. 村情、村史、村貌、乡音、乡俗、乡人，是可以通过村志的篇目框架反映出地方特色的，与众不同的东西，还可以采用升格的办法凸现出来，让人们一看篇目就知道是你这个村，而不是别的村。

如浙江省温州市《坦头村志》设章、节、条目三个层次，其中"人文"章，下设4节：第一节"古迹"，分设"石胜观摩崖造像""峰门摩崖石刻""坦头尖祭坛""峰台山摩崖石刻""八仙井""许岳旧居"合计6个条目标题；第二节"墓葬"，分设"马初翁墓""前街陈氏祖墓群""王阁墓及神道坊""王洵墓""王德墓""王椴家族墓葬群""王嘉后家族墓葬群""王焘墓""王维夔及妻陈氏墓""潘文生墓""王晓梅墓""式桂和尚墓塔""王璞墓"合计13个条目标题；第三节"寺观宫堂"，分有"安仁寺""石胜观""白岩宫王瓒读书岩遗址""妙音寺""许真君祠""峰门观""坦头天主堂""观音堂"合计8个条目标题；第四节"桥亭水库"，分设"桥""亭""水库"3个条目标题。这些条目标题，就很有地方特色，反映出来的东西是坦头村独有而不是其他村都有。

5. 辑录古今艺文，特别是名人写本地人、事、物的诗文，有利于区域历史文化的弘扬和旅游资源的开发。因此，如果村志中的名人诗文选录较多，可单列艺文，升格为第一层次，下设著述目录、诗文选录、楹联碑记等。

又如坦头村域，山水清毓，历来为名公词客行吟之胜地，各有词翰留存于世，亦有记述此地旧闻、世道之文，并散见于各处。《坦头村志》专设"艺文"章，搜采于此，并设"诗词""杂文"2节类编，使一村之文统而览之，充分体现了人文荟萃之地方特色。

（二）记述越境不书，以当代资料和微观资料为主

越境不书是村志编纂应该遵循的首要原则，村志如果不受"地方"

或"区域"的统摄和制约,那么村志本身的特质价值和作用也就无从谈起了。详近略远、详今明古则是处理古今关系、突出时代特色的方法之一,如果一部村志地方特色与时代特色突出,那么它一定是一部比较成功的村志。

1. 随着国内外政治、经济、文化方面的合作与交流日益广泛、深入,村志编纂越境不书的原则受到挑战,有学者提出编修新方志应该"越境而书",这是对"越境不书"原则机械理解的产物。其实,这个"境"不仅仅指行政区划之"境",即在本行政区划之内出现和发生的事情,不管是否归本地政府管辖,志书都要记述;同时也应该包括行政管辖之"境",即凡归本地政府管辖的事情,不管发生在行政区划之内还是行政区划之外,志书也都要记述。这样一来,对本籍人到外地、外国谋职做事,本地对内对外合作与交流而产生的外派机构、合作组织、跨国跨省企业等事项的记述,自然算不上"越境而书",切不可把越境不书这一原则理解为只有在本地出现和发生的事才可以入志。如《地方志书质量规定》指出:"以本行政区域为记述范围,越境不书。交代背景,反映与本行政区域外的横向对比、联系等,不视为越境而书。"这也是突出一地、一村之地方特色的传统方法。

2. 村志越境不书,在记述篇幅上,宜简明不宜冗长,在记述内容上,宜以当代资料和微观资料为主,如姓氏源流(分布、人口数量、寻根问祖、发展变化等)、宗祠宗谱(族谱数量、种类、发展变化情况、主要族谱介绍等)、民俗风情、人文古迹、地名变迁等,这些就是微观的资料,可以补市县志、镇乡志之不足,这也是人们了解一个村庄沿革、人口及社会变迁的基本史料,也是历史学、民俗学、人类学在田野调查中最为关心的材料,最富有史料价值。

如《坦头村志》设有"氏族"章,下设 2 节:第一节"姓氏",分设"许氏""胡氏""伍氏""陈氏""林氏""孙氏""黄氏""朱氏"8 个条目;第二节"谱文选录",分设"坦头许氏""坦头胡氏""坦头伍氏""峰台陈氏""峰台林氏""孙烊孙氏""朱烊黄氏""朱烊朱氏"8 个条目,分别记录了各姓氏迁徙、宗祠、族谱修纂保存以及谱文情况,比较有地方特色。

3. 不少村志存在追溯过远、蔓生枝节、篇幅膨胀的问题。例如,笔者审阅的该村志稿"人口管理"节,大约 10000 字,导致字数多、篇幅大的原因是追溯过远,从古到今,从无到有,历史演变,名词解说,样样涉及,且绝大多数是全国性的内容,不是本村的内容。按照《地方志书质量规定》,志书不用总结报告、新闻报道、文学作品、教科书、论文等写法,而村志中,往往采用这些非志体的写法,想丰富读者的视野,这既不符合志书要求的,也徒增了志书的篇幅和水分。

4. 村志的字数不在多而在于精,朴实简明,在追溯事物的发端时,一定要处理古与今的"量"与"度",还要处理好全国与地方之关系,村志只要交代清楚该项事物何时在本村出现、实施即可,不必花很多笔墨去追溯该项事物在我国何时起源以及发展演变的情况,而要突出地方性。

另外,村志是写实的,应该着重写实践实绩,少写计划要求,往往做一个决策、制订一个计划、下发一个文件、召开一个会议,其内容与客观实际结果有很大的距离,因此,除了重大决策、重要文件、会议应记述以外,一般的少写,要用更多的笔墨书写已经完成的业绩,用数据和事实说话,慎用评价词语,不用模糊、空泛的词句。

(三) 图照突出地方性，无地方性的不入志

包括志首彩页、文内图照，对志书而言，可起到图文并茂、互为补充的作用。

随着入志图照的数量增多，图照的问题不少，表现在以下几个方面。

1. 图照无地方性，应删除。如该村志稿中的"春秋战国时期北方平原的车战""明时两京十三省图""日本的盂兰盆节""日本山口县杨贵妃之墓""林彪聂荣臻在平型关战场""南京大屠杀""周恩来与新四军领导干部合影""彭德怀总司令在朝鲜前线主持作战会议"等图照，没有该市该村之人、事、物的信息，应该删除。

志书图照重在突出地方性、时代性、典型性，无地方性的不入志。如"全国居民消费价格涨跌幅"数据图，是从网络下载的数据图，于本村没有什么存史价值，如果根据其数据重新绘制本村居民消费价格涨跌幅与全国居民消费价格涨跌幅比较图，就有价值了。

2. 图照释文要素不全，需补充。照片的要素，主要有时间、地点、事物、需要说明的人物的位置及时任职务、摄影者或提供单位等。例如，"向中央书记处何勇书记等领导汇报"的照片释文，缺时间，缺地点，缺主要人物在图中的位置和时任职务的全称，另外，汇报者是谁？不清楚，因此建议改为"2011年4月21日中共中央书记处书记、中纪委常务副书记何勇（右二）考察某某村（×××摄）"。

3. 图照释文不规范，需修订。志书语言文字要求严谨、简洁、规范，图照释文也不例外，忌文字冗长。如志稿中"村委会召开专题工作汇报会"图照释文下面，有一段长达181字的释文（照片说明），完

全是多此一举,语言文字也不符合志体要求,下步工作一二三二三五的,属于口号式语言,应该删除。图照不能写了一句释文又加一段释文(图片说明),应该合二为一,简明而要素齐全,切忌啰唆冗长。

4. 图文不符,需重新撰写释文。如志稿中"观看春节晚会"的照片,画面上只有晚会小品的剧照,没有村民在观看,因此图文不符,需要修改释文。又如村志中"布谷声里农耕忙"的照片,照片上只有一只看起来似乎没有在叫的缩着脖子的鸟,且没有农耕忙的画面,故图照与释文不相符,且此图照在网上有看到,是完全一模一样的画面,还不知道是不是村境内的鸟,似乎有剽窃他人作品的嫌疑,还可能引起不必要的官司,因此最好能注明时间、地点、摄影人,以消除疑问和误会。如《萧山市志》的"绿翅鸭(2007年12月29日,徐文祥摄于萧山湘湖)""灰鹡鸰(2007年11月28日,徐文祥摄于萧山河上镇)""二尾蛱蝶(2007年7月7日,楼信权摄于萧山岩下)""白点褐蚬蝶(2007年4月7日,楼信权摄于萧山百药山)",等等,这些照片以及野生动物是萧山的,就没有异议,假不了。

(四)表格设计规范美观,表题也要有地域要素

表格包括表序、表题、表体和必要的表注等,表题的时间、范围、主体内容和表格性质等要素齐全,全书表格样式、编号统一。这是《地方志书质量规定》对表格的要求。

表题要素:时间+地域+主体内容+表,如"2005—2015年某某村工业总产值与人均年收入情况表",当"表"字在表序中已经出现,表题中的"表"字可去掉。

但村志中不少表格省略了地域要素,认为村志记述该村的情况,是不言而喻的，省略了村名更显简洁、不累赘。笔者认为，表具有自明性、独立性。随着方志信息资源的数字化、网络化，表题要素齐全的，只要通过搜索引擎输入时间、地域、主体内容、表等几个关键字，就可以在极短的时间内查阅到所需要的表格。反之，表题要素不齐全的，在互联网上就很难在浩如烟海的信息资源里搜索到所需要的表格，不便于读者查阅、开发利用。

村志的开发利用价值很大，一旦公开出版发行，国内外的学者、专家是要读志、用志的。因此，我们编纂的村志，一定要经得起时间的检验，要经得起广大读者的检验，更要经得起专家学者的考究、引用和摘录，存史永久，志传千秋。

鲜活的资料哪里来

——杭州市萧山区《凤凰村志》口述访谈实践探索*

莫艳梅

摘　要：传统的志书，资料来源于档案文献，有的资料欠缺，想写什么缺少什么，尤其缺少鲜活的资料。口述访谈，可以想要什么问什么，通过受访者说出来了，得到想要或想写的东西。口述访谈，是搜集资料的重要手段，保存历史的重要载体，创新志书体例、深化志书内容、提升志书使用率的重要举措。《凤凰村志》口述访谈实践是一个有益的尝试，口述访谈单独成编入志也是一个创新。

关键词：口述访谈　《凤凰村志》　实践　探索

村志，是我国地方志的重要组成部分。长期以来，村志的编写，传统篇目设置的多，创新体例的少；平铺直叙的多，深度记述的少，缺乏鲜活的口述资料。2017年1月，笔者有幸担任《凤凰村志》主

---

* 原题《想要的说出来——〈凤凰村志〉口述历史实践探索》，载于《莫艳梅方志探论》，方志出版社2018年版。收入本书时，稍有改动。

编，尝试使用口述访谈与田野调查方法，获取丰富的第一手资料，并对村志体例的创新进行探索。

一 为什么要开展口述访谈工作

传统的村志，资料来源于档案文献。村一级档案，尤其是过去的村级档案，有的不太规范，保存至今的资料有限，可应用的资料更是有限。想写什么缺少什么，尤其缺少鲜活的资料。巧妇难为无米之炊，这是一大难题。

怎么办？这些无声的、躺在档案里的资料有限，其鲜活性、可读性又欠缺。要不要想办法创造些有声有色的、生动鲜活的音频资料和视频资料，丰富村志的内容，增强村志的资料性、可读性？

口述访谈无疑是弥补传统文献资料不足的最好形式之一。

它是一种有声的历史，"活着"的历史，访谈者通过访谈、录音、录像，记录受访者对历史事件、历史人物以及自我历史的回忆与口述证词。它保存历史、叙述历史，又创造资源、传播共享资源，功用不可估量。

口述访谈还是创新志书体例、深化志书内容、提升志书使用价值的最有效方法之一。

传统的志书体裁，有述、记、志、表、图照、传、录、索引8种。目前，口述访谈资料入志，与社会调查资料入志一样，已不是新鲜事，但作为新的体裁形式入志的不多，入志内容的规模也小。实践证明，口述访谈作为第一手资料，鲜活的资料，它的独有性和使用价值，是志书独有性和使用价值提升的重要因素。反之，大家都有的而不是你独有的，尤其是网络知识信息大量入志，就没有多大引用价值，志书的资料性和著述性也大打折扣。

为此，我们开展了凤凰村口述访谈活动。村庄是如何发展变迁的？村民生活和个人奋斗史、生命史是怎样的？有何梦想或心事还有奇闻逸事？我们想听村民说。为提升口述访谈的质量和效益，我们邀请了中国社会科学院当代中国研究所第四研究室的专家学者加盟合作，负责各个阶段的技术指导与把关等。因当地村民讲萧山土话，特别是老人、农村妇女讲当地方言，外地人包括笔者本人很难听懂，访谈人员分成了两组：普通话组、土话组。原计划所有的访谈进行全程录像，实施中作了修改，除了村党委书记、村主任等人的访谈进行全程录像以外，其他的仅用录音笔录音，不架摄像机录像，以消除他们不必要的紧张或者顾虑。访谈前，村委会提供受访者参考名单，并提供受访者的有关资料（职业职务、出生年月、文化程度、工作经历）。访谈时，村里配备专人协助以及联络这项工作。

自2017年2月开始启动凤凰村口述访谈工作，由莫艳梅针对不同的受访者撰写访谈提纲。3月29日，进村入户访谈。至6月1日，先后访谈40多人。6—12月，对口述访谈录音进行整理与编辑。12月中下旬，将40多个口述访谈录音整理稿全部交返口述者审阅，总计近40万字（word文字，下同），收获颇丰。

二　如何开展口述访谈工作

依据档案文献编写志稿，资料明显不足，想要什么缺少什么。我们开展口述访谈活动，就可以想要什么问什么，通过口述访谈的方法搜集资料。令我们感动的是，凤凰村委会大力支持，受访者积极配合，基本上应邀而来，有问必答，确保了我们对口述访谈工作的顺利开展。

凤凰村党委书记胡岳法接受访谈（2017年4月21日，沃琦摄）

访谈对象类别，实行各行各业、各年龄段、性别、贫富、典型与一般、在家种地或外出外来务工几方面全覆盖，总计40多人。其中，村委会主要领导2人，大学生村官2人，本村企业家、办厂能人2人，过去的大队长、生产队长2人，生产队会计、仓库保管员2人，村民小组长2人，民兵连长1人，凤凰村股份经济联合社1人，股东代表1人，市场管理人员1人，贫困户1人，见多识广的老人3人，农村妇女3人，农村医生2人，教师2人，荣誉村民1人，外来创业、经商人员2人，外来务工人员（打工）1人，基督教教徒1人，有故事者5人，李成虎的后代1人，沈定一的后代及其知情人9人。

凤凰村委会主任沃关良（右）接受访谈（2017年4月21日，沃琦摄）

访谈内容，以亲历、亲见、亲闻为主。内容和话题，体现新闻传播与社会变迁的统一。如职业人员，讲述行业史、个人奋斗史、生命史；年长者，讲述村史、家庭史、专题史，年轻者，谈谈教育观、择业观、消费观；农村妇女，讲述婚姻、赡养、民俗；等等。不管是各行各业的人，还是年长年轻人，穷困或富裕人，在村还是外出外来的人，他们对自己的人生和凤凰村的过去有什么看法，对未来的生活和凤凰村的发展有什么展望,这是必问的话题,体现出农村今昔纵向对比、新旧观念对比、城市与农村的横向对比。

因人而异设计具体的访谈提纲。如村党委书记胡岳法,1949年生,1968年当村会计,1976年当生产队大队长(村长),1992年当村党委书记,2017年4月换届选举,已经68周岁、当村党委书记26年的他再一次当选。他本身就是一部改革开放史,他领导的凤凰村也是改革开放的一个窗口。他是怎样一个人,他的书记生涯又是怎样的,当村干部半个世纪,又有什么辛酸苦辣以及感悟?家庭生活如何?有什么喜好:平常烧饭吗,洗衣服吗,打麻将吗,上网吗,玩手机吗,穿名牌衣服吗,等等。这些平凡的,不平凡的,方方面面,都是我们想要了解的。为此,我们设计了20多个问题。2017年4月21日下午,胡书记接受了我们的访谈。

又如中共早期党员沈定一(1883—1928),是中国现代农民运动的发轫者,被孙中山称为"浙江最有天赋之人",创作了中国现代文学史上第一首白话叙事诗。凤凰人。早年留学日本,参加辛亥革命,1916年任浙江省议会议长,1919年与戴季陶创办《星期评论》,1920年与陈独秀等创建上海共产主义小组,1921年回凤凰发动农民运动,1923年加入国民党任候补中央执委,1925年因反对国共合作,被中国共产党开除出党,1926年任国民党中央常务委员,1928年在家乡遇刺身亡。他的一生较为复杂。他的家世是怎样的?祖辈、父辈是干什么的?婚姻家庭又怎样?子孙后代遭遇如何?这些都是我们需要了解的。为此,我们设计了40多个不同的问题。他的后代包括在凤凰村内、村外的,应邀接受了我们的访谈。

沈定一的后代沈卫红（右）接受访谈（2017年4月28日，沃琦摄于沈定一故居）

三 口述访谈的内容有多好？

把话筒传给百姓，听民众诉说历史，凤凰村口述访谈无疑是一个较好的实例。

史学界、新闻出版界为什么关注口述访谈？说出来的历史又有多好？我认为有四好：一是生动，富含细节，有情感有故事；二是实在，不经修饰，质朴无华；三是鲜活，活灵活现，现实感强；四是内容丰富，有广度有深度，可补史证史校史。

见物不见人，因事系人不足，是当前志书的一大弊病。都说写人物难，传记鲜活的人物更难，简介在世的人物更是只见简历不见事迹。凤凰村口述访谈，尤其是个人奋斗史、生命史，无疑是《凤凰村志》

记叙人物的另一种形式,其体现的人物丰满、鲜活、令人动容。

例如,村委书记胡岳法,也有得罪人的时候,有不被人理解的时候。自己的二舅子曾经掀翻了他家的饭桌,某村民把污水泼到了他家的门口。虽然受了委屈,但他有自己的处事准则。他说:"处事要公,一定不能偏袒亲戚。出现矛盾冲突时,要有胸怀,一定不能斤斤计较。"他是这样说的,也是这样做的。那位泼污水的村民,后来不幸夫妻双双得绝症,留下三个小孩。胡书记及时前往慰问,送去钱粮,并安排村里抚养孩子直到其成年。

当过计划生育干事的卫爱凤,说起过去的计生工作,抓得紧,抓得严,抓得有趣,抓得恐怖。别人躲在楼房的箱子里,她跑去拉扯出来,抓了就会让人打胎。有跑到北京的,她就去北京抓人。有跑到海南的,她就去海南抓人。她的衣服被别人抓破几次,她的同事被别人踹到树林里打,另一个同事被别人泼得一身污水,当年的劳动模范,现在老年痴呆了,不认识她了。她说得无所顾忌,我听得毛骨悚然。她说那时候的计划生育工作就是这样,实行"一票否决"制,不得不严阵以待。现在好多了,大家都自觉了,思想观念也发生了很大的变化,违反计划生育政策的很少了。

凤凰村与华西村不同,私营经济占比80%。华西村只有集体经济,一条腿走路,凤凰村是私营经济与集体经济同步发展,两条腿走路。

有几名企业家接受我们访谈时,对我们的口述访谈活动十分赞同。他们说自己吃过很多苦,受过很多罪,办厂起家创业很不容易,而现在的小孩子生活在蜜水里,有时候跟孩子忆苦思甜,孩子还不相信,以为是编故事呢。通过口述访谈,也让孩子们知道他们的创业艰辛,这不是讲故事,是真实的经历,这种艰苦奋斗的经历以及拼博精神,要传扬下去。

诸多鲜活的语言，流敞的情感，自我历史的认知，在传统的档案文献里，是难以寻觅的。来自最基层的普通老百姓的语言，更是丰富多彩，真情流露，有感染力。

传统的历史记录，大多把焦点投在少数的精英人士身上，普通人只是作为大数据统计集体出现。凤凰村志口述访谈把焦点对准普通村民，记录他们的奋斗史、命运史、生活的变迁和喜怒哀乐。以小见大，展现时代的震荡和风云变幻，凤凰村的变更也隐含其中。对凤凰村的情感和依赖，是多个村民访谈不约而同体现的基调。

四　口述访谈与乡愁记忆

有情的又有声的口述访谈，是留住历史与记忆、留住乡愁与乡思、记录乡俗与乡音的重要载体。

在凤凰村口述访谈活动中，我们访谈了沈定一的后代。他们有的在凤凰村，有的在杭州，有的在省外，平常很少联系往来。笔者通过访谈凤凰村的沈氏后代，找到在坎山的沈氏后代，又找到在杭州的沈氏后代。他们得知缘由之后，都十分愿意接受访谈，说到伤心之处的时候，又无一例外地声音哽咽，老泪纵横。我深受感染。

因为他们在"文化大革命"中，都遭遇不幸，经历坎坷。有的为了生存，还改了本姓。如高月根、高阿根，在接到我的电话时，说他姓高不姓沈。我说您是沈氏后代，宗谱里写的是沈月根、沈阿根。他们说是的。他们一点也不否认自己是沈定一的后代，还希望有朝一日能恢复修建沈定一的墓。

沈月根、沈阿根是沈定一的长子沈剑龙与留法学生王会真（李达之妻王会悟的妹妹）的孙子。沈剑龙与杨之华（后与瞿秋白结婚）还有一个女儿叫沈晓光，后被杨之华带走，改名瞿独伊。王会真也曾经想带走年纪尚小的沈月根、沈阿根，想让他们到上海读书，长大后有出息。沈定一的原配周锦朝坚决不同意，说她已经失去了一个孙女（沈晓光），不能再失去另两个曾孙，曾孙跟在她的身边，就是一个安慰。可惜，周锦朝、王会真先后病逝于"四清"和"文化大革命"时期。父母离婚后，沈月根、沈阿根还是跟随了母亲姓高，但曾祖母教诲的"好好做人"的话，他们一直铭记在心，践行于世。

笔者在这次口述访谈活动中，听到了，也看见了许多的乡愁乡思。乡愁乡思，就在故事里，在记忆里，在口述访谈中，充满着情感和家国情怀。

如2017年6月1日，笔者作为《凤凰村志》的主编，前往江苏淮安采访沈定一的儿子沈文信。沈文信今年93岁。他是一个老革命了，曾经从凤凰到杭州读书，从苏北军区文工团到苏南军区文工团，从高等军事学院军乐队到中国人民解放军军乐团，从黑龙江支边到江苏淮安任教，从南走到北，又从北走到南，从1949年1月入伍到1988年1月离休，革命工作整整40年。说起往事，沈文信如数家珍，倾心而谈，说到家乡家人，他饱含深情，两眼泛泪，那种剪不断、理还乱的乡愁与乡思，令笔者深受感染。

把根留住，留住乡愁，村志责无旁贷，方志人责无旁贷。

口述访谈是保存记忆、留住乡愁的重要载体，是创新志书体例、深化志书内容、提升志书使用率的重要举措。《凤凰村志》大胆尝试，将口述访谈成果，文本资料单独成编入志，配以图片，图文并茂。口述音频、视频进行开发利用，数字化处理，网络化传播，以更好地服务大众，促进经济社会发展。

富裕起来的村民在想什么

——《凤凰村志》社会课题调查实践探索*

莫艳梅

摘 要：当代农民在想什么，盼什么，忧什么，有哪些亟须解决的现实问题和矛盾冲突？这是最具时代性、地方性和社会性的问题。村志如何反映？为了获取第一手资料，作者在编纂《凤凰村志》过程中，组织开展了《富裕起来的凤凰村民未来期待调查》，并将调查研究报告录入村志中，这将有助于增强志书的时代性、地方性、资料性、著述性以及原创性。

关键词：社会调查 《凤凰村志》 实践

2015年8月，国务院办公厅印发《全国地方志事业发展规划纲要（2015—2020年）》（国办发〔2015〕64号），指出要重视乡镇村志编纂工作。2015年5月，中国地方志指导小组办公室印发《中国名镇志

---

* 莫艳梅在2017年10月中国地方志学会方志学研究会上的交流论文，又载入《莫艳梅方志探论》，方志出版社2018年版。

文化工程实施方案》（中指办字〔2015〕22号），2016年10月，中国地方志指导小组办公室印发《中国名村志文化工程实施方案》（中指办字〔2016〕209号），要求编纂出版中国名村志丛书、举办全国名村论坛、拍摄中国名村纪录片（暂定名）、联合媒体开展名村宣传等，这些将有力地推动全国各地乡镇村志编纂工作的健康有序发展。

一 当代村民在想什么，我们想调查清楚

村志记什么，如何记？仁者见仁，智者见智。要增强志书的地方性、时代性、资料性、可读性，这是共识。那么，如何增强志书的地方性、时代性、资料性、可读性？我们在编纂《凤凰村志》的过程中，作了一些探索。

浙江省杭州市萧山区衙前镇凤凰村，2005年6月由凤凰村、卫家村、交通村3个村合并而成。区域面积2.44平方千米，耕地586亩，农户581户，人口2204人，工业企业87家，专业市场3个，联营加油站3个。多年以来，凤凰村获得了全国敬老模范村、浙江省五星级民主法治村、浙江省农村基层廉政建设示范村、杭州市社会主义新农村建设标兵村等荣誉。2011年底，凤凰村成为萧山历史上第一个"全国文明村"。2016年底，凤凰村实现村级可用资金达4424万元，村民人均纯收入49555元，村级可用资金、村民集体福利连续多年排名萧山各村（社区）第一。

凤凰村村民人均纯收入，是全国农村居民人均纯收入12363元的4倍多，比全国城镇居民人均可支配收入33616元高出15939元！比浙

江省农村居民人均纯收入 22866 元高出 26689 元，比浙江省城镇居民人均可支配收入 38529 元高出 11026 元！

　　那么，富裕起来的凤凰村民在想什么呢？又在盼什么、忧什么呢？有哪些亟须解决的现实问题和矛盾冲突？这是最具时代性、地方性和社会性的问题。村志如何反映？没有现成的资料，又如何获取鲜活的第一手资料呢？我们认为，开展社会课题调查是有效的实现路径。于是，邀请杭州师范大学政治与社会学院师生合作开展《富裕起来的凤凰村民未来期待调查》。自 2017 年 6 月进村入户实地调查，2017 年 10 月完成调研报告。

调查问卷发放（2017 年 6 月 29 日，莫艳梅摄于凤凰村）

"富裕起来的凤凰村民未来期待调查"课题组,采取随机抽样和入户个案访谈相结合的方法,共发放调查问卷520份,回收有效问卷501份,回收率为96.3%。被调查者中男性319人,占63.7%,女性182人,占36.3%。年龄分布来看,2.4%为18岁以下,17.2%为18—35岁,16.4%为36—45岁,38.1%为46—59岁,25.9%为60岁以上,年龄覆盖面较全面。调查对象既有乡镇、村干部,又有商业服务业者、企业经营者;既有从事专业技术人员,又有从事经商和外出务工人员。调查结果具有较强的代表性和可参考价值。

2017年6月凤凰村民调查样本的基本情况(N=501)

变量	具体指标	占比(%)	变量	具体指标	占比(%)
性别	男	63.7	政治面貌	群众	83.2
	女	36.3		共产党员	15.6
				其他党派	1.2
年龄	18岁以下	2.4	文化程度	小学及以下	32.5
	18—35岁	17.2		初中	32.5
	36—45岁	16.4		高中/中专/技校	20.8
	46—59岁	38.1		大专	7.6
	60岁及以上	25.9		大学本科及以上	6.6

二 村民七大未来期待,对美好生活的向往

该课题组采用社会调查方法,通过充分运用问卷调查数据和入户个案访谈资料,数据使用SPSS软件进行统计分析,参考相关政府文件、学术著述、媒体报道,研究成果显示,凤凰村民有七大未来期待。

（一）村民求更富：盼发展农村经济，增收致富

1. 致富之路多途径，想继续增收。凤凰村自2006年起基本上就没有农田，没有务农人员了。2016年凤凰村经济总收入504033万元，其中农业收入1377万元（0.27%），工业收入490423万元（97.30%），建筑业4285万元（0.85%），运输业720万元（0.14%），商饮业4260万元（0.85%），服务业480万元（0.10%），其他行业2488万元（0.49%）；按经营形式分，村级集体经济收入2488万元（0.49%），私营企业收入490423万元（97.30%），农民家庭经营收入11122万元（2.21%）。

全村每7户人家，就有1户在办企业，全村劳动力已经转移到二、三产业。

在调查中，村民收入的最主要来源是单位工资（54.30%）和养老金（24.80%），其他还有经商（13.40%），加工业（9.00%），村集体经济分红（7.60%），养殖业（3.40%），种植农林作物（3.00%），炒股、基金等理财（3.00%），渔业（1.20%）等。访谈中，村民希望有稳定的收入和不断积累的财富，虽然现在生活富足，但还是要努力想办法继续增收致富，提高收入。

2. 影响收入多因性，盼政府扶持。村民认为影响收入的主要因素有主客观因素，依次为"缺乏资金"（39.00%）、"缺少专业技术"（34.50%）、"市场大形势不好"（28.70%）、"自身文化水平低"（27.50%）、"身体状况不好"（24.80%）、"企业经营效益低下"（22.80%）等。因此希望政府能加大资金扶持力度，对村民进行技术技能培训，对企业管理人员进行经营管理培训，搭建创新创业新平台，

给村民提供更多的致富途径。

3. 消费观念特殊性，望改善住房。在调查中，未来三年可能的消费开支列前五位的分别是：建房购房（44.4%），医疗保健（44.0%），教育培训（41.2%），装修住房（30.8%），衣食等生活消费（28.0%）。富裕起来的村民们，希望能改善住房条件，享受舒适生活，给子女提供经济上的支持。

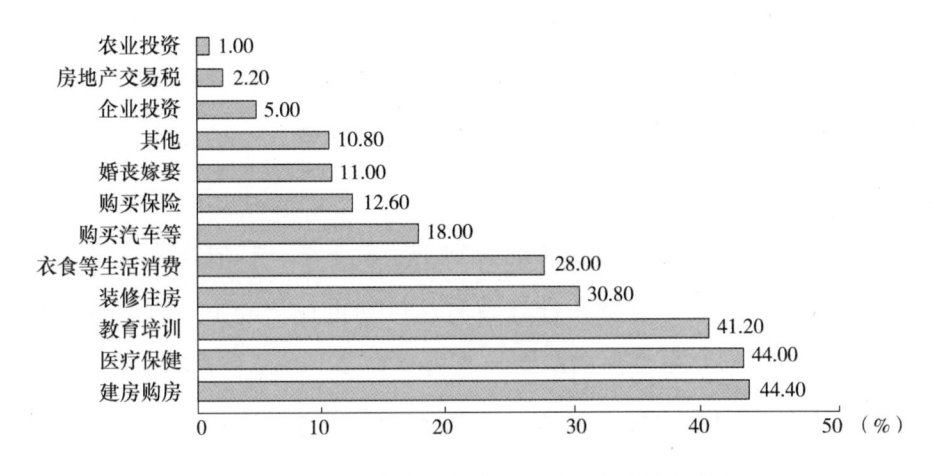

项目	比例(%)
农业投资	1.00
房地产交易税	2.20
企业投资	5.00
其他	10.80
婚丧嫁娶	11.00
购买保险	12.60
购买汽车等	18.00
衣食等生活消费	28.00
装修住房	30.80
教育培训	41.20
医疗保健	44.00
建房购房	44.40

2017年凤凰村民未来三年主要消费开支预计情况图

在访谈中，村民们普遍认为现在凤凰村农民地位比居民要高，除了村集体经济发展较快、福利待遇医疗保障条件较好外，还有一点是村民有自己的宅基地，可以自己建房，比在居民在城里买房，先天条件要优越很多，凤凰村村民能建三层半。建房安居一直是农民最大的愿望，作为不动产的房屋，既不能隐藏也无法转移，其面积、外观、装修都是直观的，这就成为评价农村家庭是否富裕的显性标识。因此，富裕起来的农民首先想到要建房购房改善居住环境，或对原有住房进行改建，或者进行装修，希望有个更舒适的住宅。只有18.0%的村民准备购买汽车等，因为村里汽车的普及率已经比较高，有的家庭已有两辆、三辆车了。

（二）村民求真知：盼丰富文化生活，尊知重教

1. 意识到文化水平对经济发展制约，需不断学习提高。调查中有27.50%的村民认为"自身文化水平低"影响了家庭收入增长，而其中有80.2%的是初中以下的学历。有村民谈到未来新型职业农民，需要具备高素质和技能，需要不断地学习提高，不可能再像以前的农耕时代一样纯粹的进行体力劳动，而是要在机械化操作、信息变化等方面都有所了解和掌握。

2. 趋向于尊知重教，表彰优秀学生。由于老一代农民吃了文化程度不高的亏，他们在经济条件好转后，特别重视培养下一代，希望给子女提供更好的甚至是出国留学的受教育机会，"读书无用论""重男轻女"的教育观念有较大改观。在调查中，有75.60%的人赞同"尽可能让子女接受更好的教育"的观念，有45.50%的人表示如果"有条件会选择送子女出国接受教育"，还有22.40%的村民认为"读书是最好的出路，多读书才能多赚钱"，14.2%的人希望子女"读一些实用的专业如会计和金融，不要读就业困难的专业"，但仍有9.80%的村民认为"孩子教育费用太高，难以负担"。持有"只要能赚钱，不必多读书""读个大学就可以了，不必读太多，耽误挣钱""女孩反正要嫁人务农，不用多读书"均低于5%以下。

凤凰村是萧山区第一个把"表彰优秀学生"写进村规民约的村，自1986年开始至今，该村表彰优秀学生已坚持了32年，共表彰348名学子，发放奖学金28.7万元。开表彰大会的时候，学校老师、学生家长应邀参加，受表彰的学生佩戴大红花和"凤凰优秀学生"红绶带，十分荣耀。

3. 肯定传统文化的学习意义，支持下一代传承。在访谈中，虽然村民并说不清楚传统文化的思想内涵和现实价值，但是他们认为传统文化需要中国人的继承发展，孩子如果喜欢，他们会尽力支持孩子去学习。

4. 希望丰富休闲文化，多建活动场所。在调查中，看电视是众多村民的主要休闲方式，占被调查者的80%，其次是看手机或上网（49.50%），读书看报（47.90%），另外富裕起来的村民也希望能多出去旅游，看世界，有14.20%的村民经常外出旅游，喜欢跳舞健身和爱打牌打麻将的村民分别占11.40%和6.80%。

在丰富文化活动期待的调查中，有66.10%的村民希望多建文化娱乐活动场所，54.80%的村民希望多建图书馆和阅览室，40.3%的人希望多举办健康、文艺、技能的讲座，这与缺少专业技术和自身文化水平低影响家庭收入的担忧相关。另外有29.60%的人选择举办健身舞

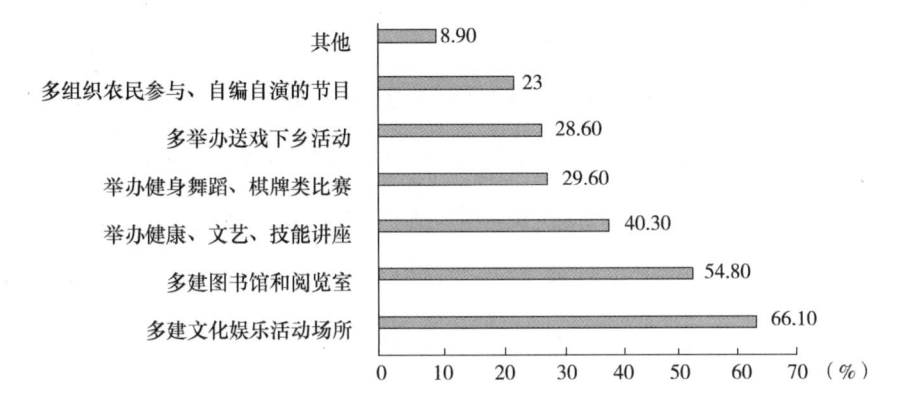

项目	百分比
其他	8.90
多组织农民参与、自编自演的节目	23
多举办送戏下乡活动	28.60
举办健身舞蹈、棋牌类比赛	29.60
举办健康、文艺、技能讲座	40.30
多建图书馆和阅览室	54.80
多建文化娱乐活动场所	66.10

2017年凤凰村民丰富文化活动期待图

蹈、棋牌类比赛，有28.60%选择多举办送戏下乡活动，还有23%选择多组织农民参与、自编自演的节目。

（三）村民求乡美：盼建成"三美"乡村，绿色文明

1. 盼村容更整洁，实现生态美。在调查中，村民认为要改善村容现状的紧迫性依次为：加强对外来务工人员的管理、整治污水排放、改善环境卫生、做好村庄房屋建设规划、垃圾分类和垃圾处理、扩大人工绿化、增添公共卫生设施等。

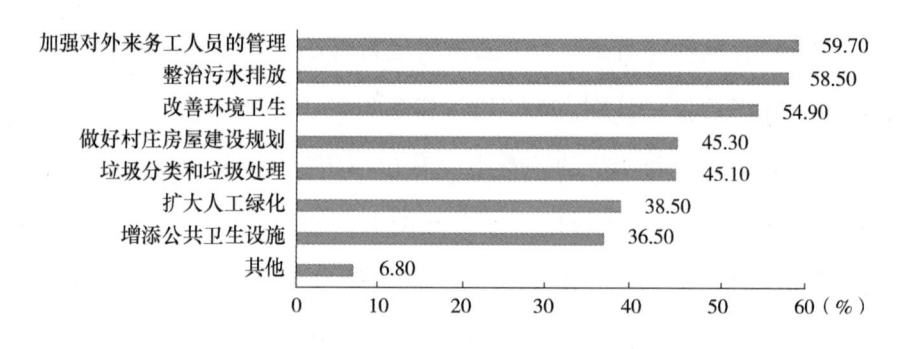

项目	百分比
加强对外来务工人员的管理	59.70
整治污水排放	58.50
改善环境卫生	54.90
做好村庄房屋建设规划	45.30
垃圾分类和垃圾处理	45.10
扩大人工绿化	38.50
增添公共卫生设施	36.50
其他	6.80

2017年凤凰要民改善村容整洁期待分析图

目前凤凰村村民有2118人，外来务工人员12000多人，是本地村民数量的5.7倍。大量外来务工人员，加大了管理难度。访谈中大多数村民也提到，外来人员对凤凰村的企业发展是做出了贡献，村民是欢迎的，但因为外来人员素质不一，会带来一些卫生环境问题，出租房用电用水也会带来一些安全隐患，影响村容整洁。希望村委会加大对外来务工人员的教育和管理，制止乱扔垃圾的行为，使他们能与本村村民共同建设好环境整洁的凤凰村。

2. 盼生产更绿色，实现生产美。村民认为要达到村容整洁目标的第二位是要做好"整治污水排放"工作，对生产美也有着更多的期待，希望竭尽全力将工业园区的污染降到最低，在保护环境的前提下发展经济。

3. 盼乡风更文明，实现生活美。村民认为要加强文明乡风的建设，需要改进的地方依次为：不讲环境卫生（64.2%）、不愿孝顺赡养老人（48.2%）、打牌赌博现象突出（39.3%）、大操大办红白喜事（36.4%）、封建迷信活动盛行（30.6%）、好吃懒做贪图享乐（26.3%）、宗族派系问题严重（15.6%）等。

在将来建设方向的调查中，村民赞同的前三位分别是：绿色生态园、美丽宜居新农村、红色文化园，希望能水更清，天更蓝，地更绿，建设一个美丽宜居的新农村。同时也可以充分利用凤凰村作为共产党领导下第一个农会所在地，烈士李成虎的故乡，建设好红色文化园，将爱国主义与人文历史融合起来。

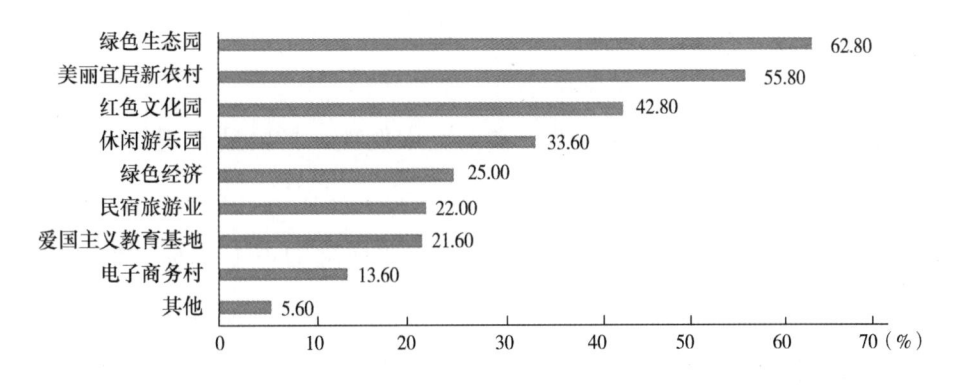

类别	百分比(%)
绿色生态园	62.80
美丽宜居新农村	55.80
红色文化园	42.80
休闲游乐园	33.60
绿色经济	25.00
民宿旅游业	22.00
爱国主义教育基地	21.60
电子商务村	13.60
其他	5.60

2017年凤凰村今后建设方向情况图

（四）村民求安稳：盼完善保障保险，后顾无忧

1. 盼老有所养、病有所医。从年龄与最为关心问题的交叉表中可以看出：36—46岁的最关心老人养老问题，因为这个年龄段上有老下有小，长辈正在逐渐衰老，老人养老问题非常迫切。61岁及以上的老人更关心自己的养老问题。

从养老模式选择来看，有74.65%赞同传统的居家养老模式，15.57%希望能进公办敬老院或福利院，另外有4.59%主张社区养老模式，有2.99%的村民愿意进民营养老机构养老，还有2.20%希望尝试新式的抱团养老模式。

从养老模式与年龄结构的交叉表来看，61岁及以上的老人选择居家养老、公办敬老院养老和社区养老，老年人担心开支过大不愿意去民营养老院，也没有人选择抱团养老模式，而年轻人会尝试这样的新鲜养老模式。

访谈中，有村民希望村里能开办老年食堂，帮助老人解决养老问题。不离开村，又能得到适当的照顾，帮助子女分担养老的压力。

2. 盼医有所保、贫有所助。在调查中发现，村民最希望得到的社会保障是基本养老保险（88.80%）和大病医疗保险（71.3%），希望得到最低生活保障的占28.70%，选择商业保险的占17.5%，农业种植业保险的只有5.80%。在村民对未来生活条件改善期待中列第一位的是"医疗设施改善"（66.3%）。由此可见，"老有所养，病有所医，医有所保，贫有所助"，是村民们最为关心的问题，也是最期待能够得到保障的现实问题。

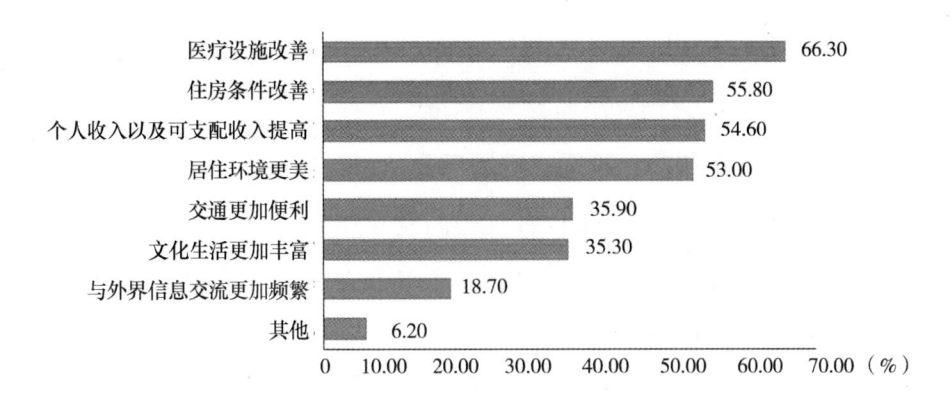

医疗设施改善	66.30
住房条件改善	55.80
个人收入以及可支配收入提高	54.60
居住环境更美	53.00
交通更加便利	35.90
文化生活更加丰富	35.30
与外界信息交流更加频繁	18.70
其他	6.20

2017年凤凰村民对未来农村生活条件改善期待情况图

凤凰村建立了"村民基本生活、医疗和老年人助养"三大村级保障。村集体按月按季度免费向老百姓供应米、油和天然气。就医方面，不管是门诊还是住院都有较大比例的报销。农民子弟有教育补贴，考入重点中学、大学有奖励。60岁以上村民可以每人每月在村集体领取1660—3200元不等的养老金，并且还在不断提高。老人们对这些措施都十分满意，他们一直说着这么一句话："村集体是我们的大儿子，共产党真好。"

凤凰村还于2006年建立了萧山区首个村级特困救助协会，健全了困难帮扶机制。如3名单亲家庭的孩子由村集体抚养到16周岁。76岁的汪小根和71岁的周菊英，这对老夫妻经历了人生中最大的不幸，大儿子不幸先于他们去世，留下多病的大儿媳妇和年幼的三个孙子女。是村里向他们伸出了援助之手，不仅每个月让他们俩享受助老金待遇，还负责几个孙子女的抚养费用，过年过节，村里的干部还来看望慰问，为他们送去温暖和钱物。

从访谈中发现，村民们对凤凰村的福利保障和医疗报销制度是相当满意的。

（五）村民求和顺：盼家庭安居乐业，顺其自然

1. 家庭观念强，望优生优育。当问及"生几个小孩是最理想的"，有72.43%的村民选择两个，14.69%的人赞成一个就够了。只有4.43%的村民认为越多越好。

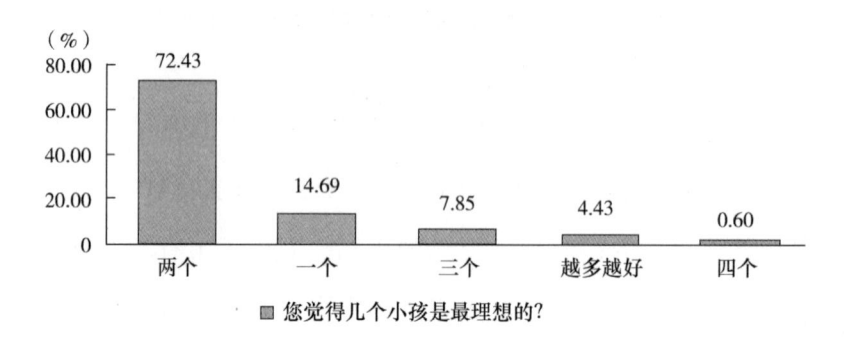

```
(%)
80.00   72.43
60.00
40.00
20.00         14.69
                       7.85    4.43
   0                                    0.60
       两个    一个    三个  越多越好  四个
          ■ 您觉得几个小孩是最理想的?
```

2017年凤凰村民生育子女理想数量分析图

相对于多生孩子，现在村民更注重的是子女的教育问题。在访谈中当问及"活着为了什么"，大部分村民不约而同地说是为了家，为了孩子，希望子女往好的方向发展，能够事业有成。

2. 乡土观念重，望发扬光大。凤凰村村民对子女就业、择偶的地域观念比较强，对行业的选择却顺其自然。有近七成的村民最希望子女就在本市、本区、本村工作，另近三成村民对子女工作地域表示"无所谓，看子女自己"。

在调查村民希望"子女的配偶是哪里人"时，其中有35.9%的村民选择萧山人，14.2%选择杭州人，8.2%选择浙江人，有4.8%选择本村人，同时有35.1%的村民选择"无所谓，看子女自己"。从表中可以看出，村民有比较强烈的乡土情结，希望子女配偶也是在萧山本土本乡附近，但也有三成开明的家长认为地域无所谓，子女自己喜欢就好。

对于子女就业的行业选择，有三成以上村民认为"无所谓，看子女自己"，有25.5%的村民希望子女"到企业工作"，有23.9%的村民希望子女"考公务员"。另外有经济实力的村民也希望子女自主创业，有10.3%愿意提供资金"资助子女办厂开公司"，还有0.8%的村民希望子女"继承家族产业"。

2017年凤凰村民对子女就业地域、配偶地域、行业选择情况表

子女就业地域选择占比（%）		子女配偶地域选择占比（%）		子女行业选择占比（%）	
杭州市	32.5	萧山人	35.9	无所谓，看子女自己	31.1
萧山区	30.3	无所谓	35.1	到企业工作	25.5
无所谓	29.3	杭州人	14.2	考公务员	23.9
凤凰村	5.0	浙江人	8.2	资助他们办厂开公司	10.3
国外	1.5	本村人	4.8	在本村村委会工作	4.6
北上广浙	1.4	外国人	1.0	参军	3.8
—	—	外省人	0.8	继承家族产业	0.8

3. 知足常乐心，望顺其自然。在访谈中发现，村民对现在的生活挺满足的，平淡安稳即可，没有大的抱负了。

（六）村民求公正：盼政府民主公开，执行力强

1. 盼农民地位不断提高。在访谈中，大部分村民认为农民社会地位与过去相比有明显提高。有些村民认为富裕农村的生活条件比城镇

居民、工人、农民工等群体的生活条件都要好,不愿意农转非。他们也希望农民社会地位继续提高,真正实现城乡一体化,让农民与城镇居民同样享受到改革的成果和实惠。

2. 盼地方政府工作加强。在关于政府工作加强期待的调查中,依次为医疗卫生服务(58.30%)、环境保护(47.30%)、社会保障和救助(35.50%)、树立良好社会风气(29.30%)、维护社会治安(28.50%)、义务教育(26.90%)、依法办事(20.40%)、实现社会公正(18.00%)、发展经济(17.80%)、科技发展与推广(10.80%)、促进产业转型(7.80%)、其他(2.40%)。可见卫生医疗、就业保障、文化教育等问题都是民之所忧。

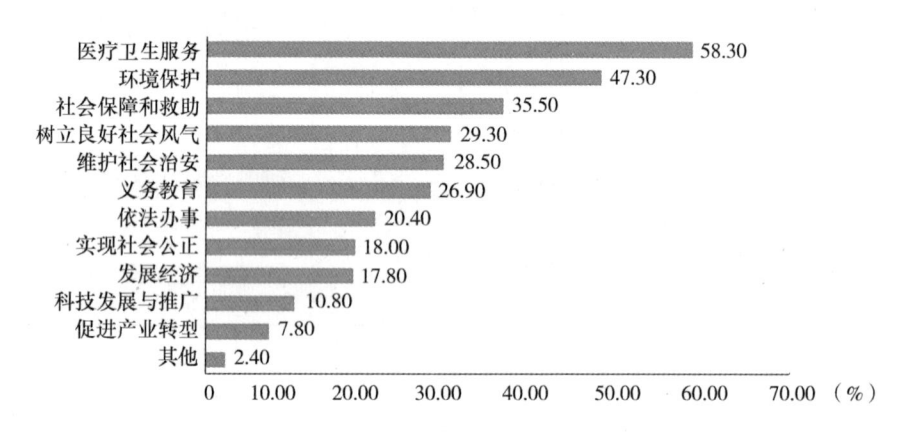

2017年凤凰村民期待政府工作加强方面情况图

农民希望政府资金扶持的重点落在何处呢?调查中发现,最受关注的依然是医疗和社会保障(52.60%),其余依次为:搭建创业创新平台、改善农村文化娱乐活动设施、解决大众就业、进行水电路等基础设施建设、扶持村企业和种植大户、扶贫、促进和扶持产业转型升级、扶持新型职业农民、扩大生产经营规模等。

3. 盼村领导班子勇挑重担。1976 年起担任村长、1992 年起担任村党委书记的胡岳法，自建造浙江首家加油站，到开拓大市场，到创办村股份经济联合社，一步步带领村民发家致富，使凤凰村成为萧山区集体可支配收入最高的一个村，集体和个人获得了很多荣誉称号。2016 年萧山区组织了暗地测访，凤凰村领导班子的群众满意度是最高的，说明村民信任村两委工作。

凤凰村领导班子之所以能获得群众大力支持，首先是班子成员秉着"造福一方百姓是我们的责任"的发展理念来工作，处处以身作则。其次，思路领先、勇于创新。再次，能一心为群众谋利益，尤其是凤凰村三大保障使老百姓得到了实惠，干部得到了民心。凤凰村做到"党务公开、村务公开、财务公开"，村民对此评价也是比较高的。

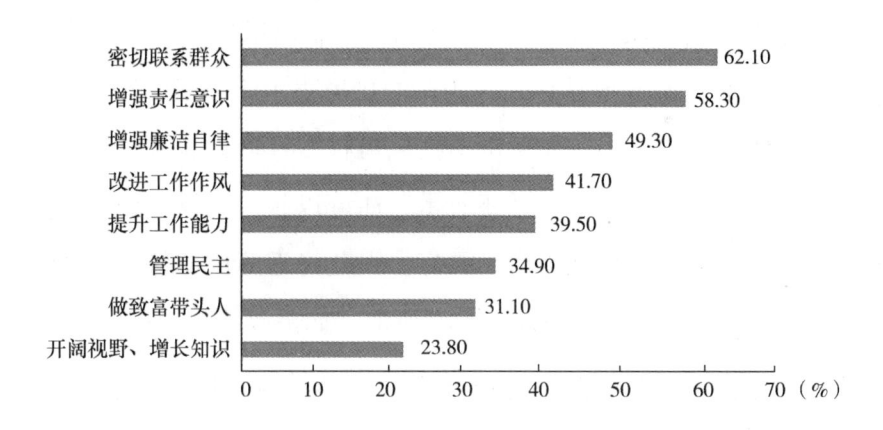

项目	百分比
密切联系群众	62.10
增强责任意识	58.30
增强廉洁自律	49.30
改进工作作风	41.70
提升工作能力	39.50
管理民主	34.90
做致富带头人	31.10
开阔视野、增长知识	23.80

2017 年凤凰村民对村委会工作改善期待分析图

（七）村民求发展：由顺从守旧，走向主动追求

1. 盼普及农村网络化，融入智慧城市。在对凤凰村民关于网络的利用的调查中，上网的村民主要利用网络进行网上购物（48.8%）、了解时事新闻（18.4%）、社交聊天（36.50%），有33.7%的村民会用网上银行转账或理财，有32.70%的人进行网络支付，还有22.30%的人选择网络导航，玩网络游戏、记账分别为11.40%、6.4%。

随着在线政务、共享出行、移动支付等领域的快速发展，网络成为改善民生、增进社会福祉的强力助推器。村民希望将来农村网络支付更普及、带来更多的便利。

2. 盼金融理财有规划，守财走向生财。在调查中，少部分村民因为钱主要花在购房装修房，或者在经商需要资金投入，没有多余的钱去理财。有些老年村民因为不会使用网络和智能手机，怕误操作反而带来不必要的损失，因而不愿意使用互联网金融理财。相对老年农民，年轻农民更愿意用支付宝支付，希望农村能更多地普及各种网络支付和金融理财。

3. 盼推进新型城镇化，互惠一体共进。在凤凰村改社区的调查中，有65.2%的村民赞成改社区，14.0%的村民表示不愿意，20.8%的村民表示无所谓。访谈中，农民讲了把凤凰村变社区的忧虑。凤凰村福利保障好，有集体分红，每月还有米、油可以领，有较好的医疗报销制度，生活条件甚至比城市居民要好。因此将近两成的村民对改成社区并没有迫切意愿，只是说改不改无所谓，如果政府要改那也没办法。但还有14.00%的村民明确表示不愿意，尤其是老年农民，他们住自建房，可以有自己的地种种菜，日子过得比较舒心，不喜欢成社区后像城里人一样生活，住拥挤的高楼。

对于外来人员是否能加入凤凰村并持有凤凰村股份的问题，大部分村民表示不同意，他们认为，虽然外来务工人员为凤凰村的发展也做出了贡献,但是凤凰村的股份是原村民辛辛苦苦干出来的,不能让外来人员拥有。有少数村民提出除非外来人员对凤凰村做出特殊的贡献,才可以加入凤凰村户口,但是否能分配股份还要再协商。也有极少数村民对外来人员抱着包容开放的心态,愿意外来人员加入凤凰村享受福利。可见,村民能够支持各级政府对新农村的总体规划部署,但希望稳步向前,有序发展,在不影响原有福利待遇的前提下,能共享城市发展的公共服务和基础设施,改变农村面貌。

(八)观察:村民对美好生活的向往

在调查村民"最为关心的问题"时,排在前五位的依次为身体健康状况(53.90%)、子女教育问题(46.90%)、个人收入问题(44.10%)、医疗保障问题(42.70%)、自己的养老问题(29.30%),还有23.2%的人关心老人养老问题,20.6%的人关心住房问题,14.0%的人关心就业问题,关心子女抚养、子女婚姻问题的均为13.0%,关心家庭婚姻问题的占6.8%。

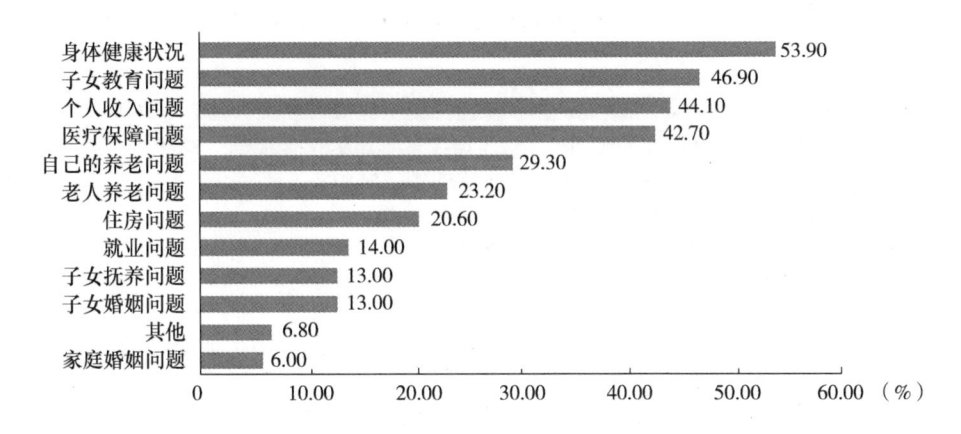

项目	百分比
身体健康状况	53.90
子女教育问题	46.90
个人收入问题	44.10
医疗保障问题	42.70
自己的养老问题	29.30
老人养老问题	23.20
住房问题	20.60
就业问题	14.00
子女抚养问题	13.00
子女婚姻问题	13.00
其他	6.80
家庭婚姻问题	6.00

2017年凤凰村民最为关心问题情况图

在对村民"未来的发展规划"调查中发现,有61.2%的人选择"继续做好目前的工作",希望事业有成。有54.5%的人选择"锻炼身体,颐养天年"。"照料家庭"占30.0%。其余依次为"干个体做生意""扩大经营规模""自办公司""外出打工""发展种植业或养殖业"。

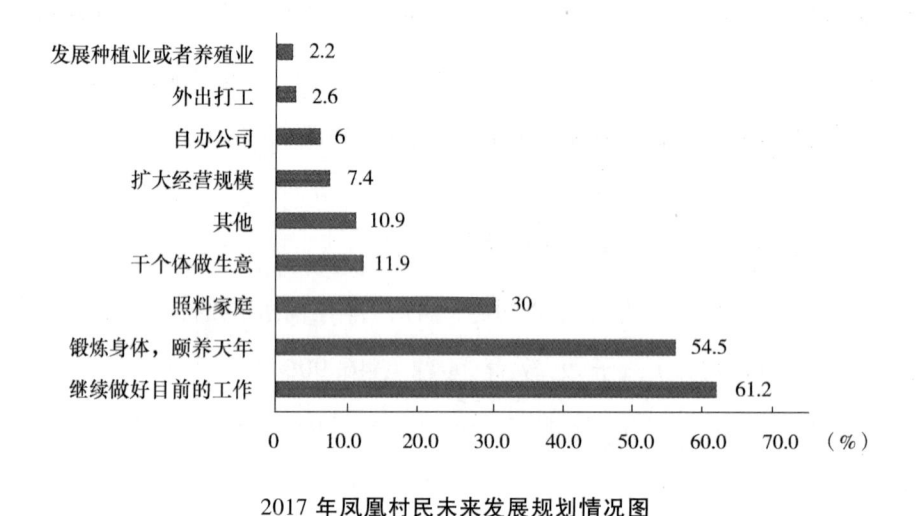

项目	百分比
发展种植业或者养殖业	2.2
外出打工	2.6
自办公司	6
扩大经营规模	7.4
其他	10.9
干个体做生意	11.9
照料家庭	30
锻炼身体,颐养天年	54.5
继续做好目前的工作	61.2

2017年凤凰村民未来发展规划情况图

在"成功人生的标准"调查中,选择"家庭和睦"和"身体健康"的是成功人生的主要标准的分别占89.20%和82.60%,选择"事

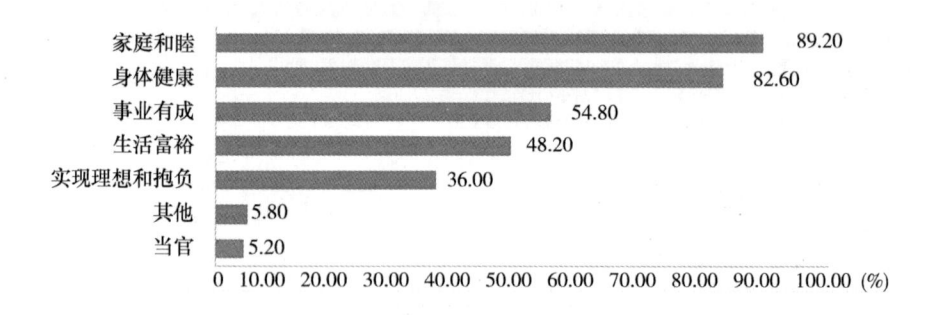

项目	百分比
家庭和睦	89.20
身体健康	82.60
事业有成	54.80
生活富裕	48.20
实现理想和抱负	36.00
其他	5.80
当官	5.20

2017年凤凰村民成功人生标准情况图

业有成"和"生活富裕"的分别占54.80%和48.20%，有36.0%的村民认为成功的人生是"实现理想和抱负"。

在对村民"未来生活条件改善期待"的调查中，有超过六成的村民首先希望医疗设施改善（66.30%）、住房条件改善（55.80%），希望个人收入以及可支配收入提高（54.60%）、居住环境更美（53.00%），还有35.9%的人希望交通更加便利，35.30%的人希望文化生活更加丰富，18.7%的村民希望与外界信息交流更加频繁。

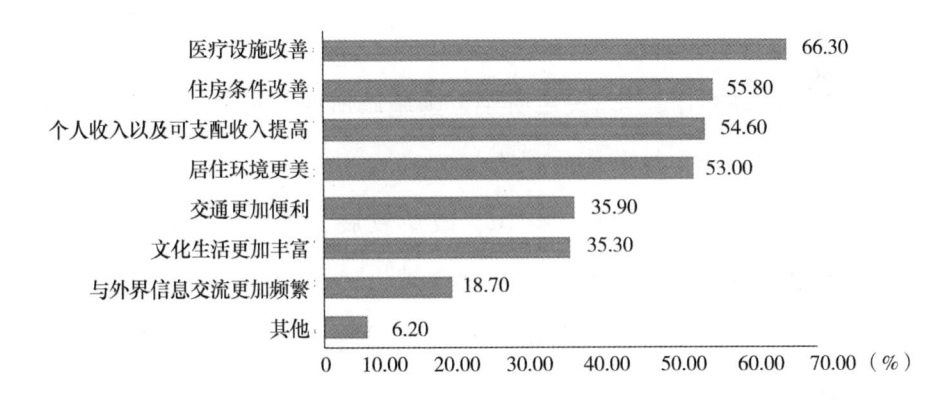

项目	百分比
医疗设施改善	66.30
住房条件改善	55.80
个人收入以及可支配收入提高	54.60
居住环境更美	53.00
交通更加便利	35.90
文化生活更加丰富	35.30
与外界信息交流更加频繁	18.70
其他	6.20

2017年凤凰村民对未来农村生活条件改善期待情况图

从村民关心的问题、对未来生活条件改善的期待以及未来的规划、成功标准的调查中可以看到，教育、医疗、养老、收入、就业等关系群众切身利益的领域问题占比大，人民对美好生活的向往十分强烈。

三 调研报告入志,反映民望与资政服务的担当

习近平总书记指出:"我们的人民热爱生活,期盼有更好的教育、更稳定的工作、更满意的收入、更可靠的社会保障、更高水平的医疗卫生服务、更舒适的居住条件、更优美的环境,期盼孩子们能成长得更好、工作得更好、生活得更好。人民对美好生活的向往,就是我们的奋斗目标。"①

李克强总理指出:"以民之所望,为施政所向,把努力实现人民对未来生活的期盼作为神圣使命。"②

对此,我们必须有清醒的认识。改革发展,需要了解人民关心的问题,知晓人民期盼的问题,不断地实现人民的所想所盼,谋民生之利,解民生之忧,实现民之所望,既是我们的神圣使命,也是我们的奋斗目标。

为此,我们地方志工作者在修志的过程中,要针对性地开展社会课题调查,深入地了解民情民意民生,切实地反映民之所想所盼,这既是一种责任担当,也是我们资政服务的良好体现。

编修省、市、县三级志书如此,编修乡镇村志更是如此。农村的

---

① 习近平2012年11月15日在十八届一中全会后举行的媒体见面会上的重要讲话。

② 李克强2013年3月17日十二届全国人大一次会议闭幕后会见中外记者并答记者问。

改革发展，首先要了解存在的现实问题和村民的未来期待，把握好"三农"发展新常态，想方设法现实人民的美好愿望，使广大的人民忧虑越来越少，获得感、幸福感越来越多，对追求美好生活的向往越来越有信心，这对于加强社会主义新农村建设、推进城乡一体化发展、全面建成小康社会、实现中华民族的中国梦有着重要的现实意义。

所以，我们在开展了《富裕起来的凤凰村民未来期待调查》之后，将该调查研究成果录入《凤凰村志》中，单独设编，与村志中的《口述访谈》一样，作为第一层次，与其他编并列。一方面真实地反映社会问题，为党委政府决策提供参考，另一方面有效地增强志书的时代性、地方性、资料性、著述性、原创性。推而广之，中西部贫困地区的农民，他们又在想什么呢，在盼什么、忧什么呢，有哪些亟须解决的现实问题和矛盾冲突？这是中西部贫困地区地方志工作者需要关注了解的问题，开展社会课题调查，获取鲜活的第一手资料，反映民之所想所盼，既是我们的责任担当，也是增强志书记述深度以及资政服务的有效路径。

地方志主业转型升级的实践与启示
——以杭州市萧山区《凤凰村志》为例*

莫艳梅

摘 要：志书编纂是地方志的主业，其转型升级至关重要。只有提高志书的编纂质量，才能提升志书服务功能。一方面要在记述内容上拓宽与深化，另一方面在记述方法与体裁上要传承创新，增强志书的资料性、独特性，增幅第一手资料，使志书的"独家报道"与"深度报道"广受欢迎，并通过数字化管理与传播，最大限度地服务当代，惠及全民。作者在主编《凤凰村志》过程中做了些尝试，志中姓氏、口述访谈、社会课题调查三大块内容，都是原创的第一手资料。以往志书只有领导题词题字，此村志在每户一个基本情况表基础上，配以每户一幅全家照，每户手写一句最想说的话，录入村志中，体现了村志的"村民性"，也为观察民情、民意、民愿提供了一个窗口。

关键词：地方志 转型升级 实践 启示

---

* 本文为莫艳梅在2018年10月30日至11月2日第八届中国地方志学术年会上的交流论文，又载入《莫艳梅方志探论》，方志出版社2018年版。收入《杭州市〈凤凰村志〉评论集》时，稍有改动。

2017年，第七届中国地方志学术年会的主题是"地方志转型升级理论与实践探索"。2018年，第八届中国地方志学术年会的主题是"方志学一级学科建设与地方志转型升级"。毋庸置疑，地方志转型升级已成当务之急。

为什么要转型升级？网络时代信息检索极为便捷，传统志书是否还有存在之必要，就值得我们深思：大多来自第二手资料，这样的志书内容是人家有的而不是你独有的，是可以被替代的；平面记述多，深度记述少，这样的志书内容虽然真实但是缺乏鲜活性，缺乏可读性；又要面面俱到，又要控制篇幅字数，难免全而略，资料性差，纲要式的志书，看起来骨架大，但是血肉少，可用又不够用。因此，志书编纂作为地方志的主业若不转型升级就没有出路与生机。

如何转型升级？没有固定的模式，至今谁也无法确定哪一种体例、哪一种方案为最佳模式，还可以继续进行探索，以便不断比较和形成各种可行的合理的方案。权威、学者的言论也不一定都是金科玉律，自主创新，符合实际，才是更重要的。比如记述内容的拓宽与深化，记述方法与体例的创新等，仁者见仁，智者见智，纵有中国地方志指导小组印发的《关于第二轮地方志书编纂的若干意见》（2007年）与《地方志书质量规定》（2008年）等，但这些规定也不是一成不变的，因为时代在变，编纂实践在变，各地域情千变万化，方志创新永远不会停步，转型升级正当时呢。

作为一线方志人，笔者对志书的编纂创新与转型升级做了些尝试。借此机会，就教于方家，敬请批评指正。

一 志书编纂转型升级的实践探索

村志是中国地方志的一种，古已有之。笔者参与编纂过四部市县志，也出版过两部个人方志论著，但主编一部村志，还是第一次，意在将原有积累的修志经验和修志思想融入此部新志中，是为继承优秀传统，也为转型升级的实践以及探索，做些力所能及的事。

杭州市萧山区衙前镇凤凰村首修村志，笔者于2017年1月出任主编，旋即制订了《〈凤凰村志〉篇目》《〈凤凰村志〉行文规范手册》《关于开展凤凰村口述历史活动的实施方案》《凤凰村社会课题调查工作方案》《凤凰村各户主家世及家庭成员普查表》等。

全志设"总述"、"大事记"、"大事纪略"、第一编"村庄"、第二编"姓氏"、第三编"人物"、第四编"口述访谈"、第五编"凤凰村民未来期待调查"、第六编"衙前农民运动"、第七编"村政"、第八编"村区建设"、第九编"农业"、第十编"工业 建筑业"、第十一编"商业 服务业"、第十二编"村级经济 收益分配"、第十三编"村民生活"、第十四编"教育 卫生"、第十五编"文化 体育"、第十六编"艺文"、第十七编"风俗"、第十八编"文献"、"索引"、"参考文献"、"后记"。

村志编辑部共3人：主编1人，副主编2人，其中笔者承担了60%的志稿编写。2017年11月，2名年逾古稀的副主编因各种原因没有继续参与村志工作。之后，笔者开始一个人编辑整部村志，一支笔统稿、总纂、修改和插图。9名村务人员全力配合搜集资料等。经过加班加点，辛勤笔耕，于 2018 年 4 月，形成征求意见稿，2018 年 8 月第二次印制征求意见稿，10 月定稿。总计 231 万字（版面字数，包括 1700 多幅图照，778 张表格）。

村志中，篇幅最大的是第二编"姓氏"，大约 65 万字，内有户主家庭成员情况表 500 多幅，配以每户一幅全家照（500 多幅），每户写一句最想说的话（500 多幅手写体扫描图片），合计 408 页的篇幅，占全志正文版面（1366 页）的 29.9%；其次为第四编"口述访谈"，大约 31 万字，内有插图 157 幅，合计 198 页，占全志正文版面（1366 页）的 14.5%；再次为第五编"凤凰村民未来期待调查"，大约 15 万字，内有数据图 17 幅，村民生活照片 19 幅，合计 96 页，占全志正文版面（1366 页）的 7.0%。这些都是在这次编志中产生的第一手资料。

（一）开展姓氏与户主家庭成员普查，全方位反映民情民意

地方志书记述姓氏可以反映出自然和社会的变革，其中姓氏的迁徙、姓氏人口数量、结构与分布是志书记述的重点。以往志书对此平面记述的多，深度记述的少，选录全国人口普查数据的多，实地调查数据的少。如大多记述区域内某个年份有多少姓氏、各姓氏人口数量以及简略分布、源流情况等，没有代表性年份的对比数据和下限年份的调查数据，记述过简，没有深度，缺乏实际的利用价值。他人完全可以越过地方志书，去查阅全国人口普查数据，或上网查阅有关资料更为便捷。地方志书的有关记载，似乎可用又不够用，且不是唯一的，而是其他部门资料可以替代的第二手资料。

近年来，不少村志利用家谱资料入志，详记家谱世系，得到学者的肯定。如戴佳臻《〈白沙村志〉在姓氏、家庭、人口记述上的创新——兼论村志和家谱的融合之路》(《中国地方志》2015 年第 5 期)指出:"村志与家谱可以走向融合,村志能够更好地容纳世系,详记姓氏、家庭、人口,并且在记述上有更大的空间。"王复兴《浅析村志的编写》(《中国地方志》2017 年第 5 期)指出:"历史上,方志、家谱都是分别编写,近年来,在村志编修中,出现了二者融合的趋势,家谱世系成为村志的重要内容……这是村志内容在现实形势下的创新,对拓宽村志记述范围、拉近村志与全体村民的关系、提高村志的利用价值,都有积极意义。"笔者亦持赞同态度。

但是,志书录用家谱资料入志,美中不足有之:一是二手资料占幅大;二是下限资料有缺口。

笔者主编《凤凰村志》,连二手资料都没有。因为,凤凰村历史上没有编修过家谱。1994 年,萧山市地方志编纂委员会办公室编纂《萧山姓氏志》(未公开出版),涉及凤凰村姓氏来源的只有 1 个姓氏,且不足 100 字。过去村民在庙堂摆有祖先牌位,"文化大革命"期间全部被烧毁,且庙祠损毁严重,大多姓氏源流难以厘清。没有现成的资料怎么办?只有开展姓氏源流普查、户主身世及家庭成员普查,让村民寻根问祖、厘清自己的来历。为此,我设计了几个表格,由村务人员负责调查。有的外出绍兴、诸暨考察,有的进村入户调查,有的根据户口簿逐个登记。2018 年上半年,又在每户一表(《户主家庭成员情况表》)的基础上,配以每户一幅全家照,每户手写一句最想说的话,录入村志中。我认为这是民情、民意、民愿的较好体现。

1. 关于姓氏人口。通过调查得知,1994—2016 年,凤凰村姓氏从 87 个增加到 112 个,增加 25 个姓氏(新增 31 个姓氏,减少 6 个姓氏)。姓氏人口从 1922 人增加到 2192 人,增加 270 人。人数增加的姓氏有 82 个，其中周氏增加最多，从 192 人增加到 216 人，增加 24 人。卫氏、傅氏次之，分别增加 19 人。人数减少的姓氏有 16 个，其中李氏减少最多，从 44 人减少到 34 人，减少 10 人。潘氏次之，从 34 人减少到 28 人，减少 6 人。人数不增不减的姓氏有 18 个。

因凤凰村 2005 年由凤凰村、交通村、卫家村合并而成，为此，村志还设有《1994 年、2016 年凤凰村姓氏人口情况表》《1994 年、2016 年凤凰片姓氏人口情况表》《1994 年、2016 年交通片姓氏人口情况表》《1994 年、2016 年卫家片姓氏人口情况表》，详细反映凤凰村及 3 个片区域姓氏人口情况。

2. 关于姓氏结构。根据调查得知，1994 年，凤凰村、交通村、卫家村 3 村姓氏人口在 100 人以上的有周、傅、卫、陈、曹、王、张 7 个姓氏，50—99 人的有沈、汪、唐、施、项 5 个姓氏，11—49 人的有李、方、沃、朱、胡、徐、蔡、翁、潘、舒、鱼、钱、赵、邵、陆、应、何 17 个姓氏，3—10 人的姓氏有 18 个，2 人的姓氏有 10 个，1 人的姓氏有 30 个。

2016 年，凤凰村内姓氏人口在 100 以上的有周、傅、卫、陈、曹、王、张 7 个姓氏，50—99 人的有沈、汪、唐、施、项 5 个姓氏，11—49 人的有李、方、沃、朱、胡、徐、蔡、翁、孙、潘（泮）、舒、鱼、钱、赵、邵、陆、杨、孔、应、吴、高、何、毛 23 个姓氏，3—10 人的姓氏有 22 个，2 人的姓氏有 12 个，1 人的姓氏有 43 个。2016 年，全村性别构成：男 1078 人，女 1114 人；男性最多的是卫氏，139 人，傅氏次之，136 人，分别占全村男性的 12.89%、12.62%；女性最多的是周氏，87 人，傅氏次之，71 人，分别占全村女性的 7.81%、6.37%。

此外，全村 3 个片区域的姓氏结构，均有专门的文字和表格记述。

3. 关于姓氏源流。虽然可以考证清楚的姓氏源流不多,但宁缺毋滥,把已经考证清楚的录入志中,难以求证的,不录入村志,待以后考证清楚后录入续修村志中。

4. 关于户主及家庭成员。这是《凤凰村志·姓氏》的亮点部分。全村每户一个基本情况表(含姓名、性别、文化程度、出生年月日、工作职业职务、2016年家庭收入、住房面积等要素),每户一幅全家照,每户手写一句最想说的话,全部录入志中,充分体现了村志的"村民性",使村民产生实实在在的根源感、存在感和归属感,无论人走多远,离开多久,也不会忘记自己来自哪里,乡情、乡愁和乡思也留在了那里。同时,这也为观察民情、民意、民愿提供了一个窗口。如:

户主陈长根家庭成员情况表

类别	家庭成员姓名	性别	家庭关系	文化程度	出生年月日	工作(职业)职务
凤凰村交通片第二村民小组	陈长根	男	户主	高中	1957.04.08	浙江兴惠集团惠邦纺织有限公司职工
	傅梅花	女	母亲	初识	1936.12.08	居家养老
	陈根娣	女	妻子	小学	1962.09.13	居家务农
	陈立	男	儿子	本科	1987.10.04	萧山义蓬二中教师,中共党员
	万丹妮	女	儿媳	本科	1989.06.29	萧山衙前邮政储蓄所职工,中共党员
	陈惟依	女	孙女		2016.02.12	
户主	祖父:陈纪友,生卒年不详,以锡箔业为主。 父亲:陈金泉(1925—2006),新中国成立前后以锡箔业为主,后破除迷信锡箔业暂停,到苏州市港务五区工作,1962年精减回乡务农,生有3子3女。 户主:陈长根,高中毕业参加农业,1984年进衙前公社农机厂工作共16年,倒闭后进浙江恒逸集团纺织有限公司工作4年,现在浙江兴惠集团惠邦纺织有限公司工作。2016年家庭收入20万元,住房面积520平方米。					

陈长根（后排左一）全家照及"最想说的一句话"（2017年11月）

村民写一句最想说的话，有的字不怎么漂亮，甚至难看，但语言朴实，贴近生活，贴近实际，属于农民自己的语言。因此，笔者认为这是很有价值的，特别是若干年以后，他们的后代看了，备感温暖，视为传家宝。

5. 关于乡情和乡愁。不管是"姓氏"编"户主家庭成员"章，还是整部村志，乡情和乡愁，真情与故事，无处不在。例如，傅华明的儿子患有白血病，他没有心情也没有时间拍全家照及写什么字。村志编辑部也不便勉强之。2018年8月底，村志送审稿形成后，傅华明突然发来新拍的全家照和手写的一句话，让我感动不已。因为在他的全家照里，他的儿子坚强地站在他的后面（傅华明夫妻俩抱着孙女坐着，儿子儿媳站在后面），写给我们的一句话是："以爱和慈悲护航，逆天改命，人定胜天。"据说，他的儿子还在积极地治疗当中。

户主傅华明家庭成员情况

类 别	家庭成员姓名	性别	家庭关系	文化程度	出生年月日	工作（职业）职务
凤凰村交通片第四村民小组	傅华明	男	户主	初中	1955.03.09	杭州正然纺织有限公司法定代表人
	吴仙花	女	母亲	文盲	1932.08.10	居家养老
	陆仙花	女	妻子	小学	1956.08.14	凤凰家务
	傅正伟	男	儿子	大专	1981.01.15	杭州正然纺织有限公司，中共党员
	陈苓燕	女	儿媳	大学本科	1982.10.01	中国银行萧山分行职员，中共党员
	傅一然	女	长孙女	小学	2007.09.07	衙前农村小学在校生
	傅一涵	女	次孙女		2015.04.13	
户主	祖父：傅才生，生卒年不详，务农。 父亲：傅长根，小学文化，务农。 户主：傅华明，中共党员，曾任交通村村长，改革开放后任交通机械修配厂厂长，后自办杭州正然纺织有限公司至今。 2016年家庭收入21.5万元，住房面积360平方米。					

傅华明（前排左一）全家照及"最想说的一句话"（2018年8月）

以往志书中，只有领导考察视察民情，题词题字。每户村民写一句最想说的话，录入村志中，这又何尝不可呢？且不说反映了以民为本，仅这些实实在在的表格信息、照片、心里话就直观地反映了民情、民意、民愿，这不正是领导、学者需要的第一手资料吗？这些资料是其他图书没有的，且详细、客观、真实，是地方志独有的资料，地方志的价值与作用不就不言而喻了吗？

（二）开展口述访谈活动，鲜活反映村庄变迁和个人奋斗史

地方志书应用口述访谈入志，口述访谈可以弥补传统文献资料的不足，具有大众性、故事性、独特性等特征，这些均已被广为认可。但如何开展口述访谈活动，怎样入志，尚在探索中。当前，口述访谈资料零星入志的有之，大规模入志的少，方志人自身开展口述访谈的不多，"眼光向下"贴近百姓生活场景的少。

在村志编纂过程中，开展农村农民口述访谈活动，无疑更具有平民性、针对性、典型性，因为它只针对一个村庄，采访一地农民，访谈的话题离不开村庄的发展和个人奋斗历程。在村志中，口述访谈列为一级篇目，版面篇幅占全志正文版面篇幅的14.5%，《凤凰村志》应该是首例吧。

2017年2月，笔者针对不同的受访者撰写访谈提纲，3月29日始，进村入户访谈。因笔者是外地人，凤凰村老人中有的不会说普通话，他们说的萧山方言我也不太听得懂。于是，我请求所在单位（区志办）支持，安排1名会讲萧山方言的同事协助我做访谈。至2017年6月1日，共访谈46人，其中凤凰村民33人（20世纪20年代1人，30年代7人，40年代6人，50年代9人，60年代6人，80年代4

人），外来人员4人，沈定一（中共早期党员，中国现代农民运动的发起者、领导者、组织者）的后代及知情人9人。

　　凤凰村民中，有村领导2人，大学生村官2人，集体企业管理人员2人，私营企业家、个体户5人，过去的大队长、生产队长2人，生产队会计、仓库保管员2人，民兵连长1人，妇女主任1人，赤脚医生2人，今村民小组长2人，凤凰村股份经济联合社1人，股东代表1人，市场管理人员2人，教师2人，见多识广的老人3人，农村妇女1人，东岳庙管理人员1人，基督教教徒1人。

　　外来人员中，有办厂的1人，经商的2人，社区管理人员1人。

　　沈定一的后代及知情人中，衙前镇内4人，瓜沥镇1人，萧山城区1人，杭州市区1人，江苏省2人。2017年6—12月，对口述访谈录音进行整理和编辑。12月中下旬，将46个口述访谈录音整理文稿全部交返口述者审阅，其中沈定一的后代及知情人口述访谈，另作他用，不录入该志。

　　农村农民口述访谈，质朴无华，鲜活又生动。例如，今年85岁的卫根松，在抗日战争的时候，父亲被打死了，哥哥被抓走了，姐姐逃散了，只剩下7岁的他和他的母亲，他的腿也被日军的子弹打中，此后成为残疾人。在这次口述访谈活动中，他叙述了民国29年（1940）农历正月初十那天凌晨日本鬼子是怎样在凤凰村开火并与驻扎在村里的国民党军队交战。他清楚地记得，那时在他家里住了11个国民党士兵，日本鬼子突然开火的时候，国民党士兵还没有做好准备，战斗就开始了。

　　　　只听见枪声远远地传过来，我们的士兵快速地爬起来作战。
　　　　没多久，我家四周的子弹就打了一脚笋。日本鬼子的火力比我们猛得多，国军伤亡惨重，田畈里横七竖八地躺满了尸体。本来我们是不会出事的，主要是我那时候小，不听话。原本躲在山上的，但是我吵着要喝水，所以我爹背我到山下喝水。刚走了没多久，日本人就抄山路下来了，一枪打中我和我爹，子弹从我爹的腰部穿过，他当场就死了。这颗子弹还打中我的脚。我被打伤后躺在地上，日本人走后，我看周围没有人，就爬起来逃回家，当时脚上血直流，人都站不住。我们家屋外有两挺机关枪在扫射，我们躲在屋内的八仙桌下，用被子包住桌子，然后躲进里面。后来大哥哥叫喊"着火了，着火了"，满屋的烟，我们赶紧逃出屋去，不幸又撞到火力扫射，堂哥被打中，我披着被子，沿着高地下方跑，逃了出去。

他还叙述了凤凰村、卫乐庵、白马寺是如何被日军烧毁的，烧了整整一天一夜。"日本鬼子毁了我的家园"是他痛苦的回忆。当然，他还谈到中华人民共和国成立后，从土地改革、"大跃进"到改革开放至今，又是如何从苦日子到好日子的。他感慨地说：

改革开放后，村里变化很大，都应了毛主席的话。毛主席当年说，现在是新民主主义，到了社会主义时代，有电灯、电话，工作也不需要了，最后你们只需要在床上看着北京所发生的事情。当时很多人都不信。你看，现在在电视里不是就可以看见北京大大小小的事情了？这主要依赖于科技的发展啊！这真的是应了毛主席的话啊……

现在，我有工资补贴的，一个月1700元的退休工资，还有残疾人补贴。我老婆也有养老金的,她在家做饭。大米、食用油、煤气都是(村里)免费发放的。我一般没有什么消费。晚上喝点酒,吃点面,然后看电视,然后上床睡觉。我耳朵不太好,喜欢看战争片或者是动画片。我住的这个房子是3年前造的,380平方米。我的日子过得悠闲、甜蜜。

与之相印证,时年91岁的傅小虎,也谈到凤凰村抗击战,感叹:"那时的人就跟蚂蚁一样,命很容易就没了。我们百姓吃苦也是因为打仗啊。现在生活是真的好啊。"

我很庆幸,我于2017年上半年开展了凤凰村口述访谈活动,抢救了许多珍贵的活资料。目前,傅小虎老人已经瘫痪,而且不能言语了。他口述的时候曾说到他患有肺结核,老是要吃药,哪里都难受。但当时他的记忆清晰,叙述了许多珍贵的回忆。而这些回忆,是我们村志的"独家报道"。

这么多珍贵的第一手资料,当然不能浪费了,要录入村志中。《凤凰村志·村民访谈》下设5章:第一章"现任村党委书记、村委会主任访谈"(2人),第二章"20世纪20—40年代出生村民访谈"(13人),第三章"20世纪50—70年代出生村民访谈"(13人),第四章"20世纪80年代出生村民访谈"(4人),第五章"外来人员访谈"(4人)。

这些村民以及外来农民工口述访谈都是在这次编志过程中产生的第一手资料,鲜活生动而且质朴无华,他们有什么说什么,不用想,也不用刻意准备,是真情流露,最感人心扉。村志因为有了它而变得有情感又有故事,有声音又有图片与视频。与以往高层人物、精英人物的口述史不一样，老百姓的口述史更容易引起广大民众的共鸣。当然，为了提升口述史文本资料的可读性，我们在保持原汁原味的同时，稍作编辑梳理，使之语句通顺，表意清晰。口述史音频则存档备用。

（三）开展社会课题调查，深度反映当代农民在想什么盼什么

当代农民在想什么，盼什么，忧什么，有哪些亟须解决的现实问题和矛盾冲突？这是最具时代性、地方性和社会性的问题。村志如何反映？为了获取第一手资料，我们在编纂《凤凰村志》过程中，开展了"富裕起来的村民在想什么——凤凰村民未来期待调查"，由萧山区政府地方志办公室与杭州师范大学政治与社会学院的师生合作开展。通过对调查问卷的几易其稿，于2017年6月29日进村入户开展调查。共发放调查问卷520份，回收有效问卷501份，专题采访村民26人。2017年10月完成调研报告，并将调研成果录入村志中。《凤凰村志·凤凰村民未来期待调查》下设3章：第一章"问题的提出"，第二章"凤凰村民七大未来期待"，第三章"民之所望　施政所向"，附录：访谈记录。

调查显示，凤凰村民有七大未来期待：一是村民求更富：盼发展农村经济，增收致富；二是村民求真知：盼丰富文化生活，尊知重教；三是村民求乡美：盼建成"三美"乡村，绿色文明；四是村民求安稳：盼完善保障保险，后顾无忧；五是村民求和顺：盼家庭安居乐业，顺其自然；六是村民求公正：盼政府民主公开，执行力强；七是村民求发展：由顺从守旧，走向主动追求。

通过观察，村民对美好生活的向往：在村民"最为关心的问题"调查中，排在前五位的依次为：身体健康状况（53.9%）、子女教育问题（46.9%）、个人收入问题（44.1%）、医疗保障问题（42.7%）、自己养老问题（29.3%）。在村民"未来生活条件改善期待"调查中，排在前五位的依次为：医疗设施改善（66.3%）、住房条件（55.8%）、个人收入以及可支配收入提高（54.6%）、居住环境更美（53.0%）、交通更加便利（35.9%）。在村民"未来的发展规划"调查中，排在前五位的依次为：继续做好目前的工作（61.2%）、锻炼身体颐养天年（54.5%）、照料家庭（30.0%）、干个体做生意（11.9%）、扩大经营规模（7.4%）。在村民"成功人生的标准"调查中，排在前五位的依次为：家庭和睦（89.20%）、身体健康（82.6%）、事业有成（54.8%）、生活富裕（48.2%）、实现理想和抱负（36.0%）。

从村民关心的问题、对未来生活条件改善的期待以及未来的规划、成功标准的调查中可以看到，教育、医疗、养老、收入、就业等关系群众切身利益的领域问题占比大，人民对美好生活的向往十分强烈。

此课题调查成果入志，一方面反映民情民意民愿，为习近平"人民对美好生活的向往，就是我们的奋斗目标"的施政方向提供资政参考；另一方面可增强志书的记述深度，提升志书的著述性、原创性、时代性、地方性。

当然，村志中，除了姓氏、口述访谈、社会课题调查这三大块内容，村区建设、村务管理、企业、市场、村级经济、村民生活医疗养老保障、奖学金制度、艺文、衙前农民运动等，地方特色和时代特色明显，村志中都有专门的记述，力求全方位反映村域自然、政治、经济、文化、社会的历史和现状。

二 志书编纂转型升级的影响与启示

地方志的转型升级，包括志鉴编纂的转型升级、地方志整体工作（十业并举）的转型升级、地方志工作机构的转型升级等多个层面。志书编纂是地方志的主业，它的转型升级十分重要，对整个地方志工作的转型升级起促进作用。作为一线地方志工作者，我们必须抓好这个主业，身体力行实践与创新，敢于突破条条框框。如笔者主编《凤凰村志》，大胆尝试，不局限于规定的 8 种体裁，不过度强调史志之别，不强求一律的横排竖写和上下限"一刀切"，也不拘泥于篇幅字数的限制，认为新编修的志书，不能成为体例意义上的工具，或存档的工具，关键在实用，关键要站在读者的角度，站在用志的角度修志，在体例内容、载体形式诸方面进行创新，力求增强志书的原创性、著述性、资料性、服务性。

地方志书转级升级的影响和作用是显而易见的。

（一）地方志涉及百科，不是蜻蜓点水摘录百科内容，丰富的第一手资料是百科学者以及研究者迫切需要的"独家资料"

地方志要转型升级，力求从目前的三级学科提升为一级学科，不能喊口号，必须付出努力，如提升志书的编纂质量，提升志书的服务功能等。

地方志涉及百科，不能蜻蜓点水地摘录百科内容，纲要式书写百科内容，看起来志书内容门类齐全，但是十分骨感，中看不中用，即使可用也不是唯一的选择，而是可以替代的。因此，必须增幅第一手资料，增加志书的原创性和唯一性，只有丰富的可靠的资料和独一无二的资料，才能让各学科研究者蜂拥而至，珍之惜之用之。如笔者主编的《凤凰村志》就有大量的姓氏人口与户主家庭的第一手资料，这正是人口学、社会学研究者需要的"独家资料"，也是施政者需要的民情参考资料。

（二）地方志以志为主，非志体裁一样可以很出彩很有价值，鲜活的口述史资料为地方志增添血肉，使它可读、耐读，还可补史证史、资政教化

虽然地方志编纂有若干规定，但条条框框往往滞后于实践以及变革，因此，我们要在遵循制度和传统的时候，也要大胆创新。如近年来，地方志系统认识到口述历史与社会调查的作用，并在应用和实践中。但有的人放不开手脚，即使做也是浅尝辄止，做样子而已，如零星应用口述史、社会调查资料尚可，但看到别人做大做强了，就又担心地方志变质了，变得不是志书了。笔者认为，只要好的，对提升志书价值有用的资料以及非志体裁，不妨多用，即不局限于资料的零星运用，可根据内容需要或者设为附录或者设编立卷。

如《萧山市志》第五册"社会课题调查"、第六册"口述历史"，合计400多万字，占全志篇幅的40%，广受高校学者、政府官员、企业家、社会人士的喜爱。萧山《凤凰村志》中的"村民访谈"编、"凤凰村民未来期待调查"编，合计46万字，占全志篇幅的19.9%，全志也因此变得鲜活起来。但以志为主的体例特征并没有变，志书还是志书，就像国企控股51%以上，没有变质，是一样的道理。

（三）地方志价值不在于字数多少，而在于实用，内容贴近百姓，体例传承创新，数字化管理与传播，才能更好地服务当代惠及全民

近年来，中国地方志指导小组办公室组织编纂的中国名镇志丛书，要求版面字数控制在40万字左右，中国名村志丛书，要求版面字数控制在30万字左右。这不是传统的全志模式，而是简志模式，或者说是宣传读本模式，便于阅读、宣传与传播。

传统的志书是全面系统记述区域内自然、政治、经济、文化、社会历史与现状的资料性文献。既然是"全面""系统"，当然要"大而全"，还要"有血有肉"，既要增强志书的资料性、综合性，又要增幅第一手资料，做"独家报道"与"深度报道"。这就不能受字数篇幅的限制，不拘泥于8种体裁的限制，关键看是否实用。

比如，笔者主编的《凤凰村志》姓氏内容占幅大，主要是录入了每户一个基本情况表（共有500多幅表）、每户一幅家庭照（共有500多幅家庭照）、每户一句最想说的话（共有500多句话手写体扫描图片）。此内容之多，图照表之多，全国乡村志仅此一家。

有的老同志看了，连连说好，又说好是好，就是篇幅过大，要删减。难道删减的标准是篇幅过大，而不论内容的好坏和价值的高低吗？恕我不能认同。难道一定要我删去一半的农户表格，或者删去一半的农户信息要素（姓名、性别、文化程度、出生年月日、工作职业职务、年家庭收入、住房面积等），半遮半掩，欲说还休，大家就满意了？即使修志者满意了，用志者不一定满意。用志者需要的是全面而系统的资料，而不是肤浅、纲要式的志书。随着志书数字化管理与传播，志书的字数与篇幅早就不是什么问题了。只有内容贴近百姓，体例传承创新，才能顺应时代要求，受到大众喜爱，同时通过数字化管理与传播，最大限度地服务当代，惠及全民。

也有的专家提出，各部类之间的篇幅是否平衡是衡量志书质量高低的尺度之一，《凤凰村志》篇幅最大的"姓氏"编与篇幅最小的编相比悬殊太大，建议各编之间的篇幅要尽量平衡，删除每户基本情况表、每户全家照、每户手写最想说的话等。对此，我是这样想的，如果文献资料均等，各部类之间、各编章之间的篇幅平衡，当然最好，但是我们不刻意追求这种平衡。有资料的多写，没有资料的宁缺毋滥。有特色的、资料又多的，只要是好的东西（包括图照），不怕它占幅大，重在实用。

修志的最终目的，是用志。如果我们删除每户基本情况表、每户全家照、每户手写最想说的话和村民访谈、村民未来期待调查合计100多万字的内容，剩下的120多万字的内容的《凤凰村志》，也算得上中规中矩，四平八稳，相对平衡，但村志因此失去了自己最大的特色，失去了鲜活的内容，失去了丰富的有价值的第一手资料，没有人喜欢看，没有人珍惜收藏，实用价值不高，又有什么用呢？

创新载体形式，制作掌上志书，与纸质志书同步发行。《凤凰村志》出版发行后，除了送上级领导以外，还将赠送全村每户人家一套村志（上、下册），赠送国内外高校学者及藏书机构，附带赠送电子版光盘。另外，还将编辑出版类似中国名村志一样的简志。如此，全志、简志都有，文本、图片、口述音频、视频综合开发利用，数字化网络化传播，甚好。

2018年10月30日至11月2日，莫艳梅参加第八届中国地方志学术年会，交流的论文是《地方志主业转型升级的实践与启示——以浙江〈凤凰村志〉为例》

"互联网+村志"走数字乡村建设之路研究
——从掌上《凤凰村志》说起*

莫艳梅

摘　要：2019年5月16日中共中央办公厅、国务院办公厅印发《数字乡村发展战略纲要》。笔者从掌上《凤凰村志》让凤凰故事插上数字的翅膀说起，阐述村志编修是数字乡村建设的基础工程，"互联网+村志"走出数字乡村建设别样精彩之路。总起来说，就是村志文化是乡村优秀文化资源的核心，村志编修是乡村振兴战略的实施内容，村志数字资源是乡村大数据的基础，政府主导村村修志是当务之急；数字化有利于村志文化资源的传承和开发，掌上村志让书变薄变轻插上数字的翅膀，免费共享让村志文化甘霖滋润网络空间，讲好中国故事、助力乡村振兴是当今村志编修的意义所在。

关键词：村志　数字乡村　关系　研究

---

* 本文为莫艳梅在2019年7月15日至18日第二届走向世界的中国方志文化国际学术研讨会暨第九届中国地方志学术年会上的交流论文。收入本书时，稍有改动。

有人说，志书是用来存史的，就像茅台，醇香珍贵，除了好好品喝以外，十分适合珍藏。2019年6月，杭州市萧山区衙前镇有史以来第一部《凤凰村志》由中国社会科学出版社出版，总计231万字，内有图照1700多幅，表格778幅，鲜活地反映了凤凰村千百年来的发展变化。全书定价888元，计4千克重，全彩印刷，装帧精美。这成了广大村民的心头肉，也成了领导干部、专家学者的心头好。

志书虽好，但让人又爱又恨。不方便携带是其一，价格太高是其二，动辄上百万字查阅起来耗时费力是其三。

如何让志书变薄、变轻、价廉物美又来得快？

在这里，你尽管放心。除了有电子光盘与纸质书同步发行以外，还有掌上《凤凰村志》与纸质书同步发行！在村志内页上就印有可以扫描的二维码。人们可以随时随地在手机上阅览。这不仅降低了金钱成本，还降低了时间成本，不仅方便了读者品读、阅览、检索、复制等，也适当了当代人碎片化、快速化的阅读习惯，提高了志书的利用率与传播率。志书从此由珍贵品藏的茅台，变成人人可喝、爱喝、常喝的农夫山泉。

一 村志编修与数字乡村建设的关系

上面说了，掌上村志可以让志书变薄、变轻、价廉物美又可以随时随地阅读，那么村志编修与数字乡村建设又有什么关系呢？2018年9月26日，中共中央、国务院印发《乡村振兴战略规划（2018—2022年）》。2019年5月16日，中共中央办公厅、国务院办公厅印发《数字乡村发展战略纲要》，从中不难看出，数字乡村建设是乡村振兴的重要方面，而村志编修是数字乡村建设的基础工程。

（一）村志资源是乡村优秀传统文化的核心

乡村振兴，文化建设要先行，核心是传承发展中华优秀传统文化。地方志是中华优秀传统文化的重要组成部分，是全面系统记述本行政区域自然、政治、经济、文化、社会历史与现状的资料性文献。村志是记述一村之村情、村史、村貌的资料文献，是乡村优秀传统文化的集大成者。一方面，它承载了所有的地方文化资源，尤其重点记载了富有地方特色的文化资源，是乡村文化资源的核心。另一方面，它为乡村提供了优秀的文化产品，通过赠书、网络传播，开展读志、用志活动，既可以丰富乡村文化生活，激发乡村文化自信，还可以推动乡村文化的传承与开发，助力乡村振兴。

（二）村志编修是乡村振兴战略的实施内容

乡村兴则国家兴，乡村衰则国家衰。《乡村振兴战略规划（2018—2022年)》提出了一系列振兴乡村的举措，其中一条是"鼓励乡村史志编修"。这是中共十八大以来，习近平总书记、李克强总理强调要编史修志之后，又一个顶级的重磅政策，堪称村志的最顶层设计。

实施村志编修，除了全面系统记述乡村的历史与现状以外，还可以客观真实地反映乡村存在的矛盾和问题，从中发现乡村发展的经验教训和演进规律，找出解决当前矛盾和问题的方法与途径，从而更好地发展乡村，建设美丽乡村，共筑中华民族的精神家园。修志存史问道，意义非同凡响。

(三) 村志数据是乡村大数据的基础数据

21世纪，人类进入大数据时代，数据成为国家基础性战略资源。谁能下好大数据这盘棋，谁就可能在未来竞争中抢占先机。2015年，中共十八届五中全会提出"实施国家大数据战略"，国务院印发《促进大数据发展行动纲要》，加快了中国大数据的发展。[①]

乡村大数据是国家大数据的基础，目前存在底数不清、核心数据缺失、数据碎片化、信息不对等突出问题。要发展乡村大数据，建设数字乡村，首先要解决"数从哪来，数谁来用"的问题。村志编修就可以提供最基础、最丰富的村情、村史、村貌数据。而这些历史数据、基础数据正是乡村大数据短缺的亟须应用的数据，是真实、可靠、系统的数据。

从志书内容来看，涉及百科、涉及古今，故志书又被称为"一地之百科全书""一方之全史"，具有存史、教化、资政等功能。从志书体裁来看，述（概述）、记（大事记）、志（专志）、传（人物传）、图照、表、录（附录）、索引等多种体裁并用，以志为主，实事求是地记述，横不缺要项，纵不断主线，没有水分和虚构。如《凤凰村志》设专志18编76章240多节500多条目，内容包罗万象，涉及各行各业、方方面面，是乡村大数据采集的最好的基础数据。仅以《凤凰村志》图照为例，入志1700多幅，其中地图3幅、示意图6幅、数据图27

[①] 2015年，农业部印发《关于推进农业农村大数据发展的实施意见》；2016年，国务院印发《政务信息资源共享管理暂行办法》；2017年，工业和信息化部印发《大数据产业发展规划（2016—2020年）》，落实国务院《促进大数据发展行动纲要》。

幅、全家照500多幅、村民最想说的一句话扫描500多幅、其他新老照片600多幅，这些绝大多数是在这次修志中原创和首发的，展示了凤凰村古今风貌，成为乡村数字博物馆、凤凰村史馆布展的重要内容，也成为乡村网络文化传播的优质内容，为广大群众喜闻乐见。

例一，图说千年历史沿革。村名的由来，隶属沿革，复杂多变。在编修村志前，村民有的也知道个大概，但不清楚具体详情。在这次修志中，不仅设置了建置、村名由来、隶属沿革、自然村落等章节，还制作了秦汉至2016年凤凰村域隶属沿革情况表，制作了凤凰村历史沿革示意图（原图为村志环衬，八开大），直观地展示了村庄千年的变迁。

例二，图说百年村庄演进。村庄演进有历史沿革的演变、地理环境的演变、居民生活方式的变迁、基础设施变迁以及各行各业发展变迁等。过去，村民走路或划船进城，现在平均每户有一辆私家车，乘坐高铁、飞行出行是常有事。村民住宅从茅草房、平房、楼房到别墅，几经更新换代。在这片土地上，延续了上千年的传统农业劳作的插秧、耘田、除草、收割"四弯腰"（弯腰操作），早已不见踪影，代之而起的是机械化劳作，后又被林立的厂房、店铺覆盖，至2000年，凤凰村内已没有了耕牛，2016年，凤凰村内已没有了水稻种植，没有生猪饲养，也不再养殖淡水鱼，而有工业企业68家、街道门店399家、专业市场2个，昔日贫穷的农业村如今演变为富裕的工业村。志中有大量反映百年村庄演变的新老照片，配以征集来的实物（新老物件），在村史馆中陈列出来，成为历史的见证。

新中国成立前后,凤凰一带农民划船进城

21世纪初凤凰村农民的住房、私家车

2018年凤凰村全景

例三，图说40年改革开放。《凤凰村志》下限是2016年，有的根据需要可下延至2018年。如"总述"的后面，有4幅数据图，其中《1978—2018年几个年份凤凰村经济总收入与工农业收入情况》《1978—2018年几个年份凤凰村与全国农村居民人均纯收入情况》，反映了改革开放40年凤凰村产业结构大调整、大变化与农村居民人均纯收入的巨大提升，直观鲜明。村史馆在布展的时候，又将之醒目地展示出来，向观众亮出亮眼的成绩单。

例四，图说名人与文物胜迹。凤凰村历史名人较多，尤以民国时期的沈定一家族与衙前农民运动的人物居多。这两类人物，在全国都有名。如沈定一，是中共早期党员，中国现代农民运动的发轫者，也是国民党一大代表，孙中山称之为"浙江最有天赋的人"。沈定一主编的上海《星期评论》，与北京的《每周评论》被誉为"舆论界中最亮的两颗明星"。沈定一创作的长诗《十五娘》被朱自清称为"新文学中第一首叙事诗"。孙中山手书"天下为公"的横幅赠给中国同盟会会员沈定一，今存于广东省博物馆。而在家乡，沈定一不仅发起了中共领导的第一次有组织有纲领的农民运动，创建了第一所免费的农民子弟学校，还兴办了浙江省第一个信用合作社，浙江省第一例乡村自治会，建起"悟社""任社"等组织，成为杭州、萧山社会主义青年团的最早雏形。

村志中的"人物"编、"衙前农民运动"编、"文化　体育"编、"艺文"编，分别插入了不少历史名人、衙前农民运动及其文物胜迹的图照。这些历史名人、历史事件、历史文献的图照，以及文物胜迹、纪念活动、纪念设施的图照，成为乡村数字博物馆、凤凰村史馆宣传和布展的重要内容。

2011年9月27日红色衙前展览馆开馆仪式（左）和纪念衙前农民运动90周年学术讨论会（右）

入志的上千幅照片，绝大多数为专业的摄影人员和摄影爱好者拍摄，质量较高，要素齐备，加上排版设计又花了一番心思，整部村志图文并茂，具有一定的资料性和观赏性。

在编修《凤凰村志》之前，凤凰村没有出过一本公开出版物。如果没有编修《凤凰村志》，仅凭借零散的不完整的档案资料，是不会全面系统地挖掘和记载千年来凤凰村自然、政治、经济、文化、社会的历史与现状的。有了《凤凰村志》，就能为乡村大数据平台及其应用提供了丰富可靠的数据资源，解决了乡村底数不清、核心数据缺失、数据碎片化、信息不对等问题。

（四）政府主导村村修志的必要性

1. 国家鼓励修村志。在国家颁布的文件法规中，省、市、县三级志书列入了中国地方志指导小组主持制定的有关规划中，乡镇志和村志属于"鼓励编修"的范畴。2015年8月，国务院印发的《全国地方志事业发展规划纲要（2015—2020年）》提出："指导有条件的乡镇（街道）、村（社区）做好志书编纂工作。"2017年5月，中共中央办公厅、国务院办公厅印发的《国家"十三五"时期文化发展改革规划纲要》提出:"完成省、市、县三级地方志书出版工作。开展旧志整理和部分有条件的镇志、村志编纂。"2018年9月,中共中央、国务院印发的《乡村振兴战略规划(2018—2022年)》提出:"鼓励乡村史志编修。"已有部分省、市、县区地方志工作部门发文全面启动村村修志。如广州市天河区、上海市金山区等,基本实现了村村修志、村村有志的盛况。

2. 村村修志必要性。据不完全统计,至2015年,全国已出版的新村志600多种,虽然成绩斐然,但与中国实际村庄数量相比,实为占比很少。因此,村村修志需提上议事日程。一是实施国家大数据战略、乡村振兴战略的现实需要。二是挽救村落文化的需要。随着国家城镇化和新农村建设的不断推进,传统村落正在大规模的衰落和消失,仅2000—2010年10年间就减少了80万个自然村,平均每天消失200多个自然村:"它们悄悄地逝去,没有挽歌、没有诔文、没有祭礼,甚至没有告别和送别,有的只是在它们的废墟上新建的文明的奠基、落成仪式和伴随的欢呼。"① 因此,记录即将消失和抢修已经消失的村落历史文化,是当务之急。三是留住乡愁记忆的需要。四是存史和交流的需要。

3. 政府主导不可少。大多村庄自发修志,有的没有经过业务培训指导,有的没有邀请专家评议审查,导致村志质量参差不齐。有的虽名为"村志",实际上不像"志"书,也不像该村的"村"志,内容东抄西袭,全是放之四海而皆准的网络知识,曰之"百科全书",其实

---

① 李培林:《村落的终结:羊城村的故事》,商务印书馆2010年版,第1页。

这是个误区，地方志是地方百科全书，是汇集一方（一村）基本知识和系统资料的地方百科全书，但不是一切基本知识的百科全书，忽略了"地方"二字，地方志就不是地方志，该村志也不是该村志了，文字水分多了，可用的信息量少了。例如笔者主编的《凤凰村志》，之前有一位退休老师编写了3年，有80万字，但涉及该村的有用的内容不足8万字，还是拼盘式的，不符合志体规范，也不愿意接受志体规范，最后只得换主编重新编写，另起炉灶，从头开始。

因此，地方志工作部门指导与评审很重要，政府主持、专家学者参与、村民全力配合的修志模式较为可行。

政府组织的村志编修模式，具有动员范围广、成书效率高、内容较为全面、体例较为规范等优势。部分经济落后的地区，村志编修经费可纳入乡镇、街道一级财政预算。有的在启动村志编修之前，通过政府公告、宣传广告、报纸杂志、广播电视、手机微信、QQ等媒介，向全社会包括个人、机关团体、社会组织、公司企业等，争取钱、物、村志资料等方面的捐献捐助。所得捐献捐助，全部优先用于村志编修，若所得捐献捐助已足够支付村志编修出版经费，则不得再申请使用财政所拨专项经费。同时，从社会所得的全部捐献捐助，由政府部门逐一登记在册，并保证其被合理合法地使用，整个过程应公开透明，接受全社会监督，做到取之不民，用之于民，形成"全民修志，志为民修"的良好氛围。①

4. 要突出当今乡村特色。一是要突出乡村性，灵活不失规范地记述村情、村史、村貌、乡音、乡俗、乡人，让人感受浓浓的乡村气息，

---

① 黄建安：《论"村落终结"时代的村志编纂》，《中国地方志》2019年第2期。

留住乡愁记忆。二是要突出当代性，生动细致地描写当今乡村的社会变迁，从微观中洞见深刻。

如《凤凰村志》中，不少村民口述访谈说到，原先是村民争着当工人，许多人农转非，把户口迁出去了。20世纪90年代后，农村大有可为，不少人又把户口迁回来了。后来，想转为农村户口都转不进来，因为要控制农村户口，推广农转非，如今农村户口可吃香了，有田有地有房屋。原先1万元可以买一个居民户口，现在要花10万元买一个农村户口，还买不到。① 原先是农民户好，后来是居民户好，农民比不上工人，现在又是农民好了。② 村民集体福利连续多年排名萧山各村（社区）第一，不仅每年年终有分红，大米、食用油还可以免费拿，令周边居民煞是羡慕。

这就是时代特色！是城乡关系的重大变迁！另外，还有村庄环境的重大变迁，农村经济结构从单一到多元的变迁，生产生活方式的重大变迁，乡村文化和习俗的重大变迁、城乡关系的重大变迁、农村政策与发展思想的重要变迁等，都是村志编修需要记述的重点。

二 "互联网+村志"走数字乡村建设之路

在互联网时代，谁也不能闭关自守，置身事外，否则就没有发展前景可言。2019年2月中国互联网络信息中心（CNNIC）《第43次中

---

① 《凤凰村志》"村民访谈"，中国社会科学出版社2019年版，第513页。
② 《凤凰村志》"村民访谈"，中国社会科学出版社2019年版，第579页。

国互联网络发展状况统计报告》显示，截至 2018 年 12 月，我国网民规模达 8.29 亿，普及率达 59.6%，手机网民规模达 8.17 亿，网民通过手机接入互联网的比例高达 98.6%。"互联网＋"已经成为时代发展的必然趋势，如"互联网＋农业""互联网＋乡村文化""互联网＋政务服务""互联网＋党建""互联网＋社区""互联网＋教育""互联网＋医疗健康""互联网＋小农户"蓬勃发展。"互联网＋村志"成为开发利用村志资源、服务经济社会发展的重要手段。

（一）数字化有利于村志资源的传承和开发

随着数字化技术与新媒体技术的迅速发展以及计算机、智能手机与网络的大范围普及，数字化深刻影响和改变着人们的生产、生活、学习、工作与交往和娱乐方式，成为当今乃至未来社会的显著特征。

数字化是保护和开发村志资料的重要举措。传统的纸质志书以及保存方式，难免有老化失真的那一天，数字化不仅能安全和长久地保存这些文化资源，把村志内容通过数字化加工以后以标准电子文档资料格式存储和管理，利于全文检索、浏览、复制、粘贴、编辑、修改、下载、打印等，还可以通过虚拟现实技术，将声、光、电产生的效果，全方位、多视角，或平面显示，或全景、立体空间复原再现，使人们享受村志文化带给的视觉冲击和愉悦，有效地传承、传播与开发利用村志资源。

（二）掌上村志让书变薄变轻插上数字的翅膀

通常村志 100 万字左右。如果一个镇乡、一个县区、一个省市的村志集中起来，那将是多么壮观的场景，也是多么令人敬畏的重量级的图书。如何携带方便，如何快捷地从海量的数据中查阅到自己需要的东西，是一个大问题。

"掌上村志"可以让书由厚变薄，由重变轻，变得就如同我们的超轻薄手机，可以随身携带，随时点击，可以随时随地轻松地享受乡土文化大餐。

掌上志也让地方志文化插上数字的翅膀，飞入寻常百姓家。不再是束之高阁的珍藏品，不再是跑断腿仍一书难求的限量版。有了掌上志，轻轻一点可知古今，你想要了解的人物、事件、故事就会扑面而来，原本沉寂的历史就会活起来、立起来，从而提升了地方志的生命力和影响力，增强志书的利用率和传播率。

至今，"掌上村志"与纸质书同步出版发行的，全国并不多见。《凤凰村志》与"掌上村志"同步发行，在引领村志数字出版、数字传播方面做了有益的尝试。在此之前，萧山发行了"掌上萧山志"（《萧山县志》、《萧山市志》）、掌上《萧山年鉴》，这不仅为萧山地方志文化的传承与传播插上大数据的翅膀，也为萧山地方志文化资源的开发利用插上飞翔的翅膀。

（三）免费共享让村志文化甘霖滋润网络空间

2019年6月17日，《人民日报》刊登文章：《国家网信办持续整治网络突出问题 今年已清理有害信息逾亿条》，即2019年1月至6月12日，国家网信办共清理淫秽色情、赌博诈骗等有害信息1.1亿余条，注销各类平台中传播色情低俗、虚假谣言等信息的违法违规账号118万余个，关闭、取消备案网站4644家，并及时向公安机关移交一批涉黄赌毒案件线索，等等。

又据 2019 年 2 月中国互联网络信息中心（CNNIC）《第 43 次中国互联网络发展状况统计报告》，我国网络购物用户、短视频用户规模、网络视频、网络音乐和网络游戏的用户规模分别为 6.10 亿、6.48 亿、6.12 亿、5.76 亿和 4.84 亿，使用率分别为 73.6%、78.2%、73.9%、69.5% 和 58.4%。

乡村网络传播及网管任重道远。如果优秀的文化资源不去占领阵地，消极的文化资源就会抢占阵地。因此，要加强乡村网络文化的引导，大力传播优秀传统文化，尤其要传播村志文化，它是优秀传统文化的集大成者，是正能量内容。通过免费共享，让村志文化的甘霖滋润网络空间，从而抵制封建迷信、攀比低俗等消极文化的网络传播，为青少年营造积极健康的网络环境。

（四）"互联网＋村志"讲好中国故事、助力乡村振兴

《乡村振兴战略规划（2018—2022 年）》《数字乡村发展战略纲要》均提出要营造良好氛围，讲好乡村振兴中国故事，为乡村振兴国际交流合作贡献中国智慧和中国方案。中国地方志讲的就是中国故事，是向全世界展示中国智慧与中国魅力的话语体系，地方志工作者要提高国际传播能力，就要把地方志书编修好，把地方志书推介出去，就是把中国故事讲好并传扬出去。

讲好中国故事、助力乡村振兴，是当今村志编修的意义所在。互联网＋村志，走出数字乡村建设、助力乡村振兴、促进世界文化交流合作的别样精彩之路。中国地方志，大有可为。村志编修，正当时。

2019年7月15日至18日，莫艳梅参加走向世界的中国地方志第二届方志文化国际学术研讨会暨第九届中国地方志学术年会，交流发言的论文是《"互联网+村志"走数字乡村建设之路研究——从掌上〈凤凰村志〉说起》

论村庄建置沿革的记述和意义
——以杭州市萧山区《凤凰村志》、苏州市张家港市《凤凰村志》、深圳市宝安区《凤凰村志》、温州市乐清市《凤凰村志》为例*

莫艳梅

摘　要：村志中建置沿革的记述是必不可少的。本文以4部不同省市的《凤凰村志》为例，探讨村庄建置沿革的记述及其意义，提出记述好村庄建置沿革，要注重几个方面：辨建置之义，专指一村之建置区划，不指广义上的建置的概念；列分志之首，展示一域之隶属变迁，包括已经并入的村庄村域；追溯一地之村名由来，包括已经消失了的村名故事；记录一境之村落文化，反映时代变迁；重考订辨误，确保入志资料真实可靠。

关键词：村志　建置沿革　记述　意义

---

* 原载《浙江方志》2020年第2期。

从左到右为：深圳《凤凰村志》、张家港《凤凰村志》、温州《凤凰村志》、杭州《凤凰村志》（上、下册）（2019年10月，莫艳梅摄）

随着乡村振兴战略的实施，方志文化的传播以及普及，村志的编纂进入一个新的时期，村志编纂的质量也越来越受到重视。村志中，建置沿革的记述是必不可少的。本文以4部不同省市的《凤凰村志》为例，探讨村庄建置沿革的记述及其现实意义。

一 《凤凰村志》建置沿革的记述

通过网上搜索，不完全统计，全国有100多个凤凰村（社区），已出版的村志有：浙江省杭州市萧山区衙前镇凤凰村《凤凰村志》（中国社会科学出版社 2019 年 6 月)、江苏省苏州市张家港市凤凰镇凤凰村《凤凰村志》(广陵书社 2018 年 6 月)、广东省深圳市宝安区福乐街道凤凰社区《凤凰村志》(黄河出版社 2011 年 4 月)、浙江省温州市乐清市白石镇凤凰村《凤凰村志》(中国文史出版社 2011 年 1 月)。这 4 部《凤凰村志》建置沿革的情况如下。

(一) 杭州市萧山区衙前镇凤凰村《凤凰村志》的记述

该村由凤凰村、交通村、卫家村合并而来,凤凰村因区域内有凤凰山而得名。

先后隶属萧山县凤仪乡、龙泉乡、定一乡、凤凰乡、交通乡、坎山人民公社、衙前人民公社、衙前乡、衙前镇等。1961 年,成立凤凰生产大队、交通生产大队、卫家生产大队。1984 年,分别改名为凤凰村、交通村、卫家村。2005 年,3 村合并,为杭州市萧山区衙前镇凤凰村。至 2016 年,凤凰村有 2.44 平方千米,西曹、傅家、童墅、卫家、新屋 5 个自然村,15 个村民小组,另有 1 个创业新村社区。户籍人口 581 户 2204 人。外来人口 10573 人。

该村志开本 889 毫米×1230 毫米,1/16,231 万字,1366 页。内有插图 1700 多幅,表格 778 幅,全彩印刷,定价 888 元。

除了志首"总述""大事记"简要记述了村庄建置沿革以外,第一编"村庄",下设"建置""区位""人口""自然环境"4 章。第一章"建置",下设"村名由来""隶属沿革""自然村落"3 节,专题进行记述,合计 7 页。内有 1 表 5 图:《秦汉至 2016 年凤凰村域隶属沿革情况表》《凤凰村、交通村、卫家村区划图 (2004 年)》《明代萧山县境之图 (明嘉靖〈萧山县志〉,时凤凰地区属凤仪二十三都)》

《西曹自然村民居（2018年10月24日）》《傅家自然村民居（2018年7月10日）》《卫家自然村民居（2011年5月6日）》。其中：

第一节"村名由来"，下设"凤凰村""交通村""卫家村"3个目，分别记述了凤凰村因凤凰山而名，交通村因地处交通要道而名，卫家村因卫姓聚居而得名。各村的建置及其变迁。2005年，3村合并，交通村、卫家村村名停用，原凤凰村域、交通村域、卫家村域，今分别称为凤凰村之凤凰片、交通片、卫家片。

第二节"隶属沿革"，依时纵述了凤凰村域自北宋至2016年的隶属变迁。

第三节"自然村落"，下设"西曹自然村""傅家自然村""童墅自然村""卫家自然村""新屋自然村"5个目。各自然村的位置、形成原因、村落特色，如有什么文物古迹、风景名胜等，都有记述。

（二）苏州市张家港市凤凰镇凤凰村《凤凰村志》的记述

该村由凤凰村、小市村、小庄村合并而来，凤凰村因区域内有凤凰山而得名。

先后隶属常熟县崇素乡、凤凰山乡、凤义乡、让塘乡、西周乡、凤凰乡、凤凰人民公社、沙洲县凤凰乡、张家港市凤凰镇。1958年，成立凤凰大队、新凤大队、顺联大队。1983年分别改名凤凰村、小市村、小庄村。2001年，凤凰村与小市村合并，2004年与小庄村合并，新的凤凰村建立党总支部委员会，设凤凰、小市、小庄3个社区、36个村民小组。2015年农业人口3759人，外来暂住人口2546人。

该村志开本787毫米×1092毫米，1/16，39万字，277页，定价158元。

除了志首"概述""大事记"简要记述了村庄建置沿革以外，第一编"建置区划·自然环境"，下设"建置区划""自然环境""自然资源""土特产"4章。第一章"建置区划"，下设"建置沿革""行政区划""西徐市""自然村"4节，专题进行记述，合计9页，内有《自然村与村民小组对照表》。其中：

第一章"建置区划"之无题序，记述了村名的由来与区位、面积。

第一节"建置沿革"，依时纵述了凤凰村域自商末至今的境域、隶属变迁。

第二节"行政区划"，依时纵述了凤凰村域自1950年至2009年村庄（含自然村、村民小组）的建置及变迁情况

第三节"西徐市"，记述了西徐市集镇的发展变迁及其现状。

第四节"自然村"，下设"凤凰社区所属""小市社区所属""小庄社区所属"3个目，3个目下面，合计设有33个细目（坊基、东塘湾、东庄、东巷、山前、赵家巷、新宅基、徐岸、中巷、八房巷、高头巷、小市巷、南园、簊上、新桥湾、葫芦墩、无字号、邹家宕、奚家宕、王宅基、新宅基、小宅基、姜家宕、姚家湾、周家宕、前朱巷、李家湾、谭家湾、小庄、后朱巷、肖家宕、陆家塘湾、戴家宕），分别记述了33个自然村的形成及其变迁与现状。其中，有6个自然村于1956—1959年因拆屋并基而消失，5个自然村于2010—2015年因城镇建设拆迁而消失。

（三）深圳市宝安区福乐街道凤凰社区《凤凰村志》的记述

该凤凰社区由凤凰村更名而来。原名凤岭村、岭下村，相传有凤凰飞过大茅山，见此山奇姿秀美，栖息山岩之中，不忍离去，后人据

此改大茅山为凤凰山，山脚村落改为凤凰村。

先后隶属东莞县、新安县、宝安县，中华人民共和国成立后属宝安县新桥联乡、沙井乡、凤凰乡、新桥乡、福永乡、超美人民公社、沙井人民公社凤凰大队、福永人民公社凤凰大队、凤凰乡、福永镇。1986年，撤凤凰乡，建立凤凰村。1991年，凤凰村拆分为凤凰村、新田村。2004年，凤凰村改称凤凰社区，隶属深圳市宝安区福永街道。今凤凰社区下辖18个居民小组，为福永街道最大的社区。2009年户籍人口1911人，外来暂住人口108000人。

该村志规格889毫米×1194毫米，1/32，24.5万字，467页，定价200元。

除了志首"概述"、"大事记"简要记述了村庄建置沿革、村名由来以外，第一编"地理"，下设"建置""自然环境""姓氏人口"3章。第一章"建置"，下设"位置面积""建置沿革""行政区划""村落""墟市"5节，专题进行了记述，合计8页。其中：

第二节"建置沿革"，依时纵述了凤凰村域自元代至2004年的隶属变迁。

第三节"行政区划"，依时纵述了凤凰村域自元代村落形成到2004年的隶属变迁。

第四节"村落"，记述了元初形成知名的小村落——岭下村，现保存完好的古建筑群。今凤凰社区成为福永街道最大的社区。

第五节"墟市"，记述了村境内墟市商贸的发展变化情况。

（四）温州市乐清市白石镇凤凰村《凤凰村志》的记述

该村古称黄岙村，先后更名为皇岙村、凰岙村、凰印乡、凰岙村、凰峜大队。1982年全县地名普查，因"凰峜"音同或字同的村落不少于7个，为避免重名惹出不必要的麻烦，故改名凤凰村。境内有凤凰山。

先后隶属乐清县白石乡、白石人民公社、白石镇。村域和隶属变迁都不大。2009年2300多人，外来暂住人口2561人。

该村志开本787毫米×1092毫米，1/16，39万字，316页，全彩印刷，定价128元。

除了志首"概述""大事记"简要记述了村庄建置沿革以外，"地理建置"篇，下设"自然境状""建置沿革""山川名胜""水陆交通""村境风貌"5章。第二章"建置沿革"，下设"民国前村名""民国间村名""建国后村名"3节，专题进行记述，合计2页，内有1幅《村口百年大榕树》的照片。其中：

第一节"民国前村名"，记述了村名源于古代民谣"黄峜张黄鱼"之说，后人以黄鱼的"黄"字取名"黄峜村"。明代先后改名皇峜村、凰峜村，沿用至民国。

第二节"民国间村名"，记述了民国19年改村里制为联合小乡制，为凰印乡，民国23年后分属第八保（包括下印自然村）、第九保（包括上庄、下庄两个自然村）。

第三节"建国后村名"，记述了解放后先后为凰峜村、凰峜大队。1982年全县地名普查，为避免重名，奉命改称为凤凰村。

二 "村落终结"的现状与记述建置沿革的意义

从4部不同省市的《凤凰村志》可以看出，杭州市萧山区衙前镇凤凰村、苏州市张家港市凤凰镇凤凰村，分别于 2004 年前后由 3 个村合并而来，因此而消失的村名有就 4 个（衙前镇交通村、卫家村，凤凰镇小市村、小庄村），张家港市《凤凰村志》还记载了 11 个自然村因拆建而消失。深圳市宝安区福永街道凤凰村于 2004 年改为社区。只有温州市乐清市白石镇凤凰村没有撤并，也没有村改社区。

与之类似，全国已经消失和正在消失的村庄数量不小，这使我们不得不思考编修村志以及记述建置沿革的现实意义。

（一）"村落终结"的现状

"村落终结"，是指在工业化、城镇化和新农村建设过程中，传统村落的行政边界、自然边界、经济边界、社会边界、文化边界发生分化和巨变，最终或被撤销、或被兼并，走向解体和消亡的现象。①

据统计，1990—2000 年，全国镇的数量持续增长，从 12084 个增加到 20312 个，平均每年增加 823 个镇。与之相反，全国村民委员会从 100.13 万个锐减到 73.2 万个，10 年间减少了 26.93 万个，平均每年减少 2.69 万个。全国自然村从 377.3 万个锐减到 353.7 万个，10 年间减少了 23.6 万个，平均每年减少 2.36 万个。

2000—2010 年，全国镇的数量有增有减，维持在 19234—20601 个。全国村民委员会从 73.2 万个锐减到 59.4 万个，10 年间减少了 13.8 万个，平均每年减少 1.38 万个。全国自然村从 353.7 万个锐减到 273.0 万个，10 年间减少了 80.7 万个，平均每年减少 8.07 万个。

---

① 参阅李培林《巨变：村落的终结——都市里的村庄研究》，《中国社会科学》2002 年第 1 期；李培林《村落的终结：羊城村的故事》，商务印书馆 2004 年版。

2010—2018 年，全国镇的数量持续增长，从 19410 个增加到 21297 个，平均每年增加 236 个镇。与之相反，全国村民委员会从 2010 年 59.4 万个锐减到 2018 年的 54.2 万个，平均每年减少 6500 个村民委员会。全国自然村从 2010 年 273.0 万个锐减到 2017 年的 244.9 万个，平均每年减少 4.01 万个自然村。

1986—2018 年全国镇乡、街道数量变化表　　　　单位：个

年份	镇	乡	街道办事处	年份	镇	乡	街道办事处
1986	10717	61415	5718	2003	20226	18064	5751
1987	11103	58739	—	2004	19883	17451	5904
1988	11481	45195	—	2005	19522	15951	6152
1989	11873	44624	—	2006	19369	15306	6355
1990	12084	44397	—	2007	19249	15120	6434
1991	12455	42654	—	2008	19234	15067	6524
1992	14539	33827	—	2009	19322	14848	6686
1993	15806	32445	—	2010	19410	14571	6923
1994	16702	31463	—	2011	19683	13587	7194
1995	17532	29502	5596	2012	19881	13281	7282
1996	18171	27056	5565	2013	20117	12812	7566
1997	18925	25966	5678	2014	20401	12282	7696
1998	19216	25712	5732	2015	20516	11316	7957
1999	19756	24745	5904	2016	20883	10872	8105
2000	20312	23199	5902	2017	21116	10529	8241
2001	20374	19341	5510	2018	21297	10253	8393
2002	20601	18639	5576				

数据来源：国家民政部 1986—1988 年《民政事业发展概述》、1989—2009 年《民政事业发展统计公报》、2010 年 4 季度《民政事业统计季报》、2011—2018 年《社会服务发展统计公报》（http://www.mca.gov.cn/article/sj/tjgb/?）

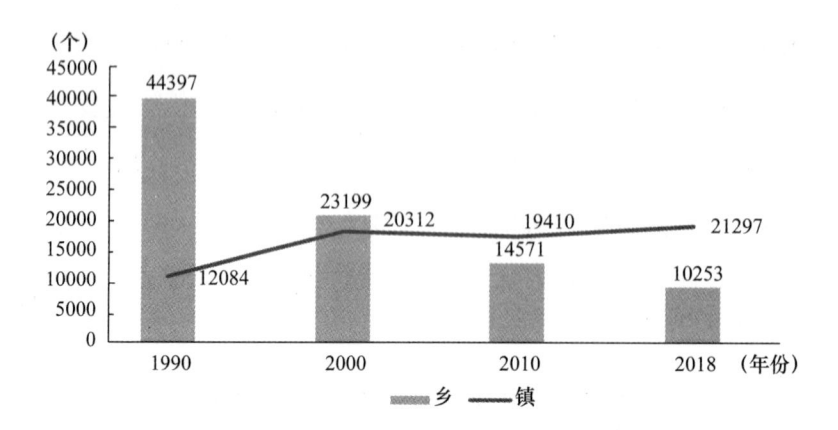

```
(个)
45000    44397
40000
35000
30000
25000          23199
20000          ████  20312        19410      21297
15000                            14571
10000    12084                              10253
 5000
    0
        1990      2000        2010      2018    (年份)
              ▓▓ 乡    ── 镇
```

1990—2018年几个年份全国乡、镇数量变化图

1990—2018年全国居民委员会、村民委员会、自然村数量变化表　　单位：万个

年份	居民委员会	村民委员会	自然村	年份	居民委员会	村民委员会	自然村
1990	9.98	100.13	377.3	2005	7.99	62.9	313.7
1991	10.0	101.86	376.2	2006	8.07	62.4	270.9
1992	10.4	100.4	375.5	2007	8.2	61.3	264.7
1993	10.7	101.3	372.1	2008	8.3	60.4	266.6
1994	11.0	100.6	371.3	2009	8.5	59.9	271.4
1995	11.2	93.2	369.5	2010	8.7	59.4	273.0
1996	11.4	92.8	367.6	2011	8.9	59.0	266.9
1997	11.7	90.6	365.9	2012	9.2	58.8	267.0
1998	11.9	83.3	355.8	2013	9.5	58.9	265.0
1999	11.5	80.1	359.0	2014	9.7	58.5	270.2
2000	10.8	73.2	353.7	2015	10.0	58.1	264.5
2001	9.2	70.0	345.9	2016	10.3	55.0	261.7
2002	8.5	68.1	339.6	2017	10.6	55.5	244.9
2003	7.7	66.3	—	2018	10.8	54.2	—
2004	7.8	64.4	320.7				

注：①居民委员会、村民委员会数据来源于国家民政部1990—2009年《民政事业发展统计公报》、2010年4季度《民政事业统计季报》、2011—2018年《社会服务发展统计公报》（http://www.mca.gov.cn/article/sj/tjgb/）。

②自然村数据来源于国家住建部《2017年城乡建设统计年鉴》（http://www.mohurd.gov.cn/xytj/tjzljsxytjgb/jstjnj/index.html）。

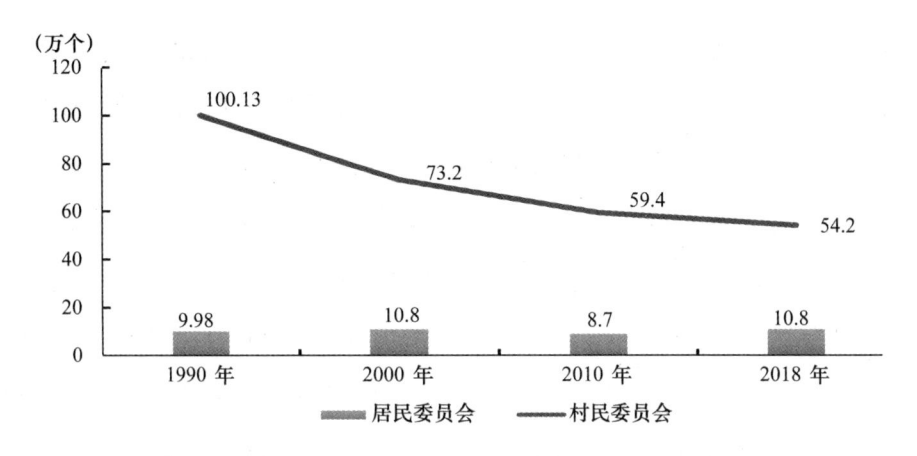

1990—2018年几个年份全国居民委员会、村民委员会数量图

从上述数据看，1990—2018年28年间全国共消失45.93万个村民委员会，平均每年消失1.64万个。1990—2017年27年间全国共消失132.4万个自然村，平均每年消失4.9万个。村落终结的数目之大、速度之快，令人咋舌。

（二）"村落终结"态势下记述建置沿革的意义

尽管从全国的数据来看，2010年以来，村落终结的速度相比总体有所放缓，但可以预见，随着国家新型城镇化战略、社会主义新农村建设和乡村振兴战略的深入推进，在未来很长一段时间，中国大地上"村落终结"的故事，还将持续不断地上演，甚至可能会比之前更加严重。①

令人忧心的不仅仅是村落的终结，还有村落文化的消失。如果没有编写村志，每年数万个村落终结、消失，用不了多久，这些村落的名字和故事，就会消失在人们记忆的长河里。而没有历史记忆的人们，将是

---

① 参见黄建安《论"村落终结"时代的村志编纂》，《中国地方志》2019年第2期。

多么的可悲，就像一个失忆的人，不知道自己的过往，也不知道最终的归宿在哪里。就像一个没有"根"的人，过着没有精神寄托的漂泊的日子。更像一个找不到回家的路的孩童，那会多么的惶恐、孤单和悲伤。

张家港市凤凰镇凤凰村有 11 个自然村因修路、建房等拆迁而消亡。如赵家巷自然村："清光绪年间赵姓从凤凰村山前迁此，村以姓得名。因建造凤凰花苑和凤凰'两路一湖'（凤恬路、金谷路，凤凰湖），2010 年赵家巷、中巷全部拆迁，从此消失。村民全部安置于凤凰花苑。"① 徐岸自然村："村民多徐姓，因紧靠徐岸墩而得名徐岸。因凤凰新城开发建设，2011 年至 2012 年被全部拆迁，自然村消亡。村民全部安置到'凤凰花苑'。"② 中巷自然村："清末陆姓迁此落户，形成村落，因地处赵家巷和徐岸中间，得名中巷。2010 年因全部被拆迁而消失。"③ 高头巷自然村："清乾隆年间，徐姓从常熟东乡迁此，因地势相对偏高，得名高头巷。因新型化城镇建设，2015 年底被全部拆迁，从此消失。村民全部安置到'凤凰花苑'。"④ 陆家塘湾自然村："村以陆姓得名。因张家港市三干河延伸工程，2013 年 5 月被全部拆迁，从此消失。村民全部安置于'凤凰花苑'。"⑤ ……如果没有编写《凤凰村志》，二三十年后，或者五六十年后，这些消失的村落的子民后代还会记得自己来自哪里吗？

---

① 张家港市《凤凰村志》编纂委员会编：《凤凰村志》，广陵书社 2018 年版，第 30 页。

② 张家港市《凤凰村志》编纂委员会编：《凤凰村志》，广陵书社 2018 年版，第 30 页。

③ 张家港市《凤凰村志》编纂委员会编：《凤凰村志》，广陵书社 2018 年版，第 31 页。

④ 张家港市《凤凰村志》编纂委员会编：《凤凰村志》，广陵书社 2018 年版，第 31 页。

⑤ 张家港市《凤凰村志》编纂委员会编：《凤凰村志》，广陵书社 2018 年版，第 34 页。

这些村落的历史文化包括地名文化会永久地传承下去吗？

上海的褚半农，为消失了的褚家塘自然村写了一部《褚家塘志》，其志《后记：为消失的村庄留下历史》写道："现在，褚家塘已从地球上消失了，彻底地消失了，老房子、新房子都已全部拆除，一间不剩，世世代代居住在一个宅基上的褚家塘人也被分散到了六个动迁小区里，互相之间连见一次面的机会也变得非常少了，后代之间也逐渐变得互相不认识了。在城市化的进程中，褚家塘这样的宅基会越来越少……这更显得记录、留下相关文字的迫切和重要了。"

为村庄留存历史，留下乡愁记忆，反映时代变迁，包括历史沿革的变迁，是村志编纂的现实意义所在。因此，村村修志，特别是即将消失和已经消失了的村庄修志，更有着特殊的意义和抢救村落文化的紧迫感和使命感。

三　如何记述好村庄建置沿革

村志是记述一村之村情村史村貌的资料文献。新时期全国范围内创修村志的占绝大多数，续修村志的不多。不管是创修还是续修，编写的是村志还是自然村志，其建置沿革的记述是必不可少的。如何记述好村庄建置沿革，需要注重以下几个方面。

（一）辨建置之义，专指一村之建置区划，不指广义上的建置的概念

建置，创立、设置。沿革，沿袭和变革，指事物的发展和变迁。

旧志中的"建置"概念有两种，一种是狭义上的建置，专指郡县等行政区的设置以及隶属变化，这种建置概念往往和沿革连用。还有一种广义上的建置，涵盖制度建设和各种公共设施建设，这种建置概念往往除了沿革之外还分设城池、公署、学校、街市等目。如明嘉靖《萧山县志》第二卷建置，下设公署、学校、宫室、典祀、津梁、堤堰、闸坝、水利、邮铺、兵防等目。这是广义上的建置的编排。中华人民共和国成立后，志书中的建置沿革概念，一般专指狭义上的建置，即该行政区的设置、隶属和境域变化。

我国现行的行政区划①（即政区）的设置分为六级：第一级是省级行政区（省、自治区、直辖市、特别行政区），第二级是地级行政区（地区、盟、自治州、市〔地级〕），第三级是县级行政区（县、自治县、旗、自治旗、市〔县级〕、市辖区、林区、特区），第四级是乡级行政区（乡、民族乡、镇、街道、苏木、管理区〔乡级〕），第五级是村级行政区（村、社区、管理区〔村级〕），第六级是组级行政区（村民小组、社区居民小组）。在中国，省、市、县、乡为基本行政区。

村级行政区之村志，其建置沿革，一般记述该村的设置、隶属和区划（所辖自然村、村民小组）的变迁。又因记述沿革变迁离不开要记述隶属变迁，记述境域变迁离不开要记述区划变迁，故在设置篇目时，要避免将沿革与隶属并列分设，避免将境域与区划并列分设，要合理地设计篇目与框架，有效避免内容前后交叉重复。

---

① 行政区划是国家为便于行政管理而分级划分的区域。因此，行政区划亦称行政区域。

（二）列分志之首，展示一域之隶属沿革，包括已经并入的村庄村域

村庄建置沿革，一般排在村志的首篇，让人一看就对该村的历史沿革有一个大致的了解。多个村庄合并的村志，其中被并入或撤销了村名的村，也要记述在内。杭州市萧山区衙前镇《凤凰村志》除了设置了《秦汉至2016年凤凰村域隶属沿革情况表》，还在全志前面的环衬设置了《凤凰村历史沿革图》，图文并茂、直观醒目地展示了该村的隶属沿革变迁。

（三）讲历史故事，追溯一地之村名由来，包括已经消失的村名故事

村庄的建置，村名的由来，包括已经并入或消失的村名由来，大多有一定的故事性，要抢救性地挖掘、搜集、记录下来。否则，若干年后，会被湮没在记忆的长河中。如4部不同省市的《凤凰村志》，其村名的由来都有记述。杭州市萧山区衙前镇《凤凰村志》的凤凰村名，源于山名，山名又源于鸟名，村境内因山形似凤凰而名凤凰山，历史上还有不少的传说故事；已并入的交通村，因地处交通咽喉之地，故取名交通村；已并入的卫家村，由卫姓聚居而得名；2005年3村合并，交通村名、卫家村名停用，但它们的地名文化、历史文化载入了志中。

（四）记时代变化，反映一境之村落文化，包括自然村的形成与现状

因行政区划的变迁，经济建设发展的需要，许多村庄撤并了，许

多自然村消失了，或者正在消失，村志就要反映这一时代变化，记录村落的历史与现状，让村落的历史与文化有效地传承下去。如张家港市凤凰镇《凤凰村志》记述了33个自然村的历史与现状，其中有11个已经消失了的自然村，它们载入了村志中，成为永不消失的乡愁记忆。

（五）重考订辨误，入志资料要真实可靠，包括口述资料和文献资料

村志编纂，取材于文献、实物和口述资料。修志人员要善于分析、考订和辨误，不要不假思索地拿来就用，也不要夸大其词地人为地"创造历史"或拔高身份，导致该志内容失真而受到质疑，或以讹传讹贻误后人。

总之，村志建置沿革的记述必不可少。要科学设置篇目，记述好村庄之村名由来、辖区变迁以及村落的历史与现状等，要善于考订辨识，确保入志的资料真实可靠可信。

4部不同省市《凤凰村志》记述建置沿革情况表

书名	出版时间、字数	村志建置沿革篇目	村庄建置沿革简况
温州市乐清市白石镇凤凰村：《凤凰村志》	中国文史出版社2011年1月，39万字	地理建置篇 第一章自然境状 第二章建置沿革 　第一节民国前村名 　第二节民国间村名 　第三节建国后村名 第三章山川名胜 第四章水陆交通 第五章村境风貌	1. 村名源于"黄岙张黄鱼"之说，以黄鱼的"黄"字取名"黄岙村"，后更名为皇岙村、凰岙村、凰印村、凰岙村。1982年全县地名普查，奉命改称为凤凰村。先后隶属乐清县白石乡、白石人民公社、白石镇。 2. 2009年2300多人，外来暂住人口2561人

续表

书名	出版时间、字数	村志建置沿革篇目	村庄建置沿革简况
深圳市宝安区福永街道凤凰社区:《凤凰村志》	黄河出版社 2011年4月,24.5万字	第一编 地理 第一章 建置 　第一节 位置面积 　第二节 建置沿革 　第三节 行政区划 　第四节 村落 　第五节 墟市 第二章 自然环境 第三章 姓氏人口	1. 村名因山而名。1953年属宝安县凤凰乡,后隶属多次变更。1986年,凤凰乡改称凤凰村,属福永镇。1991年,凤凰村拆分为凤凰村、新田村。2004年,凤凰村改称凤凰社区,隶属深圳市宝安区福永街道。元初形成岭下村落,今凤凰社区下辖18个居民小组,为福永街道最大的社区。 2. 2009年户籍人口1911人,人均收入21300元,外来暂住人口108000人
苏州市张家港市凤凰镇凤凰村:《凤凰村志》	广陵书社 2018年6月,39万字	第一编 建置区划·自然环境 第一章 建置区划 　第一节 建置沿革 　第二节 行政区划 　第三节 西徐市 　第四节 自然村 　　凤凰社区所属 　　小市社区所属 　　小庄社区所属 第二章 自然环境 第三章 自然资源 第四章 土特产	1. 村名因山而名。1950年属常熟县凤凰乡,1958年起境内建立凤凰大队、新凤大队、顺联大队,属凤凰人民公社。1983年分别改名凤凰村、小市村、小庄村,1992年属张家港市凤凰镇。2001年凤凰村和小市村合并,2004年凤凰村和小庄村合并,即3村合并为凤凰村,下辖凤凰、小市、小庄3个社区,36个村民小组。原有33个自然村,1956—1959年因拆屋并基而消失6个自然村,2010—2015年因城镇建设拆迁而消失5个自然村,今22个自然村。 2. 2009年农村人均收入14037元,企业职工人均收入21400元。2014年农村人均收入29000元,企业职工人均收入43800元。2015年农业人口3759人,外来暂住人口2546人
杭州市萧山区衙前镇凤凰村:《凤凰村志》	中国社会科学出版社 2019年6月,231万字	第一编 村庄 第一章 建置 　第一节 村名由来 　　凤凰村 　　交通村 　　卫家村 　第二节 隶属沿革 　第三节 自然村落 　　西曹自然村 　　傅家自然村 　　童墅自然村 　　卫家自然村 　　新屋自然村 第二章 区位 第三章 人口 第四章 自然环境	1. 村名因山而名。1950年属萧山县凤凰乡、交通乡,后隶属多次变更。1961年境内建立凤凰大队、交通大队、卫家大队,属衙前人民公社。1984年分别改名为凤凰村、交通村、卫家村,2005年3村合并为凤凰村,仍属衙前镇,下辖15个村民小组,5个自然村。 2. 2009年村民人均收入23086元,2014年村民人均收入43401元,2016年村民人均收入49555元,户籍人口2204人,外来暂住人口10573人

论村志编修的几种模式[*]

莫艳梅

摘　要： 新时期村志编纂有传统的全志模式（大而全模式）、中国名村志模式（宣传读本模式）、"微村志"模式（村情荟萃模式）、自然村落普查模式（历史人文模式）。四种模式在体例、内容、记述方式、篇幅乃至书名上各有不同，各有优长及效用。各地可以因地制宜选择修志模式，为乡村留史，弘扬优秀传统文化，助力乡村振兴。

关键词： 村志　编修模式

村志编修，古已有之，改革开放后更是此起彼伏，蓬勃发展，这对于留存历史记忆，传承和弘扬优秀传统文化，助力乡村振兴，具有重要的现实意义。

当前村志编修有哪几种模式，如何因地制宜选择修志模式，本文对此进行探讨。

---

[*] 原载《广西地方志》2020年第1期。

一 村志编修的几种模式与得失

村志编修发展至今,已从传统的全志模式发展为多种模式并存,各有所长。

(一)全志模式(大而全模式)

就体例内容而言,传统的村志与传统的县志、市志、省志一样,发展至今,体例趋于完备,体裁以志为主,述、记、志、传、图、照、表、录等多种体裁并用;篇目框架较大,以章节体为主,要求横排竖写,横不缺要项,纵不断主线,全面系统地记述村域自然、政治、经济、文化和社会的历史与现状,内容一般上自事物的发端,下至修志启动年份,篇幅少则十几万字,多则几百万字,是为"大而全"模式。

目前,全国范围内村志编修的模式,包括村(社区)、自然村的编修,大多数是这种体例内容较为完备的志书。例如,2019年由中国社会科学出版社出版的杭州市萧山区《凤凰村志》(上、下册),设专志18编("村庄""姓氏""人物""村民访谈""凤凰村民未来期待调查""衙前农民运动""村政""村区建设""农业""工业 建筑业""商业 服务业""村级经济 收益分配""村民生活""教育 卫生""文化 体育""艺文""风俗""文献")计76章240多节500多条目,另有"总述""大事记""大事纪略""索引""参考文献""后记",图照1700多幅,表格778幅,总篇幅231万字,是至今全国篇幅最大的村志,较为全面、系统、鲜活地反映了西晋到2016年凤凰村的发展变化。

全志模式的优长是显而易见的：内容全面而系统，详古明今，尽可能翔实地记载了村域自然、政治、经济、文化和社会的历史与现状，其史料价值和研究利用价值比其他的几种编修模式要高得多。

当然，编修全志模式也存在诸多困难和问题。

一是耗时耗力耗钱财。编修时间，少则一两年，多则十余年。编修人员，少则一两人，多则十余人。编修经费与出版印刷费，少则几万元，多则几百万元，各村庄的条件不一样，修志的情形不一样，尤其在经费方面比较悬殊。

例如，杭州市萧山区《航民村志》（上、下册）[1]，编修历时9年，计194.2万字，总投入400多万元，其中出版费24万元。莫艳梅主编·总纂的《凤凰村志》（上、下册），历时2年零6个月，计231万字，总预算140万元，其中出版费35万元（全彩印制）。航民村、凤凰村都是萧山区数一数二的富裕村，其经济实力与投入修志的经费，与一般的村庄不可同日而语。

又如，莱芜市钢城区《唐王许村志》[2]，历时2年零3个月，计18.6万字。唐王许村没有集体收入，没有钱修志出书，主编唐庚源于是发动在外工作的干部捐款，不足部分，他自己借1万元捐上，才保证了出书的需要（仅印制400册）。利津县《临河村志》[3]，历时4年半，计62万字。该村也是一个"空壳村"，主编王曰华按照"借助外

---

[1] 《航民村志》编纂委员会编：《航民村志》，方志出版社2018年版。
[2] 唐庚源主编：《唐王许村志》，中国国际图书出版社2005年版。
[3] 王曰华主编：《临河村志》，山东省地图出版社2011年版。

力,启动内力"的原则,分别向驻村帮扶单位和村民筹款,才保证了村志的按时出版(印制1000册)。

不少的村因没有经费,编出的村志仅内部发行,没有公开出版。有的村拉赞助、搞募捐,还承诺给予捐资者上村志彩页等。这有得有失。得是筹到了资金,也褒扬了捐资者;失是因钱上照片,入志标准不平等,在某种程度上也影响了志书质量。

二是体例略显呆板。大多数编修者参照甚至抄袭市县志的篇目框架,没有大胆创新村志体例。方志体的条块模式,比较适应有条块下属机构的县以上地方政府,村是最底层的单位,往下没有下属机构了,行业门类少,村级组织规模亦小,村志架构不宜套用市县志的篇目架构,否则就显得"大而空"。可灵活些,因地制宜采用章节体,或试用纲目体结构,设类目、分目、条目三个层次,各条块不强求平衡,条目也可多可少,只要横不缺大项,突出村情,就可以了。村民是村庄的主体,村民的生产与生活活动,直接构成了村史的主体。因此,要创新村志体例,突出村志的村民性和故事性以及可读性。例如,萧山区《凤凰村志》将村谱、村民口述历史、村民未来期待调查纳入志中,还插入了每户一幅基本情况表,每户一幅家庭照,每户手写一句最想说的话,这些内容占全志总篇幅的52%,不仅增强了志书的记述深度,还增强了村志的鲜活性和可读性。

三是缺资料、难采集。全志模式内容涉及方方面面,时间上下千百年,丰富又有价值的资料从哪里来?大多数村庄没有出版物,村级历史档案也稀缺,有的仅存放近十年来乡镇下发的有关文件,有的年度工作总结也没有保留,村领导班子会议和村民代表会议记录也没有存档,更有的村历史上多次撤并,分分合合,资料严重遗失。要编写一部体例内容完备、详古明今的村志，是一大难事。有的编志者不想办法挖掘，加上不懂志体规范，把一些存史价值不高的资料甚至与本村无关的网络知识录入村志中凑数，这是不可取的。有的主编广征博采，通过口述访谈和田野调查，并结合档案资料、实物资料、图片资料，丰富志书内容，提高志书的资料性和存史价值，这是值得提倡的。

四是组织编纂处于各自为政状态，没有纳入全国统一规划管理。国务院《地方志工作条例》把省、市、县三级志书规定20年左右编修一次，没有对村志编修提出硬性要求，村志编修多处于自发状态。至今，官修与私修并存，具体讲，有如下几种方式。①地方政府统一规划，地方志工作机构指导，由村委会组织实施修志。如上海市金山区村志编修2011年被列入区"十二五规划"，至2017年124个村的村志编修全部完成。②地方志工作机构组织编纂，村民配合。如杭州市淳安县《下姜村志》①，就是由杭州市人民政府地方志办公室组织编纂，下姜村资料收集小组配合，其主编贾大清、蒋文欢及编辑7人皆为杭州市地方志工作人员。③村委会聘请专家学者编著，村民配合收集资料。如萧山区《山后村志》②，由山后村党委书记任村志编委会主任，村委会主任任村志编委会副主任，聘请浙江工商大学教授、浙江省地方志编纂委员会办公室原副主任王志邦为主纂。王志邦还应邀主编了《浦联村志》③《东冠村志》④等。④村民自发组织，有的在地方志工作者参与或指导下完成村志编纂。如1981年开始编纂的江山县《白沙

---

① 杭州市人民政府地方志办公室编：《下姜村志》，浙江人民出版社2016年版。
② 王志邦等著：《山后村志》，中华书局2013年版。
③ 王志邦主编：《浦联村志》，中国书籍出版社1996年版。
④ 王志邦主编：《东冠村志》，中华书局2000年版。

村志》①，就是由小学文化程度的大队会计毛兆丰发起，并在江山县志办公室副主任毛东武的指导和参与，以及10位村民的协助下，前后花费10年时间编修完成的，该志13.8万字，其出版经费来自76位村民的捐款，计1820元。⑤个人私修。中华人民共和国成立以前，村志基本上是个人私修，主要由乡绅承担。中华人民共和国成立以后，个人私修者，有的是旅居外地的专家学者，有的是挂职驻村干部，有的是当地村民耆老。如宁夏固原古稀老人高荣峰花了9年时间编纂《崖堡村志》，山东临沂村民许亦江耗时4年自修《水南村志》，南宁76岁老人历时13年编写《孟莲村志》等②。⑥承包给外面的文化公司或工作站。如广州市黄埔区《横沙村志》《双沙村志》即外包给某个编修团队③。

由于村志未纳入全国统一规划、组织和管理，有的缺钱缺人缺少理解与支持，有的没有上报地方志部门获取指导与培训，修志的进度不一样，质量参差不齐，这是全志模式存在的主要问题。

（二）中国名村志模式（宣传读本模式）

2016年11月，中国地方志指导小组下发《关于印发〈中国名村志文化工程实施方案〉的通知》，组织编纂出版中国名村志丛书，以编纂出版精品村志为目标，通过创新组织编纂模式和体例内容，出版一批质量高、影响大、社会效益好的名村志。收入范围包括：中国历史

---

① 白沙村志编纂组编：《白沙村志》，学林出版社1991年版。
② 张丽蓉：《改革开放以来村志编修的分析与思考：以广州地区为中心》，《中国地方志》2016年第10期。
③ 张丽蓉：《改革开放以来村志编修的分析与思考：以广州地区为中心》，《中国地方志》2016年第10期。

文化名村、经济强村、新农村建设示范村、其他特色村。截至2019年，中国名村志丛书已出版47部，涉及23个省（自治区、直辖市），其中历史文化名村13个、经济强村2个、新农村建设示范（试点）村3个、特色村29个。①

其体例内容不呈现"全志"的样式。特点是在坚持志体的前提下，体裁运用、篇目设置、资料选择等做适当创新，以记载村域范围内的微观资料为主，详市县镇志之所略；根据不同类型名村的特点，有选择性地记述域内自然、政治、经济、文化、社会、生态建设的历史与现状，重在突出"名"和"特"，从而达到执简驭繁、文约事丰、便于阅读、利于传播的目的，实际上属于宣传读本模式。

篇目架构也不是传统的章节体，而是仿年鉴体，设置类目、分目、条目三个层次，一般篇幅在30万字左右。如上海市金山区《中洪村志》②，纲目有：梦里画乡——金山农民画的发源地、中洪览要、农民画村、农民画家、乡村旅游、村务管理、特色农家、现代农场、村民生活、风物风情、乡土文化、乡贤名人、大事纪略、附录、主要参考文献、编纂始末，合计13个类目56个分目340个条目，41.5万字。

组织编纂方式也有别于全志模式。凡入选中国名村志丛书的，由县级地方志工作机构牵头组织编纂，中国名村志文化工程领导小组办公室提供人员培训和业务指导，财政给予经费保障，最终志稿经中国名村志文化工程办公室和学术委员会评议审定，由方志出版社出版发

---

① 中国方志出版网，《中国名村志文化工程》，http：//fzph.cssn.cn/zt/zt_zgmc-zwhgc/zgmz_ldzc/.
② 《中洪村志》编纂委员会编：《中洪村志》，方志出版社2017年版。

行。每年举办一次全国名村论坛,拍摄名村纪录片,扩大社会影响,以形成中国名村志文化工程品牌,并打造中国方志文化精品佳作。

该模式的优点是,组织编纂方式优于传统的村志编修,确保了"人财物"的到位,篇目与内容突出"名""特",图文并茂,可读性强,丛书体例统一规范,行文优美流畅,印制精美大气,书本厚度适中,利于宣传与传播的目的。不足之处是,内容欠完备,经济部类占比微乎其微,非"名""特"的事物入志少,史料价值与研究价值要逊于全志模式的村志。

(三)"微村志"模式(村情荟萃模式)

"微村志"是杭州市桐庐县地方志办公室创造的一种村志编修模式。其编修从"微"字着手,本着"见微知著"的原则,既创新志书的体例,又遵循修志的原则,通过图文并茂的形式开门修志,利用"桐庐微村志"微信公众号直接向大众传播。始于2014年,利用高校暑假社会实践团队和桐庐历史文化研究会成员、新闻媒体记者、大学生"村官"等编写。内容大致有:基本概况、村史沿革、乡贤人才、文化古迹、历史传说、民风民俗、家规家训、美丽乡村、风景名胜、特色产业、历史建筑、"非遗"项目[①],主要突出村情特色。

篇幅微小,每个村1万字至2万字不等。如2016年10月由方志出版社出版《桐庐微村志(第一辑)》,选辑了30个村的资料,合计45.8万字,平均每个村1.53万字。2018年9月出版的《桐庐微村志

---

① 李海伟:《杭州市桐庐县开门编修"微村志"的探索实践与经验启示》,《杭州月志》2019年8月。

(第二辑)》，又选辑了30个村的资料，合计49万字，平均每个村1.63万字。全县183个村将陆续编入"微村志"。

笔者认为，这一个个村的内容汇编成一部"微村志"，实为村情荟萃模式。

该模式的优点是，内容短小精悍，耗费人力、物力、财力少，组织编纂相对容易，因汇集了各村基本情况，给人以一域（县）乡村概貌，可读性、传播性也较强。不足之处是，缺乏记述的广度与深度，其史料价值与研究利用价值要逊于全志模式的村志。

"微村志"模式，虽然正式见于《桐庐微村志》，实际上早在20世纪90年代初浙江省已有此类做法，只是未称为"微村志"而已。如1994年出版的《浙江省名村志（上、下）》，共选辑了604个村的资料，计215.5万字，平均每个村3568字，较之《桐庐微村志》字数更少。其体例形式大致统一，又不拘一格，不采用平铺直叙、面面俱到的写法，而是以特点和特色见长，达到以点见面的目的[①]。笔者认为，这也是村情荟萃之"微名村志"模式。

（四）自然村落普查模式（历史人文模式）

即广东省地方志办公室开展的自然村落历史人文普查模式。该模式以自然村为普查单位，普查内容主要包括村名、地理环境、历史沿革、姓氏源流、人口、民族、民系、方言、民居、宗祠、风俗习惯、家谱族谱、家规族规、宗教信仰、文物遗址、掌故传说、历史事件、人物、华人华侨与港澳台同胞等，其中凡是列入国家、省级历史文化名村、古村

---

① 魏桥主编：《浙江省名村志》"前言"，浙江人民出版社1994年版。

落、传统村落名录和特色明显的自然村,要突出自身特色。在普查的基础上,按照统一的规范与体例,编纂出版《全粤村情》,各地单独立卷编纂,由省统一评审和出版印刷。普查始于2015年,至2018年12月,全省21个地级以上市全面完成基本普查,列入普查的自然村13.3万多个,全部完成自然村普查表填报,资料填报系统入库率99.58%,198册《全粤村情》交送出版(全110卷、600册,近6亿字)①。

实为历史人文普查成果汇编。比如《全粤村情·清远市连山壮族瑶族自治县卷》2册②,共收录该县517个自然村的简介,近180万字,1424张彩色图片,平均每个村3482字。卷前设连山概况,卷后附编后记,内容涵盖地理位置、村落由来、隶属关系、姓氏源流、人口状况、生产经营、物产资源、公共设施、风俗习惯、传统建筑、文献、礼仪、文物遗址、历史事件、主要人物以及古驿道现存遗迹等40项③,这些都是普查的成果。

该模式的优点是,组织编纂方式与中国名村志的相类似,有"人财物"的保障;篇目内容短小精悍,与微村志的相类似,给人以一域(省)乡村概貌,尤其以自然村为单位,全面开展历史人文普查,这在各省(自治区、直辖市)中是独一无二的,极大程度上抢救了村落历史文化,留存了历史记忆。不足之处是,记述的广度与深度逊于全志模式。

---

① 陈华康:《树立法治思维 依法推动全省地方志事业转型升级——在2019年全省地方志工作会议上的讲话》(2019-03-06), http://zwgk.gd.gov.cn/006941127/201903/t20190311_801148.html.

② 广东省人民政府地方志办公室编:《全粤村情·清远市连山壮族瑶族自治县卷》,华南理工大学出版社2019年版。

③ 《〈全粤村情·连山卷〉出版发行》(2019-10-15), http://www.gdls.gov.cn/zwdt/lsyw/4721746.html.

二　如何因地制宜选择修志模式

传统的全志模式（大而全模式）、中国名村志模式（宣传读本模式）、"微村志"模式（村情荟萃模式）、自然村落普查模式（历史人文模式），这四种村志编修模式，其体例、内容、记述方式、篇幅甚至书名各有不同，各有优长及其效用，为新时期村志编修事业增添了光彩。那么，如何因地制宜选择村志编修模式呢？

笔者认为可从几个方面考虑。

（一）有条件的村，最好选择全志模式

要成立专门的领导班子和编纂班子，挑选好主编，给予充分的资金保障和工作上的理解与支持。

要主动上报地方志工作机构，争取业务指导与培训，从篇目设计到志稿编写与评审，邀请专家介入，避免走弯路。

要广泛征集资料，深入开展口述访谈和田野调查，突出村情，创新体例，增强故事性和鲜活性，精益求精打磨志稿，提高志书质量。

当前，有的村民自发修志，没有邀请专家学者参与，也没有邀请地方志工作机构进行指导与业务培训，编纂质量不容乐观。有的虽名为"村志"，实际上不像"志"书，体裁五花八门，随心所欲，缺乏志书的体例规范。也有一些不负责任的文化公司，组织几个人，花几个月的时间，"短、平、快"出版一部二三十万字的村志，虽然"高效"，资料文献却不太翔实可靠。相对而言，政府组织的修志，或者专

家学者主编的村志,质量较高,资料性强。

(二) 符合中国名村志条件并申报成功的,机会难得

并不是每个村都可以列入中国名村志文化工程的。符合条件的,才可以申报,申报成功的,才可以进入编修程序。这是一个难得的宣传地方志又宣传乡村文化的好机会,应该积极参与。

(三) 政府推动历史人文普查并出书的,要积极配合

这是一项非常有意义的文化工程,有专门的普查班子,有专门的评审班子,有专门的出版经费,各自然村要大力支持与配合,积极挖掘和弘扬优秀传统文化,保存乡愁和历史记忆。

(四) 对编写全志有困难的,可组织汇编微村志

有的县区,乡村经济不发达,以一村之力,修一部上规模、够水平、能传世的志书是有困难的,而要在一部县区志中记述所属各村状况又会显得节外生枝,过于累赘,可退而求其次,由县区地方志工作机构组织编纂微村志,这是一种较为可行的办法。有的还可以通过社会捐助,解决资金不足的问题。

(五) 建议把村志列入全国修志规划管理

这是最终解决村志编修问题和大力发展乡村志的最好办法,对于助力乡村振兴和中国地方志的发展与繁荣,都有着重要的作用。

村志选录

凤凰村志·序

巴兆祥

村志是中国地方志的组成部分，古已有之，层出不穷。中华人民共和国成立以来，党中央、国务院高度重视包括村志编纂在内的地方志工作，出台重要文件。2015年8月，国务院印发《全国地方志事业发展规划纲要（2015—2020年）》指出："指导有条件的乡镇（街道）、村（社区）做好志书编纂工作。"2017年5月，中共中央办公厅、国务院办公厅印发《国家"十三五"时期文化发展改革规划纲要》提出："完成省、市、县三级地方志书出版工作。开展旧志整理和部分有条件的镇志、村志编纂。"此时全国范围内镇、村志累计出版5000多部，村志编纂迎来一个崭新的时期。

杭州市萧山区衙前镇凤凰村是杭州市社会主义新农村建设标兵村，浙江省全面小康建设示范村，全国文明村，有着悠久的历史、光荣的革命传统、敢为人先的创新精神。为了把村庄历史文化记录下来，并且传承下去，也为了增强村民创造历史的光荣感和自豪感，激励后人自强不息，凤凰村党委、村委会决定创修村志、创建村史馆，这无疑是明智之举。可以说，功在当代，利在千秋。

修志贵在得人。在省、市、县三级地方志编修中，形成了党委领导、政府主持、地方志工作机构组织实施的工作体制。当代村级组织无专门地方志工作机构，无专业修志人员，大多为自发修志，聘请退休教师和热心人编纂，有的没有经过业务培训指导，有的没有邀请专家评议审查，村志质量参差不齐。凤凰村聘请杭州市萧山区政府地方志办公室的莫艳梅副研究员担任村志主编，由村志编纂委员会办公室配合村志编辑部收集资料，萧山区政府地方志办公室支持资助做好凤凰村口述历史、社会课题调查工作，这不失为一种可取的编纂架构。莫艳梅同志是中国地方志专家，修志经验十分丰富，方志理论研究成果丰硕，是复合型编研人才。国务院《地方志工作条例》就有规定："编纂地方志应当吸收有关方面的专家、学者参加。"选好主编，专家学者参加修志，是提高地方志书质量的有力保证，也是今后村志编纂的一个可取方向。莫艳梅同志不图酬劳，热爱修志事业，不辞辛劳勤奋笔耕，仅用两年时间就奉献出这部200多万字的村志，实为中国地方志事业的又一幸事。

村志不同于省、市、县志。村落是中国乡土社会的基本单位，血缘关系、地缘关系是农民联系的主要纽带。不少村志除了记载村庄状况、民情民俗以外，还专门记载家谱世系，反映这一关系。村志也因此变得有温度，不仅有历史的温度，留存着代代赓续的记忆，还有血亲的温度，传递着乡情、乡愁和乡思。凤凰村历史上未见有家谱，这次首编村志，特地开展村内姓氏源流普查、户主身世及家庭成员普查，并在一户一个基本情况表的基础上，配以一户一张全家照，每户写一句最想说的话，录入村志中。这是个不错的创意，体现了村志的"村民性"，使村民产生实实在在的根源感、存在感和归属感，无论人走多远,离开多久,也不会忘记自己来自哪里,乡情、乡愁和乡思也留在了那里。同时,这也为观察民情、民意、民愿提供了一个窗口。

传统的志书,资料来源于档案文献。有的资料奇缺,有的相对完备但缺乏鲜活性、原创性。《凤凰村志》主编难能可贵的是,在编纂过程中开展较大规模的社会课题调查和口述历史活动,获取鲜活的第一手资料。富裕起来的村民在想什么?此调研成果入志达10万字。村庄是如何发展变迁的?村民生活和个人奋斗史、生命史是怎样的?老百姓口述史入志达20万字。这不仅深化了村志的内容,增强了志书的资料性、著述性和原创性,还为地方志书的体例创新做了有益的尝试。

凤凰村不同凡响,《凤凰村志》全方位记载村域自然、政治、经济、文化、社会的历史和现状,亮点纷呈。在全面建设小康社会的进程中,看到又一部全面小康建设示范村的村志问世并将发挥积极作用,是一件令人欣喜的事。在中国传统村落数量锐减的今天,看到又一部留存乡村记忆、抢救乡村历史文化的村志问世,是一件值得庆幸的事。在中国地方志事业转型升级的时期,看到一个个方志人不断进取,开拓创新,无私奉献出一部又一部精品佳志,是一件令人骄傲的事。真心希望全国地方志齐头并进,在新时代新的历史条件下,为全面建设小康社会、助推实现中国梦发挥强大"志"力。

是为序。

2018年10月

凤凰村志·总目

上　册

序　　　　　　　　　　　　第一编　村庄
凡例　　　　　　　　　　　第二编　姓氏
编纂说明　　　　　　　　　第三编　人物
总述　　　　　　　　　　　第四编　村民访谈
大事记　　　　　　　　　　第五编　凤凰村民未来期待调查
大事纪略

下　册

第六编　衙前农民运动　　　第十四编　教育　卫生
第七编　村政　　　　　　　第十五编　文化　体育
第八编　村区建设　　　　　第十六编　艺文
第九编　农业　　　　　　　第十七编　风俗
第十编　工业　建筑业　　　第十八编　文献
第十一编　商业　服务业　　索引
第十二编　村级经济　收益分配　　参考文献
第十三编　村民生活　　　　后记

凤凰村志·目录

序

凡　例

编纂说明

总　述

大事记

　　晋

　　唐

　　宋

　　元

　　明

　　清

　　中华民国（1912—1949）

　　中华人民共和国（1949.10—2017.12）

大事纪略

　　凤凰山抗击战

　　创建全国文明村

　　凤凰村与台湾南投县鹿谷乡两村结对交流

第一编　村庄

概　述

第一章　建置

概　况

第一节　村名由来

凤凰村

交通村

卫家村

第二节　隶属沿革

第三节　自然村落

西曹自然村

傅家自然村

童墅自然村

卫家自然村

新屋自然村

第二章　区位

概　况

第一节　自然地理区位

第二节　交通地理区位

第三节　经济地理区位

第三章　人口

概　况

第一节　人口数量

第二节　人口变动

出生死亡

迁入迁出

下乡知青

外来人口

第三节 人口结构

性别结构

老年人口

劳动力结构

家庭规模

第四章 自然环境

概　况

第一节 地质

第二节 地貌

第三节 山岭

凤凰山

洛思山

龟山

其他

第四节 河流

萧绍运河（官河）

凤凰河

童墅河

傅家河

第五节 池塘

溇浜

湖池

堤塘

第六节　气候

　　四季

　　气温

　　降水

　　日照

　　风

　　霜雪

第七节　土壤

　　水稻土类

　　红壤土类

　　盐土类

第八节　植被

第九节　野生动植物

　　野生动物

　　野生植物

第十节　灾异

第二编　姓氏

概　述

第一章　凤凰村姓氏

概　况

第一节　数量

第二节　结构

第三节　源流

　　周氏

         傅氏

         卫氏

         陈氏

         项氏

         唐氏

         蔡氏

第二章　凤凰片姓氏

　　概　况

　　第一节　数量

　　第二节　结构

　　第三节　户主与家庭成员

　　　　第一村民小组

　　　　第二村民小组

　　　　第三村民小组

　　　　第四村民小组

　　　　第五村民小组

第三章　交通片姓氏

　　概　况

　　第一节　数量

　　第二节　结构

　　第三节　户主与家庭成员

　　　　第一村民小组

　　　　第二村民小组

　　　　第三村民小组

　　　　第四村民小组

　　　　第五村民小组

第六村民小组

第四章 卫家片姓氏

概　况

第一节 数量

第二节 结构

第三节 户主与家庭成员

第一村民小组

第二村民小组

第三村民小组

第四村民小组

第三编　人物

概　述

第一章 人物传

概　况

沈受谦

李成虎

陈晋生

沈定一

单夏兰

沈剑龙

杨之华

王华芬

傅金洋

胡欢刚

第二章　人物表

> 概　况
>> 凤凰村村干部名录
>>
>> 凤凰村荣获杭州市萧山区（市、县）级以上表彰名录
>>
>> 凤凰村硕士生名录
>>
>> 凤凰村大学本科生名录
>>
>> 凤凰村参加中国人民解放军名录

第四编　村民访谈

> 概　述

第一章　现任村党委书记、村委会主任访谈

> **一、我当村干部 40 多年——胡岳法访谈**
>> 27 岁当大队长，1992 年当书记至今
>>
>> 推进农业集约化
>>> 第一步棋：创办全省第一个联营加油站
>>>
>>> 第二步棋：创办综合大市场
>>>
>>> 第三步棋：组建股份制公司
>>
>> 与时俱进：深化改革
>>
>> 建立村级三大保障
>>
>> 赢得好口碑
>>
>> 也有很多辛酸苦辣
>>
>> 生活有规律，妻子很贤惠

> **二、我当村干部 20 年——沃关良访谈**
>> 19 岁当兵
>>
>> 从驾驶员到村主任
>>
>> 经济发展历程

村庄事务管理

关键是诚信，办事公正

要让老百姓得到实惠

婚姻家庭生活

第二章　20世纪20—40年代村民访谈

一、从日军枪口下逃生，日子由苦过到甜——卫松根访谈

日本人毁了我的家园

从苦日子到好日子

二、共产党真是好——傅小虎访谈

那时的人跟蚂蚁一样，命很容易就没了

放过牛，承包过土地，对现在生活满意

三、我对现在的生活很满意——卫仁水访谈

新中国成立前的事

新中国成立后的事

还好我们和凤凰村合并了

四、我今年83岁了，身体健朗——沃阿毛访谈

身世

见闻

家庭

五、我的亲见亲历——卫永泉访谈

亲见国民党退逃

有一个划过来的地主人很好

在集体企业工作过

现在是最好的社会

六、生活与时代的印记——唐先根访谈

因家穷失学，新中国成立后学会计

初级社到改革开放的印记

结婚时没有家具，现在生活满意

七、那个时候跟现在都大不一样——卫张泉访谈

那个时候的病，现在是不太会死人的

那个时候连树皮草根都吃，现在大米食油免费拿

那时候欠学费老是被留下，现在交学费只要写一句

从搞建筑到开织布厂

现在的村民生活和年轻人观念

八、希望做过的能得到承认——潘冬英访谈

我是爷爷奶奶抚养长大的

16岁参加民兵，做过十多年妇女主任

19岁结婚，过去吃了多少苦啊

年代不一样，风俗不一样

九、我不用他们管，我自己一个人很活络——徐阿秋访谈

这些房契山契是我婆婆传给我的

孙子说奶奶在整个中国都不会迷路的

健康长寿的秘诀就是乐观开心多动动

十、村里发展经济大多是我在提建议——胡和法访谈

出身雇农，当过村办企业厂长

条件改善，五个小孩在国外读书

十一、我的人生经历——曹行舟访谈

工农兵、教师都当过

为人夫为人父都不容易

三村合并是成功的

当了三届的股东代表

十二、东岳庙迁建情况——周岳根访谈

十三、人与人之间要和谐相处——钱关潮访谈

第三章　20世纪50—70年代村民访谈

一、村里的换届选举、股份分红以及福利待遇——张彩琴访谈

今年的换届选举

凤凰股份经济联合社

村民福利待遇

家庭生活状况

二、过去的生活跟现在没得比——唐关仁访谈

在生产队的日子

改革开放后的日子

三、我们与上一代不一样，与下一代又不一样——项国安访谈

当小组长与小队长不一样

打工做生意赚钱都不容易

村里变化太大，与我们小时候完全不一样

家庭生活与消费观念的变迁

四、挣到钱了还要舍得花钱——卫子仁访谈

家族企业由小到大

孙子是香港户口

村务监督与热心公益

家庭生活及老年消费

五、办个小厂赚点利息就好——傅华明访谈

从生产队员到村主任

家庭作坊年收入百万

六、办厂起家顺利，多读点书就更好了——陆惠祥访谈

办厂起家

发展感悟

村民生活

七、从赤脚医生到私营企业主——卫纪土访谈

因为生疟疾要当赤脚医生

当时村里只有我一个赤脚医生

办厂创业经历及体会

个人与村未来发展的看法

八、从赤脚医生到私营企业主——周志根访谈

从小没有干过农活

15 岁当赤脚医生

26 岁开始办厂

九、从民兵连长到开拖拉机搞运输——周柏夫访谈

当兵回来当民兵连长

开拖拉机搞运输收入高了

十、我在市场办工作 20 年——徐幼琴访谈

十一、在衙前范围内我这种十全十美的人家不多——邵东根访谈

从大围垦到小生意

一家十个人算满意了

十年没看病不是吹牛皮

十二、30 年间造了 3 次房子——陈长根访谈

1984 年、1994 年、2009 年 3 次造房

我们在村里的水平算很一般的

十三、我很喜欢戏曲这一行——徐建根访谈

成长经历

戏曲爱好

家庭生活

第四章　20世纪80年代村民访谈

一、我的成长经历——沃琦访谈
　　学生记忆
　　工作6年
　　家庭消费
　　老辈观念
　　未来期许

二、大学毕业后在凤凰工作安家——翁洪霞访谈
　　大学毕业后回村工作
　　老公跟我在凤凰安家

三、我的教学生涯——陈立访谈
　　当体育教师4年
　　有许多心得感悟
　　游泳教龄长达10年
　　家庭生活消费

四、如果没有村里照顾，我们无法完成学业——汪洁霞访谈
　　家里遭遇很多变故
　　村里对我们非常照顾
　　教学感悟与生活期望

第五章　外来人员访谈

一、外来办厂发展较好，就是文体活动少了——陈楚儿访谈
　　外来办厂得到村里支持
　　想扩大厂房购买宅基地
　　希望村里多开展文体活动

二、外来经商的经历可以写一本自传了——乐桂兰访谈
　　初做裁缝后做餐饮

　　　　租金涨幅难以承受

　　　　配料独特生意红火

　　　　养孩子我是失败了

　　　　喜欢这里，想成为这里的村民

　　三、有吸引我们的，我们才会留下来——李桂发访谈

　　　　从开服装店到开超市

　　　　在凤凰买了房子没迁户口

　　　　生意好坏要看人缘

　　　　如果给我们一些好的福利的话，我们会选在这里发展

　　四、外来务工算是成功的，能成为凤凰村村民就更好了——刘继平访谈

　　　　从保安到和事佬

　　　　当选为居委会委员

　　　　外地人没有被看不起

　　　　希望能成为凤凰村村民

第五编　凤凰村民未来期待调查

第一章　问题的提出

　　一、研究背景及意义

　　二、个案背景及调查基本情况

第二章　凤凰村民七大未来期待

　　一、村民望更富：盼发展农村经济，增收致富

　　　　（一）致富之路多途径

　　　　（二）影响收入多因性

　　　　（三）消费观念特殊性

　　二、村民求真知：盼丰富文化生活，尊知重教

　　　　（一）意识到文化水平对经济发展的制约

(二）趋向于尊知重教

(三）肯定传统文化的学习意义

(四）希望丰富休闲文化

三、村民期乡美：盼建成三美乡村，绿色文明

(一）盼村容更整洁，实现生态美

(二）盼生产更绿色，实现生产美

(三）盼乡风更文明，实现生活美

四、村民希安稳：盼完善保障保险，后顾无忧

(一）盼老有所养，病有所医

(二）盼医有所保，贫有所助

五、村民求和顺：盼家庭安居乐业，顺其自然

(一）家庭观念强，望优生优育

(二）乡土观念重，望发扬光大

(三）知足常乐心，望顺其自然

六、村民愿参政：盼政府更民主公正，执行力强

(一）盼农民地位不断提高

(二）盼地方政府工作加强

(三）盼村领导班子勇挑重担

七、村民谋发展：由顺从守旧走向主动追求，但仍保守惧变

(一）盼普及农村网络化，融入智慧城市

(二）盼金融理财有规划，守财走向生财

(三）盼推进新型城镇化，互惠一体共进

第三章 民之所望 施政所向

一、村民对美好生活的向往

二、对策思考

(一）三级联动，推进"三美三化"建设

（二）引导合作，推动"三位一体"改革

（三）共建共享，提升公共服务水平

（四）精准帮扶，完善社会保障制度

（五）提高素质，加快培育现代农民

（六）责任明晰，抓好基层组织党建

  附录一：萧山区衙前镇凤凰村村民未来期待调查问卷

  附录二：萧山区衙前镇凤凰村村民未来期待访谈提纲

  附录三：萧山区衙前镇凤凰村村民未来期待访谈记录

  附录四：萧山区衙前镇凤凰村党委书记胡岳法访谈录

第六编　衙前农民运动

概　述

第一章　衙前农民运动兴起

概　况

第一节　中共早期党员沈定一宣传发动

第二节　衙前农民协会成立

第三节　抗租减租斗争

  附录一：衙前农村小学校宣言

  附录二：衙前农民协会宣言

  附录三：衙前农民协会章程

  附录四：萧山南沙组织农民团体宣言

第二章　军阀镇压

概　况

第一节　地主与军阀的勾结

第二节　农民协会会员被捕

第三节　农民领袖李成虎牺牲

第三章 衙前农民运动胜迹

概　况

第一节　旧址

东岳庙

衙前农村小学校（沈定一故居）

李成虎故居

成虎桥

第二节　墓葬

沈定一墓

李成虎墓

陈晋生墓

第三节　碑坊

"沈定一先生被难处"纪念碑

成虎坊

"精神不死"碑

"妇女解放万岁"坊

第四章 衙前农民运动纪念活动

概　况

第一节　70 周年纪念

第二节　80 周年纪念

衙前农民运动 80 周年纪念大会

衙前农民运动 80 周年学术讨论会

第三节　85 周年纪念

第四节　90 周年纪念

衙前农民运动 90 周年学术讨论会

纪念建党 90 周年暨衙前农民运动 90 周年知识竞赛

第五节 95周年纪念

  纪念建党95周年、长征胜利80周年暨衙前农民运动95周年知识竞赛

  纪念衙前农民运动95周年暨迎国庆大合唱活动

第五章 衙前农民运动纪念设施

  概　况

  第一节 衙前农民运动纪念馆

  第二节 红色衙前展览馆

第六章 衙前农民运动研究状况

  概　况

  第一节 专著

    《衙前农民运动》

    《农运先声——纪念衙前农民运动八十周年诗词集》

    《衙前农民运动论文选编》

    《纪念衙前农民运动90周年论文集》

    《纪念衙前农民运动九十周年书画影集》

    《衙前风雷》

  第二节 论文

    附录：沈定一与衙前农民运动再认识

第七编 村政

  概　述

第一章 自治组织

  概　况

  第一节 村自治会

    附录一：萧山县东乡自治会章程

附录二：衙前村自治会章程

第二节 保甲

第三节 村行政委员会

第四节 生产大队管理委员会（革命领导小组）

第五节 村民委员会

第六节 村经济联合社

第七节 村民（股东）代表大会

附录一：2009年度村民（股东）代表大会决议

附录二：2016年村民（股东）代表大会决议

第八节 村务监督委员会

第九节 村民小组（生产队）

第二章 中国共产党

概 况

第一节 村（大队）党支部

第二节 村党委

第三节 党员

第三章 群众组织

概 况

第一节 农民组织

农民协会

贫下中农协会

第二节 共青团组织

第三节 妇女组织

第四节 工会组织

第四章 村务管理

概　况

第一节　村务公开

第二节　村规民约

第三节　便民服务

第四节　扶持经济薄弱村

　　附录：《萧山市志》红旗村、标兵村选介

第五节　财务管理

第六节　安全管理

第七节　档案管理

第八节　水电管理

第九节　治保调解

　　治保

　　调解

　　凤凰法制教育基地

　　凤凰"和事佬"协会

　　附录：大事化小小事化了 "和事佬"消弭矛盾有一套

第十节　表彰先进

　　附录：凤凰村美丽家庭评选实施办法

第五章 民兵优抚

概　况

第一节　民兵

第二节　优抚

第三节　军民共建

第六章　创业新村社区

　　概　况

　　第一节　工程建设

　　第二节　社区组织

　　第三节　凤凰蓝领驿站

第八编　村区建设

　　概　述

第一章　交通设施

　　概　况

　　第一节　道路

　　　　　穿越境内公路干线

　　　　　穿越境内道路

　　　　　村境道路电子警察抓拍点

　　第二节　桥梁

　　　　　毕公桥

　　　　　永乐桥

　　　　　成虎桥

　　　　　水獭桥

　　　　　新卫家桥

　　　　　永兴桥

　　第三节　公交停靠站

第二章　供水排污

　　概　况

　　第一节　供水

第二节 排污

第三章 供电供气

概 况

第一节 电力

第二节 燃气

  煤气

  天然气

第四章 信息传媒

概 况

第一节 邮政 电信

  邮政

  电信

  微波站

第二节 广播 电视

第三节 村务信息化

  基础设施

  网站建设

第五章 村办公场所

概 况

第一节 办公场所变迁

第二节 凤凰村办公楼

第六章 村庄建设

概 况

第一节 新农村建设

  "三园二区"建设

美丽乡村建设

最清洁村庄创建

旧村改造

第二节 三改一拆

第三节 五水共治

附录：杭州市新农村建设示范村考核评价

第九编 农业

概　述

第一章 生产关系变革

概　况

第一节 土地改革前

第二节 土地改革

第三节 农业互助合作

农业互助组

农业生产合作社

第四节 人民公社化

第五节 家庭联产承包责任制

第一轮家庭联产承包责任制

第二轮家庭联产承包责任制

第六节 萧山市衙前镇凤凰现代农业示范园区

第二章 耕地

概　况

第一节 内地耕地

第二节 围垦耕地

耕地面积

土地开发利用

第三章　种植业

概　况

第一节　水稻

第二节　大麦　小麦

第三节　油菜

第四节　络麻

第五节　蔬菜（菜用瓜）

第六节　其他作物

第四章　养殖业

概　况

第一节　家禽

第二节　家畜

　　生猪

　　牛

第三节　特畜

第四节　淡水鱼

　　附录：传统捕鱼工具和方法

第五章　林业

概　况

第一节　山林　果木

第二节　茶园　采茶

第三节　花卉　苗木

第六章 水利

  概　况

  第一节　河道整治

  第二节　堰坝　涵闸

  第三节　机电排灌

第七章 农机具

  概　况

  第一节　传统农具

  第二节　耕作机具

  第三节　收割机械

  第四节　其他机具

    喷雾器

    加工机

    运输机械

第十编　工业　建筑业

  概　述

第一章 工业行业

  概　况

  第一节　轻纺工业

  第二节　五金机械

第二章 工业园区

  概　况

  第一节　萧山纺织工业园区

第二节　浙江省中小企业创业基地

第三章　企业

　　概　况

　　第一节　企业集团

　　　　　　浙江恒逸集团有限公司

　　　　　　杭州宏峰纺织集团有限公司

　　　　　　浙江金洋控股集团有限公司

　　第二节　规模以上企业

　　　　　　杭州叶茂纺织有限公司

　　　　　　杭州凤谊纺织有限公司

　　　　　　杭州萧山潘氏纺织有限公司

　　　　　　杭州凤凰纺织有限公司

　　　　　　杭州美恒纺织有限公司

　　第三节　规模以下企业

　　第四节　建筑企业

　　　　　　萧山市衙前土石方工程队

　　　　　　建筑施工队

第四章　企业信息化

　　概　况

　　第一节　企业网站

　　　　　　恒逸网站

　　　　　　宏峰网站

　　　　　　金洋网站

　　第二节　电子商务

　　　　　　杭州宏峰集团有限公司电子商务

　　　　　　浙江恒逸集团有限公司电子商务

第三节 移动新媒体

浙江恒逸集团有限公司微信公众平台：二维码

浙江金洋控股集团有限公司微信公众平台：二维码

杭州宏峰纺织集团有限公司微信公众平台：二维码

第五章 产品 商标

概 况

第一节 产品

精对苯二甲酸（PTA）

短纤

聚酯切片

瓶级切片

多丽丝（DTY）

阻燃纤维（FDY、DTY）

四面弹

罗缎面料

涤纶低弹丝

花色丝

环保型涤纶丝（POY、DTY）

人棉混纺纱

无纺布

第二节 商标

浙江恒逸集团有限公司"恒逸"商标

浙江金洋控股集团有限公司"金巨 JINJU"商标

杭州宏峰纺织集团有限公司"宏峰"商标

杭州叶茂纺织有限公司"叶茂纺织"商标

杭州凤谊纺织有限公司"凤谊化纤"商标

第十一编　商业　服务业

　　概　述

第一章　商业网点

　　概　况

第一节　市场

　　　　杭州萧山衙前消费品综合市场

　　　　萧山轻纺坯布市场

　　　　小商品市场

　　　　附录：杭州萧山衙前消费品综合市场经营户守则

第二节　商品经营门店

第三节　超市　连锁店

　　　　杭州萧山衙前家乐美超市

　　　　杭州萧山衙前嘉佰乐超市

第二章　服务业

　　概　况

第一节　运输

　　　　水路运输

　　　　陆路运输

第二节　居民服务业及其他服务业

第三节　加油站

第四节　凤凰山度假村

第三章　物业服务

　　概　况

第一节　水电管理服务

第二节　出租房维修

第三节　环境卫生

第四章　金融

　　概　况

　　第一节　全省首个农村信用合作社

　　第二节　萧山渔庄乡合作社

　　第三节　萧山农村合作银行衙前支行

　　第四节　其他金融机构

第十二编　村级经济　收益分配

　　概　述

第一章　村级经济

　　概　况

　　第一节　村级经济收入

　　　　经济收入

　　　　收入特征

　　第二节　股份经济联合社

　　　　股本金划分

　　　　股东股金确权

第二章　收益分配

　　概　况

　　第一节　**农业集体化时期**

　　　　农业合作化时期（1955—1957）

　　　　人民公社初期（1958—1961）

　　　　人民公社中后期（1962—1982）

　　　　附录一：凤凰生产大队的工分制度

附录二：凤凰生产大队的按件计酬和小段包工计分

附录三：凤凰生产大队的社务工分与补贴工分

第二节 家庭联产承包责任制时期

第三节 建设新农村时期

第三章 缴纳国家税款 投资固定资产

概 况

第一节 缴纳国家税金

农业税

企业所得税 营业税 增值税

第二节 投资固定资产

固定资产投资资金来源

固定资产投资用途

第十三编 村民生活

概 述

第一章 商品供应 粮油分配

概 况

第一节 商品供应

第二节 粮油分配

口粮分配

种子粮

饲料粮

储备粮

其他用粮

食用油分配

第三节 粮油征购

  粮食收购

  油脂收购

  附录：粮食收购价与供应价

第二章 村民收入

  概　况

  第一节 劳动报酬

    评分计酬

    工资收入

  第二节 集体福利

  第三节 住房出租

  第四节 股金红利

第三章 村民消费

  概　况

  第一节 住宅

    第一代住宅

    第二代住宅

    第三代住宅

    第四代住宅

    第五代住宅

    第六代住宅

  第二节 烟酒

    卷烟

    酒类

  第三节 耐用消费品

第四节　电信用品

第五节　文教娱乐

第六节　休闲旅游

第四章　村民保障

  概　况

  第一节　生活福利

  第二节　医疗保健

  第三节　退休养老

    养老金

    老年活动中心

    孤寡老人五保供养

    传统节日慰问

    百岁老人慰问

  第四节　扶贫救济

    凤凰村特困救助基金

    社会互助

第十四编　教育　卫生

  概　述

第一章　教育

  概　况

  第一节　幼儿教育

  第二节　小学教育

  第三节　初中教育

第四节　高中教育

第五节　成人教育

第六节　奖学金制度

　　奖励优秀学生

　　资助困难学生

第二章　教育网络

　　概　况

　　第一节　网络信息

　　　　萧山第三高级中学信息网络

　　　　衙前镇初级中学信息网络

　　　　衙前农村小学校信息网络

　　第二节　网站建设

　　　　萧山第三高级中学门户网站

　　　　衙前镇初级中学门户网站

　　　　衙前农村小学校门户网站

第三章　卫生

　　概　况

　　第一节　医疗卫生

　　　　村合作医疗

　　　　村民统筹医疗制度

　　第二节　妇幼保健

　　第三节　爱国卫生

第四章　计划生育

　　概　况

　　第一节　生育政策

第二节　措施与成效

第三节　管理组织

第四节　外来人口计生管理

　　附录：旧法接生

第十五编　文化　体育

概　述

第一章　文化

概　况

第一节　文艺团体

　　凤凰剧团

　　凤凰老龄艺术团

第二节　文艺活动

第三节　电影放映队

第四节　文化礼堂

第五节　文化下乡

第六节　民间收藏

第七节　文物胜迹

　　衙前农民运动胜迹

　　萧绍运河

　　官塘

　　大洞桥

　　凤凰桥

　　罗汉松

　　沈仲清墓

陆元屿墓

出土文物

已湮没的古迹

第二章 体育

概　况

第一节　体育设施

凤凰广场

游泳池

第二节　健身运动

第三节　体育赛事

第十六编　艺文

概　述

第一章　沈定一的著述

概　况

第一节　著述目录

第二节　诗歌选录

衙前洞桥头

车站休憩场

哀湘江

工人乐

富翁哭

农家

题《捉蟹图》

读大白的《对镜》

十五娘

病中忆执信

水车

衙前农民协会解散后

死

愚

在杭州

闻讯

题莫干山"剑池飞瀑"

第三节　文章选录

谁是你底朋友

农民自决

沈定一等代表农民问官吏

凭我，你们依我来！

第四节　楹联选录

衙前妇女解放万岁坊联

萧山东乡自治会成立联

挽朱执信联

李成虎墓道联

挽成虎联——为成虎纪念堂作

挽成虎联——为衙前农村小学作

挽成虎联——为衙前农民协会全体会员作

挽成虎联——为萧山县党部作

挽成虎联——为浙江省党部临时执行委员会农人部作

挽成虎联——为成虎殉难六周年筹备会作

廖仲恺殉难三周年纪念挽词

第五节　书画选录

第六节　学术界研究沈定一的著述
专著

论文

第二章　其他诗词楹联选录
概　况

第一节　山水诗词
洛思山（宋·徐天佑）

洛思山（元·萨天锡）

早过萧山历白鹤柯桥诸邮（明·高启）

望航坞山（清·张文瑞）

夜航船（周作人）

第二节　农运诗
卖布谣（刘大白）

田主来（刘大白）

成虎不死（刘大白）

萧山农民怨（民谣）

衙前农民运动八十周年纪念（张联芳）

衙前谒乡贤沈玄庐先生墓（周道明）

第三节　楹联挽联
东岳庙楹联

东岳庙万年台联

挽玄庐联（谢持）

挽玄庐联（黎东方）

第三章　新闻报道
概　况

第一节　新闻报道凤凰村目录

第二节　新闻报道凤凰村选录

　　胡岳法：新思路能点石成金

　　属牛书记领路发展　凤凰村涅槃让外来党员也找到"家"

　　凤凰村构建服务型基层党组织　深化创先争优活动

　　"凤凰"涅槃引路人——记萧山凤凰村党委书记胡岳法

　　胡岳法：歇不住的"凤凰"

　　凤凰村飞出"金凤凰"

　　老胡治村有真经——记杭州萧山区凤凰村党委书记胡岳法

　　好班子带出幸福村　捧起"凤凰"新腾飞——萧山区衙前镇凤凰村党委

　　萧山衙前倾力打造凤凰山旅游景区

　　衙前官河欲打造成"翻版乌镇"

第十七编　风俗

概　述

第一章　岁时习俗

概　况

第一节　春

　　春节

　　元宵

　　清明

第二节　夏

　　立夏

　　端午

　　夏至

第三节　秋

　　七夕

中元节（七月半）

中秋节（八月半）

重阳节（九月九、登山节）

第四节　冬

冬至

腊八节

过年

第二章　生产习俗

概　况

第一节　农耕

第二节　禁忌

第三节　祈丰收

第三章　生活习俗

概　况

第一节　家庭

第二节　服饰

第三节　饮食

第四节　居住

第五节　出行

第六节　生育

第七节　寿诞

第八节　交往

第四章　婚嫁习俗

概　况

第一节　托媒合肖

第二节　定亲送礼

第三节　结婚办酒

第五章　丧葬习俗

概　况

第一节　送终报丧

第二节　拜忏守灵

第三节　入殓出殡

第四节　做七做周年

第五节　殡葬改革

第六章　信仰习俗

概　况

第一节　寺庙

第二节　活动

第七章　时尚

概　况

第一节　崇尚"最美"

第二节　超市购物

第三节　手机支付

第四节　跳广场舞

第八章　方言

概　况

第一节　方言特点

　　语音特点

　　　　　语法特色

　第二节　民间词汇
　　　　　日常用语
　　　　　时间用语
　　　　　称谓用语
　　　　　生活用词
　　　　　情态用语

　第三节　谚语
　　　　　自然类
　　　　　生活类
　　　　　民俗类
　　　　　百业类
　　　　　事理类
　　　　　修养类

　第四节　歇后语

第十八编　文献

　　概　述

　　一、集体荣誉

　　　1954—2005 年凤凰村、交通村、卫家村获萧山县（市）级以上荣誉情况

　　　2006—2011 年凤凰村获国家荣誉情况

　　　2005—2016 年凤凰村获浙江省级荣誉情况

　　　2005—2015 年凤凰村获杭州市级荣誉情况

　　　2006—2016 年凤凰村获萧山区级荣誉情况

　　　2005—2017 年凤凰村获衙前镇荣誉情况

二、组织机构及人员配置

衙前镇凤凰村组织机构及人员配置（凤字〔1990〕2号）

衙前镇凤凰村组织机构及人员配置（凤委〔2002〕1号）

凤凰村干部任职及分管工作（凤委〔2008〕7号）

衙前镇凤凰村干部任职及分管工作（凤委〔2014〕1号）

衙前镇凤凰村干部任职及分管工作（凤委〔2017〕13号）

三、村规民约

衙前镇凤凰村村规民约（1999年8月）

衙前镇凤凰村村规民约（2006年1月）

衙前镇凤凰村村规民约（2011年6月）

衙前镇凤凰村村规民约（2017年7月）

四、经济联合社章程

杭州萧山衙前镇凤凰股份经济联合社章程（2006年6月20日）

衙前镇凤凰股份经济联合社章程（2017年6月23日）

五、凤凰村村歌

六、衙前镇1977—2017年党政负责人名录

索引

图照索引

表格索引

参考文献

后　记

凤凰村志·总述

凤凰村，因凤凰山而名。凤凰山，因形似卧凤而得名。凤凰山森林公园，是杭州市萧山区5个森林公园之一，现正在开发凤凰山旅游景区。世界文化遗产——"大运河"的组成部分，浙东运河穿越凤凰村境内2500米。古时航运商贸发达，东往绍兴，西去钱塘，有大航船、小划船，还有夜航船。晚上，河面上倒映着夜航船的灯光，隐隐约约，闪闪烁烁，宛如流动的璀璨的珍珠，与天上的星星一样好看。在村境内的老东岳庙（衙前农民协会旧址）前，至今保存着一段40米左右的古纤道，为萧山区文物保护单位。横跨运河的数座桥梁，则是运河上画龙点睛之处，景色美，故事也多。桥梁的两岸，店铺林立，行人如织，水乡小镇风情十足。民国时期沈定一诗："锁岸高桥石洞深，山村小市两边陈"，说的就是大洞桥边的小街情景。

水、陆、空交通便捷。距杭州钱江六桥（下沙大桥）10千米，距杭州火车南站10千米，距杭州萧山国际机场8千米。104国道穿村而过。穿越村内的公路干线共有6条，公交线路6条，设有5个停靠站。车来人往，昼夜不息。是杭州市与绍兴市发展主轴上的重要节点。人们西往浙江省会杭州市20千米路程，至杭州市萧山区14千米路程，南至绍兴市柯桥区仅10千米路程。区位优势得天独厚，山水相依，四通八达，非常适合投资创业与居住休闲。

早在北宋以前，凤凰先民就在这里生存谋发展。村域先后隶属萧山县凤仪乡、龙泉乡、定一乡、凤凰乡、交通乡、坎山人民公社、衙前人民公社、衙前乡、衙前镇等。1961年，成立凤凰生产大队、交通生产大队、卫家生产大队。1984年，分别改名为凤凰村、交通村、卫家村。2005年，3村合并为杭州市萧山区衙前镇凤凰村。至2016年，凤凰村有2.44平方千米，西曹、傅家、童墅、卫家、新屋5个自然村，15个村民小组，另有1个创业新村社区。户籍人口581户2204人。外来人口10573人。

这是一片具有革命历史的红色热土，是中国现代农民运动的发祥地。[①] 民国10年（1921）9月，中国共产党早期党员沈定一在家乡衙前村组织和发动衙前农民运动，开创了中国共产党历史上的4个第一：党领导的第一次农民运动，第一个农民协会，第一个农民革命性纲领文件，第一所农民免费教育的农村小学校。虽然衙前农民运动最终被镇压了，但它在中国革命历史上占有重要地位，其旧址、纪念馆成为浙江省文物保护单位、浙江省爱国主义教育基地、杭州市红色旅游景点。2013年起，凤凰村全体党员每年清明节集队前往李成虎烈士墓敬献花圈，祭奠革命先烈，重温入党誓词，立志继承和发扬党的优良革命传统。

---

① 成汉昌：《中国现代农民运动最早发生于何时何地？》，《教学与研究》1980年第4期。杨福茂等：《中国现代农民运动的先声——浙江萧山衙前农民斗争概述》，《杭州大学学报（哲学社会科学版）》1980年第4期。中共中央党史研究室：《中国共产党历史》第一卷（1921—1949）上册《第三章中国共产党创建初期的活动三、党对农民运动、青年运动和妇女运动的领导》，中共党史出版社2002年版。

这是一方创业创新、奋发向上的金色沃土。改革开放后，凤凰涅槃，浴火重生，由穷村变成萧山区经济强村。过去以传统农业为主，大面积种植水稻、大、小麦、络麻、油菜和蔬菜等，同时利用依山傍水的条件种植林木果树和茶树，饲养耕牛、鸡鸭、养鱼捕鱼等。实行家庭联产承包责任制后，逐步推行适度规模经营、村集体经营和农业大户经营，机械化操作取代了传统农具，大大提高了农业生产效率。工商业方面，民国时期，沈定一在衙前村创办了浙江省第一个农村信用社，挑花边成为农村妇女传统的手工业技艺。20世纪60年代后，传统家庭手工业发展为村（大队）办集体企业至1985年，凤凰村与浙江省石油公司萧山县公司联营创办省内第一家联营加油站。1996年，在凤凰村建造萧山衙前消费品综合市场和萧山轻纺坯布市场。2000年，实现由农业村向工业村的转变，个体私营经济占据主导地位。2007年，建设凤凰工业园（后定名浙江省中小企业创业基地），至2016年，入园工业企业达14家。村境内总计有工业企业68家，其中规模以上工业企业8家，浙江恒逸集团有限公司在全国工商联发布的"2016中国民营企业500强"中居第28位。轻纺工业总产值达789.95亿元，五金机械工业总产值达6918万元，分别占村境内工业总产值790.64亿元的99.91%、0.09%。专业市场2家，街道门店各类经营户399家。从事第二、第三产业的农村劳动力人数合计占全部农村劳动力人数的98.82%。

从数字看发展。2016年，凤凰村经济总收入从2006年的150600万元增加到504033万元，年均增长20.02%，其中农业总产值1377万元，占全村经济总收入的0.27%；工业总产值490423万元，建筑业总产值4285万元，合计494708万元，占全村经济总收入的98.15%；运输业总产值720万元，商业餐饮业总产值4260万元，服务业总产值480万元，其他2488万元，合计7948万元，占全村经济总收入的1.58%。村民人均纯收入从2006年的15082元增加到49555元，年均增长13.29%。村级可用资金4423.93万元，人均可用资金20072.28元。凤凰村资产总额35948.46万元，固定资产净值27539万元。萧山区农业和农村工作办公室统计数据显示：凤凰村村级经营性收入、村级可用资金、村民人均纯收入均名列全区各村（社区）第一。①

农民富才是真的富。凤凰村在发展经济的同时，建立起与村经济发展水平相适应的民生投入和保障机制，实现村民基本生活、医疗、养老三大村级保障。即免费向村民供应米、油、天然气；村民就医可报销72%的门诊费和95%的住院费；女性50—59岁由村集体发放助养金，对全村60岁及以上老人每人每月发放1660—1910元不等的养老金。2016年，凤凰村用于村民基本生活、医疗、养老三大保障开支达1445.17万元，人均6557元。村民集体福利连续多年排名萧山各村（社区）第一。富裕起来的村民，如今住的是排屋、高楼洋房，开的是小轿车（私家车户均1辆以上）。白天辛勤工作，傍晚或到凤凰广场跳

---

① 2016年，杭州市萧山区421个村级组织村级经营性收入12.62亿元，村均299.78万元；年经营性收入1000万元以上的村有20个，50万—70万元的有101个，30万—50万元的有80个，30万元以下的有44个；经营性收入最高的衙前凤凰村达到4178.46万元，是萧山区收入最低的村（1.77万元）的2361倍。是年，凤凰村实现村级可用资金达4424万元，名列第一。2017年，杭州市萧山区421个村级组织村级经营性收入13.48亿元，村均320.20万元；年经营性收入1000万元以上的村有24个，50万—70万元的有101个，30万—50万元的有71个，30万元以下的有32个；经营性收入最高的衙前凤凰村达到4406.06万元，是萧山区收入最低的村（2.11万元）的2088倍。是年，凤凰村实现村级可用资金达4536万元，村民人均纯收入54518元，均名列第一。

广场舞，或到凤凰山上徒步健身。不少村民自发组团到国内外旅游。每到节假日，举家逛商场、购物、休闲、消费，更是成为时尚。

崇尚教育、"最美"与敬老。从1986年开始，凤凰村每年对考上重点高中和大学本科的优秀学生进行表彰，分别发给奖学金500元和1000元。当时的1000元对于村民来说可是"巨款"啊！如今奖学金分别提高到了1000元和2000元，32年累计表彰优秀学生348人，发放奖学金28.7万元，有15名优秀学生考上国内外名校研究生、博士生。在凤凰村的影响下，衙前镇11个村中已有9个村先后出台了表彰优秀学生的规定。从2014年开始，凤凰村每年评选并表彰"最美家庭"10户。"最美家庭"的条件是家庭生活美、居室环境美、心灵健康美、公益慈善美、道德风尚美等。如今凤凰村先后有50户家庭被评选为"最美家庭"。集体慰问老人、为百岁老人做寿则始于21世纪初，即每年春节、中秋节、重阳节3个传统节日，给每位60周岁以上老人发放慰问品和现金，每年举行老年人迎新春团拜会并发红包。凤凰村老年活动中心和凤凰老龄艺术团组织的系列活动让老人们笑口常开。

和谐温馨的外来人口家园。外来务工人员是本土人口的4倍多。因而建立了杭州市首个外来人口集中居住社区——创业新村社区。凤凰蓝领驿站，则是远近闻名的外来务工人员之家。这里聚居着2000多名蓝领职工，有法制教育基地，有职工培训学校，有电子书屋，有图书室，有娱乐中心，有健身公园。社区实行高档次配套，社区化管理，小区化服务，居民自治，变"外来客"为"自家人"，共存共荣，亲如一家。同一片沃土，同一个家园，前景无限好。

凤凰村的创业创新发展得到各方的关注与肯定。先后被评为全国文明村、全国敬老模范村、全国民主法治示范村、浙江省全面小康建设示范村、浙江省模范集体、浙江省先进基层党组织、浙江省农村基层党风廉政建设示范村、浙江省村务公开民主管理示范村、浙江省生态文化基地、杭州市文化示范村、杭州市社会主义新农村建设标兵村、杭州市农村连锁经营发展工作先进单位、杭州市"庭院整洁"工作示范村、杭州市农村社区服务中心示范型、杭州市平安农机示范村、萧山区美丽乡村精品村、萧山区森林村庄、萧山区生态村、萧山区创建"平安家庭"示范村、萧山区最清洁村庄、军民共建文化示范村等。中央电视台《焦点访谈》栏目、《人民日报》、《中国纪检监察报》、《浙江日报》、《杭州日报》、《萧山日报》等先后对凤凰村进行了报道。当前，凤凰村正按照"提前建成高水平全国小康社会"目标，建设"美丽文明"新凤凰。

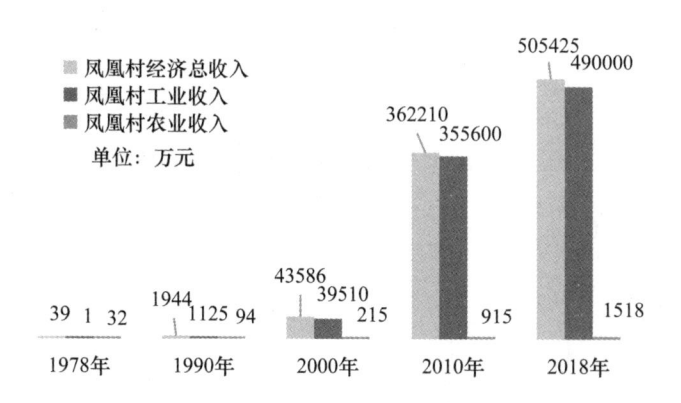

1978—2018年几个年份凤凰村经济总收入与工农业收入情况（1978年、1990年、2000年数据包括交通村、卫家村数据，农业包括种植业、林业、牧业、渔业）

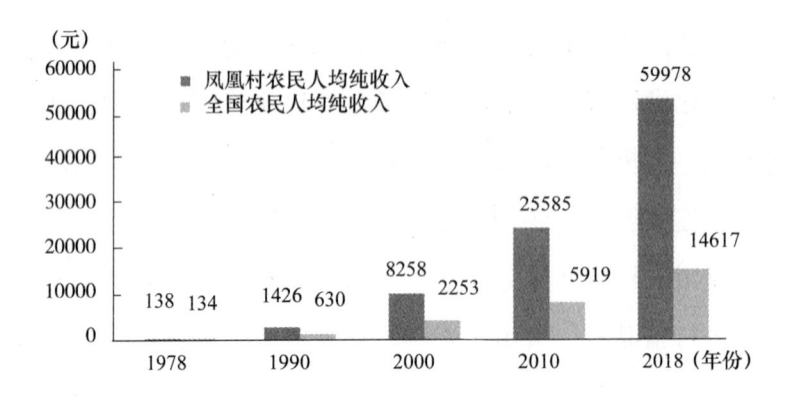

1978—2018年几个年份凤凰村与全国农村居民人均纯收入情况

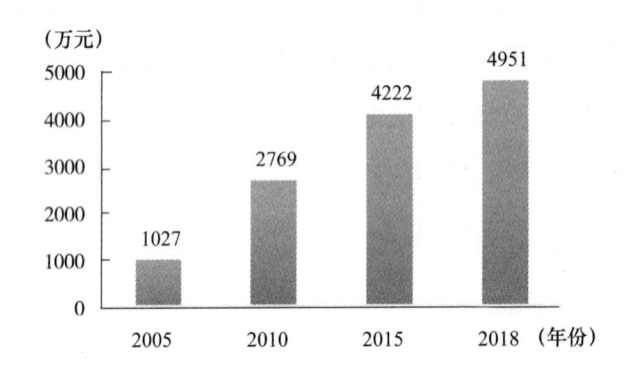

2005—2018年几个年份凤凰村可用资金情况

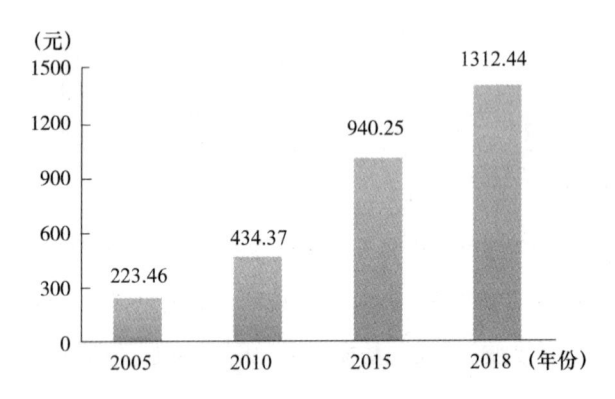

2005—2018年几个年份凤凰村民人均分红股金情况

凤凰村志·后记

2016年12月，我应邀指导杭州市萧山区衙前镇凤凰村志工作，翌年1月被聘任为该志主编（凤委〔2017〕3号）。我本人也乐意当这个主编并想借这个机会开展口述历史与社会课题调查活动。在此之前，我参加过4部市县志的编纂，有丰富的修志经验，发表过100多篇方志研究文章，其中有关口述历史、社会调查的论文8篇。我认为引入口述历史和社会调查的形式，可以增强志书的资料性、著述性和原创性、可读性。我要把这些思想融入《凤凰村志》中。

我出任《凤凰村志》主编后，马上制订了《〈凤凰村志〉篇目》、《〈凤凰村志〉行文规范手册》和《关于开展凤凰村口述历史活动的实施方案》。共设18编76章244节，其中"姓氏"、"村民访谈"（原为"口述历史"编，后根据出版社要求改名"村民访谈"编）、"凤凰村民未来期待调查"、"衙前农民运动"、"艺文"、"人物"特色编章以及"总述"、"索引"等，合计占全志文字篇幅的60%，由我负责编写；其余编章，由2名副主编负责编写。

村志中篇幅最大的是"姓氏"编。凤凰村史上未存留宗谱。2017年上半年，村志编纂委员会办公室根据我的要求开展村内姓氏源流普查和户主身世及家庭成员情况普查，计有20多万字（word字数）。2018年上半

《凤凰村志》行文规范手册

(2017年2月，莫艳梅提供)

年，又在每户一个基本情况表的基础上，配以每户一幅全家照，每户写一句最想说的话，录入村志中。我认为这是民情、民意、民愿的较好体现。

篇幅第二大的是"村民访谈"编。2017年2月，我针对不同的受访者撰写访谈提纲，3月29日始，进村入户访谈。因我是外地人，凤凰村老人中有的不会说普通话，他们说的萧山方言我也不太听得懂。于是，我请求我所在单位（萧山区人民政府地方志办公室）支持，安排1名会讲萧山方言的同事杨健儿协助我做访谈。至2017年6月1日，共访谈46人，其中凤凰村民33人（20世纪20年代1人，30年代7人，40年代6人，50年代9人，60年代6人，80年代4人），外来人员4人，沈定一的后代及知情人9人。凤凰村民中，有村领导2人，大学生村官2人，集体企业管理人员2人，私营企业家、个体户5人，过去的大队长、生产队长2人，生产队会计、仓库保管员2人，民兵连长1人，妇女主任1人，赤脚医生2人，今村民小组长2人，凤凰村股份经济联合社1人，股东代表1人，市场管理人员2人，教师2人，见多识广的老人3人，农村妇女1人，东岳庙管理人员1人，基督教教徒1人。外来人员中，有办厂的1人，经商的2人，社区管理人员1人。沈定一的后代及知情人中，衙前镇内4人，瓜沥镇1人，萧山城区1人，杭州市区1人，江苏省2人。2017年6—12月，对口述历史录音进行整理和编辑。12月中下旬，将46个口述历史录音整理文稿全部交返口述者审阅。共计30多万字（word字数），其中沈定一的后代及知情人口述历史十多万字，另作他用，不录入该志。老百姓口述历史，记录乡音、乡俗、乡情、乡愁，是鲜活而生动的第一手资料。

篇幅第三大的是"凤凰村民未来期待调查"编。由萧山区人民政府地方志办公室与杭州师范大学政治与社会学院的师生合作开展，经过对调查问卷几易其稿，于2017年6月29日进村入户开展调查，10月完成调研报告，共计10万字（word字数）。富裕起来的村民在想什么？该调研报告反映了民之所想、民之所盼，可供资政参考。

篇幅第四大的是"艺文"编。有"三多"：一是村人沈定一的著述多。他是民国时期政治人物、新闻记者、诗人，仅民国元年至民国17年（1912—1928）留存于世的著述就有500多篇，大多发表于邵力子主编的《民国日报》、陈独秀主编的上海《劳动界》《伙友》以及沈定一主编的上海《星期评论》、广州《劳动与妇女》杂志。其诗《十五娘》，被朱自清称为"新文学中的第一首叙事诗"，在当时影响极大。二是学术界研究沈定一和衙前农民运动的著述多，其中公开出版的专著9部，公开发表的论文100多篇。三是媒体报道凤凰村的文章多。仅2007—2017年《萧山日报》《杭州日报》《浙江日报》《中国纪检监察报》《人民日报》等报道凤凰村的文章50多篇。这些有利于区域历史文化的弘扬和旅游资源的开发。

村区建设、村务管理、企业、市场、村级经济、村民生活医疗养老保障、奖学金制度等，地方特色和时代特色明显，志中都有专门的章节记述。

2017年11月，2名年逾古稀的副主编因各种原因没有继续参与村志工作（保留其副主编署名）。时，我负责编写的几大特色编章已全部拿出初稿；金雄波副主编负责编写的经济部类志稿已全部完成初稿；冯蓬年副主编负责编写的自然、政治、文化、社会部类志稿，还有部分资料没有收集上来。我全部接手过来后，开始一个人编辑整部村志，一支笔统稿、总纂、修改和插图。每天除了上班就是加班，除了编纂

2018年4月8日，莫艳梅在萧山区档案馆查阅档案

村志就是查阅资料，一般在晚上10点钟左右坐地铁回家，超过10点40分就打车回家。从萧山区人民政府地方志办公室到家有4公里车程。坐公交车到凤凰村大约要50分钟，前前后后去了凤凰村80多天/次，主要是走访、收集资料和查阅档案。写作、办公则在萧山区政府地方志办公室。春节期间在大年初一休息了一天，初二继续到办公室加班。最终于2018年4月26日印制出征求意见稿（上、下册32套）。之后，又对篇目进行大的调整：为了让第二编"姓氏"中的全村村民信息与后面的"人物""村民访谈""凤凰村民未来期待调查"的信息衔接得更紧凑，并使全志特色更加彰显，特将"人物""村民访谈""凤凰村民未来期待调查"，从原来的第十五编、第十六编、第十七编前移至现在的第三编、第四编、第五编，将"衙前农民运动"从原来的第一编调整到现在的第六编，并在征集照片、插图、排版、核实、校对等方面，花费了大量的时间和精力，加班到晚上10点30分成为常态。2018年8月16日再次印制征求意见稿（上、下册26套）。几经修改，终于2018年10月16日定稿付梓。在后来的校对过程中，又做了诸多修订。

2018年4月26日、8月16日《凤凰村志》征求意见稿（莫艳梅摄）

村志的编纂，得到凤凰村党委、凤凰村委会的大力支持，以及村民的积极配合。萧山区委党史研究室、萧山区人民政府地方志办公室（2019年1月合并为萧山区委党史和地方志编纂研究室）沈迪云主任，对社会课题调查的策划、选题的提出、调查问卷的设计起了重要作用。中国社会科学院当代中国研究所社会史研究室的李文主任、姚力副主任、徐轶杰博士，对凤凰村口述历史活动的开展给予了正确的指导。李文（中国社会科学院当代中国研究所社会史研究室主任、研究员，博士生导师）、巴兆祥（复旦大学历史系教授、博士生导师，中国地方志学会学术委员会委员）、任根珠（山西省地方志办公室原副巡视员、副编审，中国地方志学会学术委员会委员）、秦军荣（湖北文理学院文学院副院长、教授，襄阳市地方志学会常务副会长），分别对《凤凰村志》稿进行了评审。巴兆祥惠赐书序。萧山日报社傅展学、衙前镇政府徐国红等热忱提供照片。在此表示衷心的感谢。

全志115万字（word字数统计。如果按版面字数统计，则全志有231万字），1200多幅照片（如果每户一句最想说的话扫描图片单独排序，则全志有1700多幅图照），778幅表格。由于编写时间仓促，又因编者水平有限，书中难免存在一些不足和错误之处，恳请读者谅解并提出宝贵意见，以期待日后再次编修村志时勘误补遗。

莫艳梅

写于2018年10月16日

修定于2019年5月16日

后　记

2019年6月，《凤凰村志》由中国社会科学出版社出版，7月24日，《凤凰村志》发行暨凤凰村史馆开馆仪式在衙前农民运动纪念馆举行，十多家媒体对此宣传报道，美国、加拿大、日本等十多家海外藏书机构收藏《凤凰村志》，并列入世界总书目编号1117765976。

我自出任《凤凰村志》主编，就设想着不仅仅是出一本村志，还要延伸它的价值链。《富裕起来的农民在想什么——凤凰村农民访谈录》一书，2019年6月由中国社会科学出版社出版，萧山区委史志编研室出资。《杭州市〈凤凰村志〉评论集》一书，列入了村志经费预算。

因为早有打算，我于2018年10月30日至11月2日参加第八届中国地方志学术年会期间、2019年7月15日至18日参加第九届中国地方志学术年会期间，就向有关专家学者约稿。有的专家学者没有参会，我就电话预约。村志正式出版发行后，我用特快专递寄出去，敬请各位专家学者9月底前把写好的评论文章发给我（微信或电子邮箱）。时间如此之短，工作如此繁忙，我们可敬可佩、理论水平超高的专家学者们，大都如约赐稿，仅有几位因特殊情况延至10月底赐稿。我非常感动，能得到各界专家学者的鼎力相助和参与，才有了今天这部评论集的圆满成书。

感谢王广才、任根珠、梁滨久、韩章训、田亮、施均显、赵燕秋、芙蓉、张军、郑江、段愿、李祥红、南剑飞、赵丽丽、鲍永军、钱茂伟、王熹、樊春楼、刘善泳、钱道本、毛东武、沈永清、褚半农、包柱红、王玉国、钱志祥、蒋庆波等专家、学者的不吝赐教与帮助，他们对村志各个方面的评论，可以说是高瞻远瞩，深入浅出，把自己的见识和宝贵的经验无私传授给后辈，对志书的编纂和读志用志起到了较好的指引作用。

感谢中国社会科学院当代中国研究所社会史研究室主任李文、浙江省地方志办公室主任潘捷军、复旦大学教授巴兆祥为评论集写序，使评论集锦上添花。

感谢中国地方志指导小组办公室研究员张英聘为我们提供海外藏书机构的联系方式，使《凤凰村志》得以走出国门，走向世界，向世界讲述中国故事。

感谢杭州市萧山区委史志编研室主任沈迪云，感谢凤凰村领导胡岳法、沃关良、傅伯松等，是他们自始至终支持我试点主编《凤凰村志》，又支持我组稿汇编《杭州市〈凤凰村志〉评论集》，如果没有他们的大力支持，就没有这两本书的顺利问世。

编研结合，有所收获。拙文《村志编纂如何突出地方性》，载于《广西地方志》2016年第6期；《富裕起来的村民在想什么——〈凤凰村志〉社会课题调查实践探索》，载于《中国地方志学会方志学研究会论文集》，2017年10月；《想要的说出来——〈凤凰村志〉口述历史实践探索》，载于《莫艳梅方志探论》，方志出版社，2018年3月；《地方志主业转型升级的实践与启示——以浙江〈凤凰村志〉为例》，载于《第八届中国地方志学术年会论文集》，2018年10月；《"互联网+村志"走数字乡村建设之路研究——从掌上〈凤凰村志〉说起》，载于《第二届方志文化国际学术研讨会暨第九届中国地方志学术年会论文集》2019年7月；《论村志编修的几种模式》，载于《广西地方志》2020年第1期；《论村庄建置沿革的记述和意义——以杭州市萧山区〈凤凰村志〉、苏州市张家港市〈凤凰村志〉、深圳市宝安区〈凤凰村志〉、温州市乐清市〈凤凰村志〉为例》，载于《浙江地方志》2020年第2期。敬请专家、学者、同人们多多指教，不胜荣幸之至。

莫艳梅

写于2019年11月11日成书之时

修定于2020年5月15日二校之时